U0684812

曹寧 主編

民國人口户籍史料續編

第五册

國家圖書館出版社

第五册目録

戶籍法、登記法問題義解……一
人口問題（吳應圖編）……一一三
中國人口問題……二五三
人口問題（王雲五、李聖五主編）……三四三
人口政策綱領研究報告（初稿）……四五九
中國人口問題之統計分析……四六九

日本普文學會編著 共和法政學會編譯部譯

戶籍法、登記法問題義解

上海： 共和法政學會編譯部，一九一三年鉛印本

共和法政學會編譯

戶籍法 登記法 問題義解

上海四馬路東首總發行

戶籍法登記義 問題義解目次

第一部 戶籍法

緒言

現行民法固守家族制度之理由如何
試略述現行家族制度之實質
試歷舉家族制度與個人制度之差異
何謂家
試略述家之種類
家之記號如何表示之
略述戶籍之意義
何謂身分
試略述現行戶籍法之內容

第一編 本論

第一章 戶籍吏及戶籍役場

戶籍吏以何人充之
委任市町村長以戶籍事務其理由如何
試略述戶籍吏之職務權限
試略說承認戶籍吏之代理之場合
戶籍吏如何之場合負損害賠償之責任
戶籍吏受過料之制裁之場合如何
何謂戶籍役場

第二章 身分登記簿

試述身分登記簿之種別
試略述身分登記簿之編製手續
身分登記簿於如何之場合得搬出役場外耶
身分登記簿得自由閱覽之理由如何
身分登記簿滅失後之處置如何

第三章 身分登記手續

舉示身分登記手之續原因

舉示非本籍者勿登記於本籍人身分登記簿之場合
欄外登記之意義及可爲之場合如何
戶籍吏間生交涉關係之場合如何

第四章　關於身分之屆出

屆出可由何人爲之
試說明關於身分之屆出之場所
說明屆出期間之起算點
對於期間之懈怠者有如何之制裁
略述關於身分之屆出之方式
屆出之書面以如何之事項爲其記載之要件
試略述依口頭屆出之手續
負出生屆出之義務者何人耶
說明出生子屆出之期間
試說明爲出生屆出之場所
於航海中生子則艦船長當爲如何之手續

對於棄兒發見之屆出戶籍吏當如何處置
嫡出子否認之屆出其形式如何
關於認知私生子之屆出及其要件如何
試說養子緣組屆出之場所
養子緣組之屆出所當具備之要件如何
試舉示養子緣組要當事者以外之同意之場合
試略述申請取消緣組登記之手續
於養子離緣之屆書所可記載之要件試舉示之
試舉示婚姻之屆出書所可記載之要件
婚姻之屆出當向何戶籍吏爲之
試略述離婚屆出之手續
試述關於後見之屆出人及其屆出之場合
說明後見開始之屆出所當具備之要件
試舉示隱居之屆出書所爲記載之要件
試說明失蹤之屆出所當具備之要件
死亡屆出可由何人爲之

問死亡之屆出期間
死亡屆出當於如何之場所爲之
於死亡屆書所可記載之事項及附屬之書類試舉示之
家督相續之屆出手續試略述之
胎兒相續屆出之手續試略述之
家督相續人指定之屆出手續請略述之
親族入籍屆出要表示如何之事項
廢家之屆出書以記載如何之事項爲必要
絕家之場合當爲如何之屆出
分家之屆出所必要表示之事項試說述之
氏名變更之意義及其要件試說述之
氏名變更之屆出欲表示如何之事項

第五章　戶籍簿及戶籍之記載手續

戶籍於如何之場合可爲新編製耶
戶籍簿之編綴方法可舉示之

何謂除籍簿
試舉示戶籍簿記載之原因
戶籍記載如何之事項
戶籍記載之順序如何

第六章　監督及抗告

戶籍事務屬何人監督
戶籍事務監督之形式試略述之
戶籍事務抗告之目的如何可詳述之
對於戶籍事務提起抗告之要件可說述之
於如何之場合得爲再抗告耶
抗告之費用何人負擔之

第二編　書式

嫡出子出生屆出之書式
私生子出生屆出之書式
庶子出生屆出之書式

父未定之子之出生屆出書式
嫡出子出生屆出之書式（出因裁判而確定之父向其本籍地屆出之例）
棄兒發見者屆出之書式
嫡出子否認之屆出及登記變更之申請書式
私生子認知之屆出書式
養子緣組屆出書式
因緣組無效或取消而申請取消登記之書式
離緣屆出之書式其一
離緣屆出之書式其二
婚姻屆出之書式
婚姻同意證之書式
後見人就職屆出之書式
後見人任務終了屆出之書式
隱居屆出之書式
死亡屆出之書式
分家屆出之書式

氏之復舊屆出之書式
名之改稱屆出之書式

第二部　不動產登記法

緒論

說明不動產登記之意義
說明不動產登記之種類
略述不動產登記之効力
略述不動產登記之制度之主義
略述關於不動產登記之効力之主義

第一編　本論

第一章　總則

如何之權利事項可以登記耶
可以爲假登記之場合如何
可以爲豫告登記之場合如何

關於同一不動產而有數個登記之時其權利之順位如何

第二章　登記所及登記官吏

略述登記所之管轄
說明登記官吏因自己及親族之申請而爲登記時所當遵守之方式及理由如何
登記官吏負損害賠償之責任之場合如何

第三章　關於登記之賬簿

說明登記簿之種類及其編綴方法
交付登記簿之謄本抄本及自由閱覽之理由如何
登記簿及書類得以携出登記所外之場合如何
於登記簿滅失之場合回復申請之効力如何

第四章　登記手續

登記之申請由於何人當如何爲之
試略述假登記之手續

試略述豫告登記之手續
登記之申請當提出如何之書類
登記申請書當記載如何之事項
登記之申請可以却下之場合如何
說明登記官吏於登記完了後所當還付之書類及其方式如何
未登記之土地及建物之所有權之登記當由何人申請之
未登記之不動產之所有權以外之登記得由何人申請之乎
關建物新築之場合爲保存不動產工事先取特權之登記其申請書中當記載如何之事項
登記權利者於如何之場合得單獨申請之抹消乎
假登記之抹消得由何人申請之耶
試說明豫告登記抹消之場合及其請求之手續

第五章 抗告

抗告得於如何之場合爲之耶
何人可以抗告
抗告屬何裁判所管轄

申立抗告之方式如何
抗告之證據方法其制限如何
如有抗告之提起則登記官吏當如何處置
試略述抗告之効力
對於抗告裁判所之決定不得有所不服耶

第二編　書式

土地買賣之登記申請書式
建物賣買之登記申請書式
家督相續（遺產相續）之登記申請書式
爲保存土地之所有權而申請登記之書式
地上權設定之登記申請書式
永小作權之設定之登記申請書式
地役權設定之登記申請書式
先取特權保存之登記申請書式
不動產質權設定之登記申請書式
抵當權設定之登記申請書式

賃貸借之登記申請書式
不動産買賣豫約之假登記申請書式
所有權之登記名義人其表示變更之場合之登記申請書式
土地分割之場合申請登記之書式
地上權變更之登記申請書式
抵當權消滅之登記申請書式
地上權抵當之登記申請書式
贈與土地所有權之一部之申請書式

戶籍法
登記法
問題義解目次

戶籍法問題義解

緒論

現行民法固守家族制度之理由如何

現行民法今日尚固守家族制度者因日本今日之狀態猶未達於奉行純然個人制度之域此乃社會進步之趨勢不及泰西諸國之所致亦日本之國體使然也蓋家族制度爲日本數千年來之國是上載萬世一系之皇室下守修身齊家之敎義涵養忠君愛國之美風小則求一家之親睦大則致政體之鞏固此種思想根深柢固侵染於國民之腦未易消除苟欲以立法之作用變此風俗反至紊亂社會之秩序是以日本現行民法不習泰西諸國之制度者以今日尚守家族制度存固有之美風以維持國體此東西風俗所以不一其揆也

試略述現行家族制度之實質

日本現行民法今尚維持家族制度於戶籍主家族之關係認有戶主權之存在雖然此不過存固有之美風以維持國體不欲激變社會風俗耳實則家族制度僅在形式而其本質已移爲個人主義非若昔日之全然計戶主之利益之戶主權也且家族各自獨立有保有其特有財產之權利而所謂戶主權者其範圍僅在保一家之平和維持家名而已他若親權之特別承認者亦以明個人保護之道耳如以上所述我國現時之家族制度其實質非若昔日之純粹乃兼具個人之主義可稱爲折衷之制度

試列舉家族制度與個人制度之差異

茲將純粹之家族制度與個人制度之差異擇其二三重要者舉示於左

第一　論家族制度則爲社會構成之單位者卽在一家戶主代表家族家族服從戶主之權力論個人制度則社會之構成之單位爲個人法律之眼中無所謂家族并無所謂戶主唯爲子者服親權爲妻者服夫權而已

第二　觀於家族制度戶主整理一家組織社會不問有血緣與否對於其家之子孫妻妾兄弟僕婢有非常強大之戶主權若個人制度則雖因保護子孫之必要而認有親權其所及之範圍較諸戶主權則其爲狹小

第三　在家族制度財產總屬於一家戶主專之在個人制度則財產爲各人所有且可各傳於其血緣

第四　在家族制度所謂相續者以戶主權爲主卽家督之承繼也至於承繼財產不過一附隨之効果而已個人制度全然反是其所謂相續者以財產相續爲限

第五　在家族制度戶主對於其家族之全體負養育之義務在個人制度則惟父子夫婦有親族之關係者方有扶養之義務

一　何謂家

吾人通常所謂家者蓋指人所居住之建造物（卽家屋）也然法律上於家族制度之所謂家者指戶主權所及之範圍而言家之存在僅得以戶籍証明之者不屬於其戶籍者卽非家族茲所謂家者乃屬於戶籍之一種無形的團體然其團體決不如古代之具有法人資格卽一切之權義不屬於家而屬於組織其團體之個人[illegible]家之長非可爲其家之代表者不過爲整理一家及關於家屬之進退行使一種權力而認其存在且一家之中必有家族苟有戶主雖無家族卽一人亦無妨稱之爲家唯戶主與家共存在共消滅有不能分離之關係故不能想象一無戶主之家

試略述家之種類

家有本家分家同家之區別此皆示其有共同祖先與家之關係其相互間不發生法律上之權利義務關係蓋家非有法人資格不得為權利義務之主體故也而所謂(一)本家者卽分家所從出之家(二)分家者卽一家之家族脫其戶主之羈絆而新立一家乃對於本家而言之名稱(三)同家者自本家分出二個以上之分家分家相互間之名稱也

以上之外更有自分家再分出者此再分家對於分家之本家稱為末家然於法律上本家與末家之間並無何等之効力故此區別在實際上無關緊要自明治六年至九年有所謂合家者因以家為重不忍廢棄之故也然於家督相續等每惹起複雜之問題頗有弊害

家之記號如何表示之

家之記號以氏表示之氏卽姓名之意義用以為一家之名稱以為與他家區別之記號古代極重血統姓氏者乃欲正血統之連絡而用之名稱且因之而別尊卑之階級者也

戶主及家族不可不稱其所屬之家之氏此民法第七百四十六條所規定證諸從來之沿革維新以前稱姓氏者為武士以上之特權農工商不許稱之蓋農工商不干與政治故無別尊卑正血統之連絡之必要明治三年九月始行布告許一般分氏均稱姓氏而未嘗強制及明治八年二月之布告乃強制人民必稱姓氏是故今日之人民不拘階級有一家者必有其家之記號

略述戶籍之意義

曰戶曰家其意相同戶籍者卽一家之籍也故戶籍之定義可謂証明之成立以書類表示之今本此定義分析而說明其意義

第一　戶籍者証明家之存立者也　卽因而知家之成立及某人屬於何家

第二　戶籍者証明家之存在之唯一材料也　卽証明家之存在必不可不依戶籍斷不能離戶籍而認家此兩者常有不能相離之勢

第三　戶籍者由公簿表示者也　卽戶籍記載於戶籍簿以表示之然卒不得謂此公簿卽爲戶籍故雖公簿燒失戶籍幷不因此而消滅

何謂身分

身分者謂吾人依人事法之規定取得社會上之地位也換言之卽不外指稱吾人於親族法上及相續法上之社會的地位例如夫婦父子兄弟相續人被相續人等而此等身分人人有之故稱爲普通身分對於此更有所謂特別身分夫特別身分非必人人皆有其取得此身分之原因亦非本於人事法之規定乃由公法上之關係而取得之例如官吏公吏之地位是也然一般所謂身分者常指普通身分而言戶籍法上單稱身分之時必指普通身分

試略述現行戶籍法之內容

戶籍爲証明家之存在之唯一材料身分乃依人事法而取得之社會上之地位是以戶籍與身分關係由全然別個之觀念而生然此兩者有不可相離之密接關係故現行戶籍法不但有關係於戶籍之法規幷關於身分之事項亦有所規定

如以上所述現行戶籍法中規定關於戶籍之事項幷規定關於身分之事項故不得因其名爲戶籍法遂謂其僅有關於戶籍事項之規定且觀察其內容更不得謂關於身分之事項亦爲戶籍事項之一部

第一編　本論

第一章　戶籍吏及戶籍役場

戶籍吏以何人充之

依現行之戶籍法戶籍吏掌管關於戶籍之事務者如左

第一　在市則以市長爲戶籍吏擔任關於戶籍之一切事務此爲原則然因其區域廣大特設區以爲行政之單位至於繁盛之地欲以一人之市長掌管繁雜之戶籍事務甚覺困難故明治三十一年司法省令第十二號東京京都大阪三市以區長爲戶籍吏此爲例外

第二　在町村則以町村長爲戶籍吏擔任其事務此爲原則若不施行市町村制之地及設島司之地因其無市町村制則以執行關於此等職務之吏員爲戶籍吏使掌管關於戶籍之一切事務（戶籍法第二條）

委任市町村長以戶籍事務其理由如何

關於戶籍及身分之事務其本質屬於國家直接之行政事務非屬於市町村之自治團體事務則此等事務當使國家任命之機關行之雖然戶籍幷身分登記之事務關於個人之身上日常頻頻不絕且範圍亦極廣大盡國家一一設相當之官吏以掌管其事務甚爲不便其費用亦頗浩大若以此等事務委任市町村長等則其分担之各區域亦狹小可以期事務之確實幷有節省經費之利益是以現行制度不拘理論以實際之便宜爲主將戶籍及身分登記之一切事務執行委任市町村長爲之

試略述戶籍吏之職務權限

依戶籍法之規定舉示戶籍吏之職務權限如左

第一　戶籍吏之職務

戶籍吏之職務可一言而盡卽掌管關於戶籍及身分之登記事務例如就一家人之全部包括其身分上之關係記載於戶籍簿又因明確各人之身分關係登記於身分登記簿

第二　戶籍吏之權限

其權限以關於戶籍之事務爲原則屬於受動的也蓋此等事務必得其屆出申請請求報告等而後爲之取扱戶籍吏不得自爲考察推究人之身分及家之關係而爲登記因其無此權限也苟其屆出申請報告等具備法定之形式則戶籍吏必從之而行動雖熟知其形式與實質有齟齬亦不得以此爲理由而拒絕之

試略說承認戶籍吏之代理之場合

戶籍事務以戶籍吏自行掌管爲本則然有時於事實上不能執行其事務或因特別之事情不使戶籍吏執行其事務法律上於此場合有關於戶籍吏之代理之規則

第一　事務之代理　戶籍吏因疾病及其他事務不能執行其事務之場合則凡有代理市町村長之權限者可代理戶籍事務蓋雖爲戶籍事務既經委任亦屬市町村行政事務之一種故可以代理市町村長者無不可代理戶籍事務之理由

第二　職務之代理　此與前第一場合性質全然相異發生於法律上以市町村長執行戶籍事務爲不利益之場合

(甲)關於戶籍吏自身之戶籍或身分登記及與之在同一家者之戶籍或身分登記等事件以可代市町村長及區長之事務之戶籍吏代行其職務(戶籍法第三條第一項)茲所謂同家者蓋指

同一戶籍內而言也

(乙)戶籍吏或與戶籍吏同家者與代理(甲)之場合者或與代理甲之場合者同家者之間其戶籍及身分登記之事件(例如戶籍吏之姊妹與助役為婚姻等之場合)在市則市參事會員之一人代戶籍吏在町村或區則他吏員之上席者代戶籍吏行其職務

戶籍吏如何之場合負損害賠償之責任

現行戶籍法第六條曰『戶籍吏執行其職務加損害於屆出人及其他之人時其損害因戶籍吏之故意或重大之過失而生者當負賠償之責』今本此規定舉示戶籍吏負損害賠償之責任之條件如左

第一　要有損害　法文所規定之損害其意頗廣包含財產上之不利益及身體名譽等所謂要有損害者卽戶籍吏因故意或過失而為不法行為若不加損害於人卽無所謂責任

第二　損害與戶籍吏之行為要互有因果之關係　若其損害不關於戶籍吏之行為則戶籍吏亦不負其責任

第三　要戶籍吏之行為為職務行為　若其發生損害之原因在戶籍吏之行為而其行為涉於戶籍事務以外者卽民法上不法行為之責任非茲所謂損害賠償之範圍

第四　要戶籍吏職務行為出於故意或重大之過失　若戶籍吏有通常之注意而猶不能防止損害之發生則其行為與損害之間雖有因果關係而戶籍吏亦不負擔責任

具備以上四箇條件之損害戶籍吏對於被害者不可不任賠償之責

戶籍吏受過料之制裁之場合如何

戶籍吏受過料之制裁之場合戶籍法第二百十二條及第二百十三條所規定者如左

第一　戶籍吏於左列之場合處三十元以下之過料（第二一二條）

（甲）無正當之理由而不受理關於身分及戶籍之屆出或申請者　茲所謂關於身分之屆出者指依據戶籍法第四十二條乃至第六十九條之規定而自屆出義務者屆出而言所謂關於戶籍之屆出者指依據同法第百九十五條乃至二百二條關於家之變動而屆出者而言所謂關於身分之申請者指依據同法第百六十七條請求變更其身分登記得裁判所之許可而申請變更而言

（乙）對於身分登記及戶籍之記載有懈怠之時　戶籍吏受理關於身分之屆出報告及其他關於登記之書類不宜稍涉遲滯而爲登記之手續（第一八條）受理關於戶籍之屆出亦同（第一九一條）而其遲滯與否全屬事實問題

第二　戶籍吏於左列之場合處十元以下之過料（第二一三條）

（甲）　無正當之理由而拒絕閱覽身分登記簿及戶籍簿者　閱覽此等公簿依戶籍法第十三條乃至第百七十四條爲付與各人之權利也故法律上必須過料之制裁以保障正當閱覽請求者之權利而拒絕之有正當理由與否畢竟爲事實問題

（乙）無正當之理由而不交付身分登記及戶籍之謄本者或受理關於身分及戶籍之屆出或申請而不交付証明書者

於以上之場合加過料之制裁於戶籍吏當由管轄戶籍吏居住所在之區裁判所爲之其手續準用非訟事件手續法之規定（第二十四條）

何謂戶籍役場

戶籍役場謂取扱關於戶籍之事務之場所也　此戶籍役場在市則爲市役場在町村則爲町村役場

又以區長爲戶籍吏之時以區役所充之（第四條）然於不施行市町村制之地以其無市町村役場故以戶籍吏行職務之役場充戶籍役場（第二百十六條一項）

第二章　身分登記簿

試述身分登記簿之種別

身分登記簿者乃登記身分之公簿區別爲本籍人身分登記簿非本籍人身分登記簿二種（第七條第一項）而本籍人身分登記簿者登記籍在該戶籍役場管轄區域內之人之身分非本籍人身分登記簿者登記籍在管轄區域外之人之身分者也

如以上所述法律於身分登記簿設二箇之區別者因本籍人不至屢屢變更其籍而非本籍人常移轉其住所若記載以一種之帳簿甚爲不便且此兩者異其登記之手續故不得不分別爲之

以上二個身分登記簿隨其屆出事項而異更細分爲二十種分綴四十冊之帳簿此爲原則然亦得隨地方之狀況從便宜而合綴之

右所揭之各種身分登記簿不問其爲何種必具正副二通蓋一本供戶籍役場之用他一本送地方裁判所以供其監督之用（第七條第一項）

試略述身分登記簿之編製手續

身分登記簿當每年編製決不得續用前年之帳簿（第八條）蓋以一冊之帳簿而供隔年登記之用極易生錯綜混雜之弊今詳編製之手續如左

第一　戶籍吏豫作翌年身分登記簿之簿冊而送呈於監督官之區裁判所請其蓋印（第九條第二項）而送此賬簿於監督官廳之期限以每年十月三十一日爲止（戶籍法取扱手續第三條）

第二　監督官於收到戶籍吏之帳簿時每頁加以職印記其頁數於表紙之裏面記載氏名捺蓋職印仍於年內送還戶籍吏

經過以上之手續者即得用爲翌年之身分登記簿若當年帳簿不足則戶籍吏當更作帳簿請其契印

身分登記簿於如何之場合得搬出役場外耶

身分登記簿以明確各人之身分關係爲基本故當永久保存不許濫搬至役場外惟限定有左列原因之場合得以搬出蓋不如是則有滅失或變造之虞

第一　避事變之時　例如避火災洪水盜難等之場合

第二　裁判所或豫審判事因取調之必要有持出役場外之命令之時　於此場合僅登記終結之登記簿得爲之蓋法律所以限定登記終結之帳簿者因現在繼續登記之帳簿役場必日日用之而不可一日或缺者也

身分登記簿得自由閱覽之理由如何

身分登記簿爲明確人之身分關係之公簿凡人若欲知自己或他人之身分關係不得不藉此帳簿故以公示之爲本旨決非可秘密爲之者且登記之帳簿亦無庸秘密此身分登記簿所以得自由閱覽也苟納一定之手數料則無論何人雖無正當之理由均不能拒絕其閱覽也（第一三條第一項）

身分登記簿滅失後之處置如何

身分登記簿之保管雖戶籍役場有嚴重之設備若遇人力所不防之天災事變亦惟有講求善後之策而已（因戶籍吏之疏忽而滅失者亦同）

第一　身分登記簿之全部或一部滅失之時戶籍吏不容稍涉遲滯卽詳記其事由及年月日帳簿之冊數市町村名等以申報監督區裁判所判事（戶籍法取扱手續第七條一項）

第二　監督區裁判所判事受戶籍吏之申請卽調査其滅失之原因果無懈怠過失等與否而後申請管轄之地方裁判所長及司法大臣（戶籍法取扱手續第七條一項）

第三　司法大臣受此申報卽以官報告示其要旨且命爲必要之處分如身分登記簿之再製或補充（第一四條）

第三章　身分登記手續

擧示身分登記手續之原因

身分登記非可由戶籍吏自行調査探究人之身分關係而爲登記者必具左記原因之一而後可（第一五條）

第一　戶籍吏受有關於身分之屆出或受有屆出書之送付之時　所謂受屆出書之送付者謂於一定之場合由他戶籍吏送付屆出書是也（第三三條乃至第三五條參照）

第二　戶籍吏受關於身分之報告之時　於如何之場合接此報告可參照本法第百二十九條第百三十一條第百三十二條第百六十六條等

第三　戶籍吏受有關於身分之證書之謄本或受有謄本之送付之時　參照本法第六十條六十一條之規定

第四　戶籍吏受有記載身分事項之航海日誌謄本之送付之時　如由艦長或船長依本法第七十八條第百三十條呈出航海中出生及死亡之航海日誌謄本之場合

第五　戶籍吏受有取消登記及變更之申請之時　例如婚姻之無效或取消之審判既確定則提出

其義判之謄本以申請登記之取消

第六　戶籍吏受有當爲登記之裁判之時　此乃對於戶籍吏之不當處分之救濟手段爲其人之抗告而勝訴者

如有以上六原因之一則戶籍吏當爲登記若其屆出送付及其他之手續不依本法之規定則戶籍吏不得爲登記（第一六條）

舉示非本籍者而登記於本籍人身分登記簿之場合

本籍人身分登記簿以登記在本籍者爲本則然有左列場合之例外（第二條第一項）

第一　被登記者之本籍因屆出及其他之事由而歸戶籍吏之管轄之場合　例如本籍者以非本籍者爲養子而爲屆出之場合卽養子之本籍因其屆出而歸戶籍吏之管轄者

第二　被登記者之本籍因屆出及其他之事由而離戶籍吏之管轄之場合　是與第一之場合爲正反對例如於前例之場合管轄養子之本籍地之戶籍吏養子爲屆出後卽離其舊來本籍地之管轄移入新籍地之管轄故自本籍言之則爲非本籍人登記自新籍言之則爲本籍人登記因種種之場合便於搜索故也

欄外登記之意義及可爲之場合如何

身分登記以登記於登記簿之本紙爲原則然有時有不許登記於本紙之事情於此場合卽登記於登記簿本紙之欄外使與本紙登記有同一之效力名之爲欄外登記

爲欄外登記之場合因登記本籍不分明者之後而有本籍分明之屆出或報告其結果爲非本籍人之時也夫本籍不分明者之登記尙爲非本籍人登記然其後有由被登記者爲本籍分明之屆出者又有

由他官吏公吏受同一之報告者（第一三二條第二項）於此場合若屆出及報告者爲非本籍人則爲原登記之欄外登記若爲本籍人則爲正式之本籍人登記（第二六條第一項）

戸籍吏間生交涉關係之場合如何

現行戸籍法上關於身分而戸籍吏間生交涉關係之場合如何

第一　被登記者之本籍因屆出而由此戸籍吏之管轄轉屬他戸籍吏之管轄之場合　於此場合戸籍吏受理其屆出書之時爲其登記之後速卽送屆出書之正本於新管轄之戸籍吏（第三三條第一項）

第二　被登記者之本籍由他戸籍吏之管轄轉屬戸籍吏之管轄之場合　於此場合爲登記之後速卽送屆出書之副本於舊管轄之戸籍吏（第三三條第二項）

第三　被登記者之本籍於受屆出之戸籍吏之管轄以外由此戸籍吏之管轄轉屬他戸籍吏之管轄之場合　於此場合受理其屆出之戸籍吏登記於非本籍人身分登記簿之後速卽送屆出之正本於新管轄之戸籍吏又送其副本於舊管轄之戸籍吏（第三四條）

第四　以上之外被登記者之本籍不關於戸籍吏管轄之種種場合　於此場合爲非本籍人登記其屆書之正本當速卽送付於屆出人之本籍地之戸籍吏（第三五條）

以上爲關於屆出之場合之規定其他不因屆出而爲登記之事項亦準此而爲交涉手續（第一五條第三六條）

第四章　關於身分之屆出

屆出可由何人爲之

身分關係有得失變更及使之　得失變更之場合依屆出之方法而提出一定事項於戶籍吏者謂之屆出人此屆出人與事件之本人同一爲原則例如婚姻屆出由婚姻當事者爲之然對於此原則有例外者如左

第一　絕對的例外有事件之性質無論如何場合事件之本人斷不能與屆出人一致者例如出生事件之屆出蓋出生事件之本人爲出生兒無屆出之能力故常由其父母屆出

第二　相對的例外　此場合更區別爲二如左

(甲)事件之本人與非事件之本人共爲屆出人之場合例如隱居屆出此場合要事件之本人(卽隱居者)與非本人(卽家督相續人)共同屆出(民法第七五七條)

(乙)屆出人因有一定之事件以他人爲屆出人之場合例如屆出人爲未成年者及禁治產者蓋於此場合以行親權者或後見人爲屆出人(第四六條第一項)但此等無能力者不要法定代理人之同意自能爲屆出之事件時不適用此規定固無待言(第四七條第一項)

試說明關於身分之屆出之場所

屆出之場所者謂屆出人對於戶籍吏提出關於身分之屆出之場所也而此屆出之場所依戶籍吏第四十二條所規定特舉示之如左

第一　原則　關於身分之屆出以向屆出人本籍地之戶籍吏爲之爲原則因推定本籍地爲屆出人家之所在地普通在本籍地者也

第二　例外　屆出人在本籍地外之場合對於其所在地之戶籍吏所爲屆出亦屬有效蓋交通繁劇如今日非必人人皆住於其本籍地故不得不斟酌其屆出人之便宜也

以上之外屆出人非本籍地卽以其所在地視本爲籍地蓋不設此規定此等人遂不得爲屆出

說明屆出期間之起算點

關於身分之屆出期間視其因裁判與否而異其起算點

第一　通常之場合（不因裁判者）於通常之場合屆出之期間自屆出事件發生之日起算（第六二條第一項）茲所謂屆出事件發生之日者卽爲發生身分得失變更之原因之日例如出生之屆出卽有出生之事實之日

第二　因裁判之場合　於此場合如裁判之確定前屆出義務者受其裁判之送達或交付則自裁判確定之日爲起算期間若於確定後受其送達或交付則自受送達或交付之日起算蓋不如此則有强屆出義務者以不能之結果也（第六二條第二項）

對於期間之懈怠者有如何之制裁

屆出期間之懈怠者謂屆出義務者關於身分之屆出不於預定之屆出期間內爲之也是爲違背其義務之行爲對於此違旨其義務者須加以左列之制裁

第一　屆出人或申請人不依戶籍法之規定而於期間內怠於屆出或申請者處以十元以下之過料（第二一〇條）

第二　因於期間內不爲屆出或申請由戶籍吏指定期間爲屆出或申請之催告而猶怠惰而不爲屆出或申請者處以二十元以下之過料（第二百十一條）

受此第二之制裁以左列條件爲必要

（甲）期間內怠於屆出或申請者

（乙）戶籍吏定期間爲催告者

(丙)催告之期間內而不爲屆出及申請者

略述關於身分之屆出之方式

現行戶籍法上認爲關於身分之屆出方式者有二方法卽以書面屆出與口頭屆出是也以書面屆出爲原則蓋書面依一定之文字以表明思想一旦表示卽永久不變既可期事件之正確且可省屆出受理者之手續最爲適當者也雖然用此書面之方法於今日國民知識之發達程度及其他種種之點有所不能強制者得以認口頭之屆出爲例外

屆出之書面以如何之事項爲其記載之要件

屆出之書面可爲身分登記之原由故非戶籍法及其他之法律命令所定之事項不許記載且其事項必爲不可不記載之事項(第五一條)今舉其事項如左

第一　屆出事件　謂足以識別屆出如何事項之眼目俾一見卽知爲何事之屆出及何要旨而後可

第二　屆出之年月日屆出之年月日於人之身分關係有重大之影響

第三　屆出人之族稱職業出生之年月日及本籍地

以上三者之要件無論如何之屆出書以記載爲必要之事項(第四四條)更有特別之屆出不可不附記特別之要件

(甲)屆出事件之本人與屆出人各異之場合則其屆出不可不記載其間之關係（第四五條第一項)

(乙)屆出人爲家族之場合則其屆出書當記載戶主氏名及屆出人與戶主之關係（第四五條第二項)

(丙)無能力者爲屆出事件之本人之場合(一)爲屆出者之氏名族稱出生之年月日及其本籍地(二)無能力之原因(三)屆出人或爲行親權者或爲後見人亦不可不記載(第四六條第二項)

(丁)要証人之屆出事件則此屆出書(一)當記載其爲証人(二)証人出生之年月日(三)証人之本籍地(第四八條)

(戊)屆出事件之本人屆出人及屆出之証人在本籍地外之場合則其屆出書不可不記載其所在地(第四九條)

屆出書中除以上記載之要件外屆出人及証人不可不署名蓋印(第四四條第四八條)然本法第二百十八條之規定則爲例外也

試略述依口頭屆出之手續

以口頭爲關於身分之屆出其手續如左

第一　以口頭爲屆出者先由屆出人陳述依口頭屆出方法之理由

第二　以口頭爲屆出之屆出人宜自己至戶籍吏之前陳述其屆出事件(第五四條)然屆出人因疾病或其他事故不能親至戶籍吏之前者得遣一代理人(第五八條)

第三　戶籍吏記載屆出人口述之趣旨及屆出之年月日屆出人之氏名出生之年月日職業及本籍地朗誦一遍使屆出人聞之經屆出人承認其筆記再使之署名蓋印(第五四條第二一八條)

第四　口頭屆出戶籍吏所作成之書面亦不可不倣以書面屆出之形式

負出生屆出之義務者何人耶

負出生屆出之義務者隨其出生子之種類及出生之場合而異茲分說之如左

第一　嫡出子　此屆出以由其父爲之爲原則假令父否認其子亦不可不爲其出生屆（第七一條
第七二條）然父或病或旅行或行路不明時則由其母爲之

第二　庶子及私生子（第七一條）庶子（以懷胚中父認知者爲限）之出生屆可由其父爲之
私生子之出生屆可由其母爲之但以懷胎中父不認知者爲限

第三　因裁判而定其父之子婦女違反民法第七百六十七條一項之規定而爲再婚其子父之爲前
夫耶爲後夫耶不能分明則由裁判所定其子之父如是者其出生之屆出當由其母爲之（第七三
條）而由裁判所確定其父之時更由其父爲屆出而申請取消其母所爲之屆出

以上之負義務者若因事情而不能爲屆出之時則第二屆出義務（揭載如左）不可不爲其屆出

（甲）戶主　屆出義務者所屬之家之戶主

（乙）同居者　居住同一之場合者不必要同一戶籍

（丙）分娩時在場之醫師或產婆

（丁）視其分娩時抱之者

以上四種人依右之順序爲屆出義務者

（戊）公設所之長或管理人　生子於病院監獄及其他公設所而其父及母不能爲屆出之場合當
代爲屆出（第七四條）

說明出生子屆出之期間

出生爲一種事實上之現象既有出生不拘其屆出之如何可生之種種効果故法律上特設一定之期
間使爲屆出之期間如左

第一　出生之屆出期間不問其出生子爲嫡子爲庶子爲私生子以出生後十日間内屆出爲原則
第二　左列之場合屬於例外限一個月
(甲)因裁判而確定其父之時
(乙)棄兒之父母隨後出現收養其兒之時

試說明爲出生屆出之場所

爲出生屆出之場所有三屆出義務者可擇一戶籍吏而爲屆出
第一　父母之本籍地　此屆出爲最普通之場合
第二　父母之寄留地　因其在寄留地屆出較便於其本籍地屆出也
第三　出生地　出生之屆出以十日内爲之者爲原則然其出生之地非必爲父母之本籍或寄留地而于旅行中出生者亦時或有之故於出生地爲屆出甚爲便宜於出生事實發生之地爲屆出亦未必不合條理故法律上亦定此地爲屆出之場合

於航海中生子則艦船長當爲如何之手續

此手續以區別爲航海中之手續與着港後之手續爲便宜
第一　航海中之手續　於航海中在艦船内生子之時艦船長於其出生之時起二十四時間内不可不爲左列之手續(第七八條)
(甲)自乘船者中選一証人
(乙)于証人之面前將戶籍法第六十八條之諸件記載于航海日誌
(丙)記載証人出生之年月日職業及本籍地於航海日誌與証人同署名蓋印

右以上之手續則其子之父或母無更向戶籍吏屆出之必要蓋出生子之身分可因此書面而明確之

第二　着港後之手續　但有前第一之手續對於出生子之眞身分登記尙未完全故艦船長於着港後不得不更爲左列之手續

(甲)到着於日本港之時　此場合艦船長於二十四時間內將關於其出生之航海日誌謄本送付於其地之戶籍吏(第七八條第二項)

(乙)到着於外國港之時　於此場合艦船長當速卽將關於其出生之航海日誌謄本送付於駐劄該國之日本公使及領事(第七八條第三項)

對於棄兒發見之屆出戶籍吏當如何處置

右棄兒發見之屆出則戶籍吏不可不爲左列之手續

第一　命以氏名　選如何之氏名全憑戶籍吏之任意但戶籍吏命此氏名以棄兒之氏名不分明爲限若其氏名分明之場合卽非戶籍吏所可命名

第二　作成調查書　戶籍吏就此棄兒作記載左之事項之調查書添附於棄兒之屆出書

(甲)附屬之衣服物品

(乙)發見之場所及其時之景况

(丙)兒之出生之推定年月日氏名男女之別

(丁)引受人之氏名職業本籍地及所在地或育兒院之稱號幷場所及引渡人之年月日

第三　本調查書爲身分登記　以棄兒無出生屆出之理故戶籍吏作成之調查書視爲屆出書而爲登記

嫡出子否認之屆出其形式如何

嫡出子之否認因裁判而確定若原告勝訴則爲其原告之否認者自裁判確定之日起於一個月之期間內備記左所揭載之條件添附於裁判之謄本而以書面或口頭向本籍地或所在地之戶籍吏爲屆出（第七九條）蓋僅有裁判戶籍吏不得爲登記也

（一）否認之子之名及男女之別

（二）否認子之出生年月日

（三）否認裁判確定之年月日

以上之外若於否認之訴訟提起之前已爲出生之屆出而完了其登記者則於右列屆出之外更不得不爲登記變更之申請

關於認知私生子之屆出及其要件如何

認知私生子者具備左揭之諸件以書面或口頭向本籍地或所在地之戶籍吏爲屆出（第八〇條）

（一）所認子之名及男女之別

（二）所認知子之出生年月日

（三）若父爲認知之場合則記載母之氏名職業及本籍地若母爲家族則記載其戶主之氏名職業本籍地及其戶主與母之關係

以上爲普通場合之屆出要件若有特別關係之場合不可不附記其各要件卽如胎兒之認知成年者之認知死亡者之認知因遺言而爲認知外國人之私生子之認知等

試說養子緣組屆出之場所

從關於身分屆出之一般原則則可爲屆出之場所爲屆出人之本籍地或其所在地也夫養子緣組之

屆出其在養親之本籍地或所在地乎抑在養子之本籍地或所在地乎若緣親之似可隨意選擇而實則不然蓋養子緣組因此而生父子之關係宜以養親爲主若兩者均在籍亦以養親之本籍地爲普通戶籍法關於此屆出設特別之規定凡養子緣組當向養親之本籍地或所在地之戶籍吏爲屆出也（第九〇條）

養子緣組之屆出所當具備之要件如何

養子緣組之屆出書並口頭之陳述不可不具備左列之諸件（第八五條）

第一　緣組當事者之氏名出生之年月日職業及本籍地　緣組之當事者謂養親及養子也若養子未滿十五歲其父母代爲承諾即不爲當事者

第二　養子之本生父母之氏名職業及本籍地

第三　當事者爲家族則戶主之氏名職業及本籍地

以上爲普通場合之要件但法令有特別之規定者不可不附加其要件

試舉示養子緣組要當事者以外之同意之場合

列舉要當事者以外之同意之場合如左

第一　或因婚姻或因養子緣組而入他家者更欲入他家爲養子之時須得婚家或養家及實家之戶主之同意但妻從夫而入他家者不在此限（民第七四一條）

第二　家族爲養子緣組須得戶主之同意（民第七五〇條一項）

第三　夫婦之一方以他一方之子爲養子要他一方之同意（民第八四一條二項）

第四　繼父母或嫡母承諾十五歲未滿之子爲養子之緣組時要親族會之同意（民八四三條二項

第五　成年之子爲養子更以滿十五年以上之子爲養子之時須得其實父母之同意（民第八四四條）

第六　因緣組或婚姻而入他家更欲入他家爲養子者須得實家父母之同意（民第八四五條）

第七　繼父母或嫡母不同意於子之緣組而欲爲緣組者須得親族會之同意（民八四六條同七七三條）

以上之場合証其同意或添附同意之証書於屆出書或使同意者附記同意之要旨於屆出書而署名蓋印者爲口頭屆出之場合則或提出同意証書或於戶籍吏之面前陳述同意之趣旨

試略述申請取消緣組登記之手續

申請取消養子緣組之登記其手續區別爲基因於裁判與不基因於裁判二者茲特一一說明之

第一　不基因於裁判者（第九一條）不基因於裁判而申請取消登記之場合以緣組無效者爲限於此場合屆出人宜向戶籍吏提出其緣組無效之事由之証明書（即因當事者人有差誤或其他之事由而無緣組之意思之証明書面）而申請取消其登記（若無屆出而緣組無效之場合不包含於此取消申請中）

第二　基因於裁判之場合（第九二條）因緣組無効或取消之訴訟而判決爲無效或取消之時提起訴訟者當自裁判確定之日起於一個月之內提出其裁判之謄本而申請取消登記而此裁判謄本無庸裁判所之認証可由申請者本裁判之正本而自行作成

於養子離緣之屆書所可記載之要件試舉示之

記載於離緣之屆出書之要件如左（第九五條）

第一　當事者之氏名職業及本籍地（當事者指養親及養子而言）
第二　養子之本生父母之氏名職業及本籍地
第三　當事者爲家族則記載其戶主之氏名職業及本籍地
第四　緣組之年月日（謂緣組屆出之日）
第五　離緣或因協議或因裁判
第六　養子之妻與養子同去其養家則記載其要旨及妻之名者養子之妻爲家女或爲婿養子緣組則雖離緣其妻非必與夫同去其家至於其他之場合則婚姻不解消當然與夫共去養家
第七　養子復籍之家之戶主之氏名職業及本籍地
第八　若養子無可復籍之家則記其事由　卽養子緣組前之家已爲廢絕家或因爲緣組時無戶主之同意而拒絕其復籍等之場合則養子卽無可復籍之家

試舉示婚姻之屆出書所可記載之要件

婚姻之屆出書要記載左揭之事項（第一〇二條第一項）
第一　當事者之氏名出生之年月日及本籍地　當事者係指夫妻二人
第二　父母之氏名職業及本籍地　本條之父母指實父母繼父母嫡母而不包含養父母
第三　當事者爲家族則記載戶主之氏名職業及本籍地
以上爲普通記載之要件不具備此者爲無效若有特別之關係除左所揭載者外則以記載其要旨爲必要
（甲）因婚姻而庶子取得嫡子之身分者記其名及出生之年月日
（乙）入夫婚姻或婿養子緣組則記其要旨

(丙)入夫婚姻之場合若入夫不爲戶主則記其要旨　若不記載其要旨則在法律上入夫當然爲戶主

(丁)婚姻當事者之一方從婚家或養家更因婚姻而入他家者則記載其前婚家之戶主幷養親之氏名職業及本籍地

(戊)以外國人爲妻者則記載其妻之原國籍

婚姻之屆出當向何戶籍吏爲之

婚姻之屆出亦與養子緣組相等而與一般之場合有異須向夫之本籍地或所在地之戶籍吏爲之蓋婚姻之效力爲妻者當然入夫之家以事件之首腦在爲夫者故也然壻養子緣組及入夫婚姻則非妻入夫之家乃夫入妻之家於此場合宜向妻之本籍地或所在地之戶籍吏爲屆出(第百四條)

又婚姻之屆出必當事者雙方爲之無論如何之場合不能由第三者代爲屆出是卽與養子緣組之場合相異之處也

試略述離婚屆出之手續

離婚之屆出之手續視協議上之離婚與裁判上之離婚而異兹特分說於左

第一　協議上之離婚

當事者滿二十五年以上則具備戶籍法第百九條所規定之要件由當事者雙方以書面或口頭爲屆出足矣若當事者未滿二十五年則其屆書當添附父母後見人親族會等之同意或附記同意之趣旨於其屆出復署名蓋印或於戶籍吏之面前陳述同意之趣旨

第二　裁判上之離婚

離婚之裁判確定由提起訴訟者于裁判確定後十日期間內添附裁判之謄本於屆出書中而爲屆出（第百十一條）而離婚之訴因由夫婦爲之於此場合之屆出則以當事者爲之足矣因裁判而離婚者其効力不因屆出而發生卽裁判既已確定則當然發生固無須屆出也然於身分登記並戶籍依然有婚姻繼續之外觀故法律以屆出爲便宜

試述關於後見之屆出人及其屆出之場合

第一 關於後見之屆出義務者

關於後見之屆出皆由後見人爲之非由被後見人爲之者蓋後見之性質上不得不然也（第六十四條以下）

第二 關於後見之屆出當於被後見人之本籍地或所在地之戶籍吏爲之蓋後見原爲保護被後見人故後見事件之首腦不外乎被後見人也（第百十八條）

說明後見開始之屆出所當具備之要件

法律所定後見開始之原因發生則後見人當於就職後十日內具左列之諸件以書面或口頭爲其就職之屆出（第百十四條）

第一 後見人之氏名出生之年月日職業本籍地及住所

第二 被後見人之氏名出生之年月日職業及本籍地

第三 被後見人爲家族則其戶主之氏名職業及本籍地

第四 後見開始之原因及年月日 後見開始之原因有二（一）對於未成年者無親權者或行親權者或無管理權者（二）有禁治産之宣告者

第五　後見人就職之年月日　法定後見人之就職日即後見開始之月日指定後見人及選定後見人之就職日即承諾其就職之日

以上之外指定後見人選定後見人之屆出不可不添附左列之書面（第百十六條）

（甲）後見人以遺言指定者添附於其指定之遺言謄本

（乙）後見人於親族會選任者添附選任之証明書

試舉示隱居之屆出書所爲記載之要件

隱居之屆出書當記載左之諸件由隱居者及其家督相續人爲屆出（民第七五七條戶第一一九條）

第一　隱居者之氏名族稱出生之年月日職業及本籍地

第二　家督相續人之氏名出生之年月日職業及家督相續人與隱居者之關係

第三　隱居之原因　隱居之原因民法第七百五十二條乃至第七百五十五條有所規定本號所云即表示其因何故而隱居者

屆書中除記載以上要件外當添附左列之書類或附記之

（甲）凡隱居屆出或添附家督相續人之承諾或使承認之家督相續人附記其承認之要旨而署名蓋印

（乙）得裁判所之許可而隱居之場合須添附其裁判之謄本（第百二十條）

（丙）有夫之女戶主爲隱居之場合須添附其夫之同意証書或使其夫附記其同意之要旨而署名蓋印（第百二十一條二項）

試說明失踪之屆出所當具備之要件

失踪宣告之場合則請求其宣告者自裁判確定後十日內具左列之要件對於其本籍地或所在地之戶籍吏以書面或口頭爲其屆出（第百二十三條）

第一　失踪者之氏名出生之年月日職業及本籍地　此職業乃記載生存分明時之職業

第二　有失踪之宣告之年月日

第三　失踪者爲家族則記載戶主之氏名族稱及戶主與失踪者之關係

死亡屆出可由何人爲之

關於身分之屆出使事件之本人爲之此爲一般之原則然死亡者無由爲之故法律特定左列之屆出義務者（第百二十六條）

第一　戶主　謂死亡者之本籍之戶主

第二　同居者　謂共起臥飲食者不必在同一戶籍內亦不問其與死亡有無親族關係

第三　家主地主或土地家屋之管理人　指死亡場所之家屋土地之所有者或管理人

以上諸人依右列之順序負屆出之義務如第二第三之義務者同時可有數人於此場合則以同一順位中之一人屆出足矣

第四　死亡之場所爲病院育兒院及其他公設所之場合不能由右之屆出義務者爲屆出之時則由此等公設所之長或管理人爲死亡之屆出（第百二十八條）

問死亡之屆出期間

依戶籍法第百二十五條死亡屆出之期間爲五日而此期間自屆出義務者知覺死亡之事實之時始並非由死亡之時起算者也故屆出之日雖死亡後已經過數十日而其知覺之時尙在五日內則屆出

義務者決不受過料之幾例
以上爲普通之屆出期間若衞生有必需從速埋葬者可以命令縮短此期間於此場合則屆出義務者不可不於其命令之期間內爲屆出

死亡屆出當於如何之場所爲之

死亡之屆出以對於死亡之地或死亡者之本籍地或寄留地之戶籍吏爲之此爲本則蓋專計屆出之便宜也（第百二十七條）

死亡之地如何普通均可知之然亦有不能確知者例如於汽車汽船疾走時死亡者故法律欲於此場合設一特別規定凡汽車中及不備航海日誌之船舶中（備航海日誌者直接記載其要旨且到着後爲特設之手續故無需此）死亡者其屆出視到着後爲死亡地以明確其場合（第百二十八條第七十條）

於死亡屆書所可記載之事項及附屬之書類試舉示之

第一　死亡屆出之書面以記載左列之諸件爲必要（第百二十五條）

（甲）死亡者之氏名出生之年月日男女之別及本籍地

（乙）死亡之年月日及場所

（丙）死亡者爲家族則記載其戶主之氏名族稱及戶主與死亡者之關係

第二　死亡屆出書不可不添附左列之書類

（甲）醫師之診斷書　由生前診察之醫師製成

（乙）檢案書　謂供死亡後之研究記載其死因非事實之書面由醫師作成之

(丙)檢視調書　謂警察官檢查死體記載其模樣之書面

家督相續之屆出手續試略述之

家督相續開始之時不問其原因如何因有相續權利而爲戶主者從知其相續開始之時起於一個月內(家督相續人在外國之場合其期間可延長三個月)具左列之諸件以書面或口頭向被相續人本本籍地之戶籍吏爲屆出(第百三十三條)

第一　家督相續之原因及爲戶主之年月日

第二　前戶主之名及前戶主與家督相續人之關係

胎兒相續屆出之手續試略述之

家督相續開始之場合若胎兒爲家督相續人則其不能爲屆出固無待論可由其母於知其家督相續開始之時起一個月內(在外國之場合可延長三個月)具左列之諸件以書面或口頭向被相續人本籍地之戶籍吏爲屆出(第百三十五條)

第一　相續開始之年月日

第二　家督相續人之爲胎兒

第三　前戶主之名及前戶主與家督相續人之續柄

胎兒相續之屆出必添附醫師之診察書證其果爲懷胎與否必須確實

家督相續人指定之屆出手續請略述之

第一　生存時指定之場合

生存中指定家督相續人之被相續人可記載左列之事件於屆出書向自己之本籍或所在地之戶籍吏屆出（第一四四條）而本籍地之屆出用屆書一通所在地之屆出用屆書二通

（甲）爲指定家督相續人之氏名族稱出生之年月日職業及本籍

（乙）無法定推定家督相續人之要旨

第二　以遺言指定之場合

被相續人以遺言指定家督相續人之時遺言執行者於其遺言生效力之後迅速記載右第一所述之事項及被相續人之死亡年月日於屆出書且添附關於其指定之遺言之謄本向被相續人本籍地之戶籍吏屆出（第百四十一條）

◎親族入籍屆出要表示如何之事項

入籍者謂在此一家者去其家而入他家之法律行爲此屆出不可不表示左列之事項（第一百四十六條）

第一　入籍之家之戶主之氏名出生之年月日職業及本籍地

第二　入籍者與可入籍之家之戶主或家族之親族關係

第三　入籍者廢家而入他家之趣旨

第四　入籍者爲家族則其所去之家之戶主氏名出生之年月日本籍地及其戶主與入籍者之關係

以上之屆出更需添附入籍同意權者（民第七三七條第七三八條）之同意書或使之記載同意之要旨於屆出書而署名蓋印或以口頭向戶籍吏陳述（第百四十七條）

廢家之屆出書以記載如何之事項爲必要

廢家者謂戶主入於他家而消滅其家之單獨要式之法律行爲也而適法廢家者可具左列之諸件以書面或口頭向其本籍地或所在地之戶籍吏爲廢家之屆出

第一　廢家者所入家之戶主之氏名出生之年月日職業及本籍地

第二　因廢家而入他家者之氏名出生之年月日及職業

廢家之屆出除表示以上諸件之外以添附左列之書面爲必要（第百五十二條）

（甲）非因家督相續而爲戶主者（卽新立一家之戶主）之廢家則添附証其事由之書面

（乙）因家督相續而爲戶主者之廢家則添附許可其廢家之裁判謄本

絕家之場合當爲如何之屆出

絕家者謂失戶主之家因無相續者故當然消滅也夫絕家不關係於人之意思而家自歸於消滅也無庸爲屆出者也若其絕家有家族卽可各如創立一家其創立者應具左列之諸件爲一家創立之屆出同時幷爲絕家之屆出

第一　絕家最終戶主之氏名出生之年月日職業及本籍地

第二　絕家之原因及年月日　即喪失戶主之事由與無相續人之要旨

第三　創立一家者隨記入其家之氏名出生之年月日及職業

分家之屆出所必要表示之事項試說述之

具備法定之要件而分家者對於其所在地或任意擇定之本籍地之戶籍吏具左列之諸件以書面或口頭爲分家之屆出（第百五十四條）

（一）爲分家之戶主者之氏名出生年月日職業及本籍地

(二)本家戸主之氏名職業本籍地及其戸主與分家戸主之關係
(三)有可爲分家之家族者記其名及出生之年月日并職業
(四)爲分家戸主及家族者之父母之氏名職業及本籍地
分家之屆出具以上諸件之外更添附同意權者(卽戸主父母後見人)之同意証明書(第百五十六條)

氏名變更之意義及其要件試說述之

第一　意義
氏名變更者謂廢去從來之氏名而改用其他新氏名也故如婚姻養子緣組入籍廢絶家再興等因此而入他家稱他家之氏者此爲法律上當然之結果非玆所謂氏名之變更也
第二　要件　變更氏名不可不具備左列之條件
(甲)有正當之理由者　氏之變更惟復舊者要有正當之理由而名之變更則反是苟有正當之理由固可爲之然其果有正當之理由與否除同姓同名之場合外一任管轄廳之認定雖然今日一般所承認者卽先代之襲名及僧籍之編入等是也
(乙)得管轄官廳之許可者　管轄官廳謂管轄出願者之住所地之府縣知事或郡長也

氏名變更之屆出表示如何之事項

具備法定要件而復舊氏或改名者於十日之期間內具左列之諸件添其本籍地之許可書之謄本向其本籍地或所在地之戸籍吏爲屆出(第百六十四條)
(一)復舊及改稱前之氏名

(二)復舊之氏及故稱之名
(三)復舊及改稱之原因并許可之年月日　原因者謂受變更許可之事由也

第五章　戶籍簿及戶籍之記載手續

戶籍於如何之場合可爲新編製耶

戶籍者所以証明家之存在苟其家無變更不以新編製爲原則然則如何之場合乃可爲新編製耶今舉示之如左

第一　家督相續或家督相續回復之時　卽戶主有變更之場合也(第百七十九條第一項)
第二　分家廢絕家再與及其他新立家或無籍戶主就籍者　卽生新戶主乃生戶籍新製之必要也(第百八十條第一項)
第三　轉籍之時　卽舊本籍地之家消滅新本籍地之家新生故新本籍地之戶籍吏得編製新戶籍(同上條文)
第四　改正戶籍之時　此因戶籍法改正而異其內容故必需改製戶籍也(第二二一條第一項)
第五　戶籍簿滅失或毀失之時

戶籍簿之編綴方法可舉示之

調製戶籍簿從其各戶籍所在地之番號順序而編綴之(第百七十一條一項)蓋戶籍吏所管掌之地有戶籍者甚多若雜亂編綴則不但搜索不便且混亂而容易錯誤雖然此原則也於左列之場合必不得而固守之

（一）同一場所有本籍二個以上之時　例如一番地有甲戸主與乙戸主均定爲本籍於此場合戸籍吏當從便宜之方法

（二）定爲本籍之場所地番號未定之時　於此場合附記其字名或小字名編綴於有番號者之後

（三）同一管轄地內有各附地番號之二個以上之區劃者於此場合以何區劃爲先戸籍吏得適宜而定之

以上之外戸籍吏所管轄之市町村之區域分數箇大字之場合不能以全區域爲一册得從各大字分册編綴於此場合不可不附記番號或大字等於其表紙（戸籍取扱手續法第四條參照）

何謂除籍簿

因家督相續廢絕家及其他之事由而變更戸主或全家廢滅者其戸籍亦當然消滅故不得不抹消之而此抹消之戸籍自戸籍簿除却之而別爲編綴保存於戸籍役場名此帳簿爲除籍簿（第百七十三條一項）而此編綴以一年內除却者爲一册（戸取手第八條）除籍簿保存於戸籍役場之期間從除籍簿所屬年度之翌年起算爲五十年（戸第百七十三條第二項明治三十五年七月司法省令第二十一號）

試舉示戸籍簿記載之原因

依戸籍法第百七十八條戸籍吏記載戸籍之原因如左

第一　戸籍吏受關於戸籍之屆出之時　關于戸籍爲屆出之場合卽轉籍於管轄外及管轄內之本籍地變更就籍除籍等之場合也（第百九十五條乃至第二百二條）

第二　戸籍吏登記身分登記簿之時　卽戸籍吏基一定之原因爲身分登記之時雖不受何人之請

求其當然之職務不得不從登記之趣旨而爲戶籍之記載

戶籍記載如何之事項

戶籍爲證明家之存在之唯一材料因欲使其一目瞭然故須記載左列之事項

(一)戶主前戶主及家族之氏名　記載前戶主之氏名以明現在之戶主承繼何人之戶主權也

(二)戶主之族稱及本籍地　本籍地爲家所成立之場所故不可不記載之且戶主家族非必同一故家族與戶主有相異之族稱者不可不記載之

(三)戶主及家族之出生年月日　出生之年月日與人之身分關係之得失有重大之關係故不可不就各人記載之

(四)爲戶主或家族之原因及年月日　爲戶主之原因謂相續分家一家新立廢絕家再興等爲家族之原因謂隱居婚姻養子緣組認知親族入籍等然出生亦屬爲家族之原因因其爲最通常事故不記載

(五)戶主並家族之父母之氏名及其父母與戶主或家族之關係

(六)戶主與前戶主之關係及家族與戶主之關係　家族與戶主之關係於左列之場合不可不特別記載該家族間之關係

(甲)家族有自他家而入而與他之家族爲配偶者

(乙)家族中有經他之家族而與戶主有親族關係者

(七)自他家入而爲戶主或家族者記其原籍地井原籍戶主之氏名族稱及其戶主與爲此戶主或家族者之關係

(八)自他家入而爲家族僅與他家有親族關係者則記載其人與他家族之關係

(九)戶主或家族之身分變更及其原因并年月日
(十)有後見人者記載後見人之氏名住所及其就職并任務終了之年月日
(十一)屆書及其他書類受付之年月日

戶籍記載之順序如何

戶籍記載之順序現行戶籍法第百七十七條所規定者如左
第一 戶主
第二 戶主之直系尊屬
第三 戶主之配偶者
第四 戶主之直系卑屬及其配偶者
第五 戶主之旁系親及其配偶者
第六 非戶主之親族者
若直系卑屬或旁系親有數人則先親等之近者若同親等者有數人則依其親族間之順序
以上之順序適合於新製之場合若戶籍編製後有一人或數人入戶籍者可不拘右列之順序而記載於戶籍之末尾(第百八十六條)

第六章 監督及抗告

戶籍事務屬何人監督

依戶籍法第五條之規定監督戶籍事務者爲管轄戶籍役場所在地之區裁判所之一判事或監督判

事

戶籍事務本為一種行政事務而其所以一任司法裁判所之監督者因人之身分并關於家之私權關係屬於司法之系統司法裁判所本可決定之故其所附隨之身分登記及關於戶籍之事務監督亦以有決其根本之職務之司法裁判所為最適當

戶籍事務監督之形式試略述之

關於戶籍及身分登記事務之監督可準因裁判所構成法第百三十五條乃至第百四十一條之規定今本此規定而舉示戶籍事務監督之方法

第一　戶籍吏有取扱不適當之事務可訓令其注意并使適當取扱之

第二　不拘關於戶籍吏之職務上與否若於其地位有不相應之行狀可諭告之

第三　本懲戒法懲戒　此於以上三箇方法之後戶籍吏依然不改舊態時行之

戶籍事務抗告之目的如何可詳述之

對於戶籍事務之救濟手段有抗告之方法此抗告之目的即在救濟因戶籍吏之處置不當而被不利益之際行使監督權者雖可改若戶籍吏然以前所為之不當處分若無法以取消之或變更之則因其處分而受不利益者將遭不得不默然而止之不幸

對於戶籍事務提起抗告之要件可說述之

依戶籍法對於戶籍吏之不當處分為抗告者不可不具備左列之要件

(一)關於身分登記或戶籍之事務以戶籍吏之處分為不當者(第二百三條前段)此要件以認戶

籍吏之處分爲不當足矣不必實有不當之處分也

(二)抗告者必須爲受戶籍吏之不當處分之人　此要件在戶籍法上雖無特別之明文然推究第二百四條第二項之法意以此解釋爲適當

(三)提起於管轄戶籍役場所在地之區裁判所第二百二條後段

(四)提起抗告狀及屆出書或申請書并其他之關係書類於裁判所第二百四條

(五)貼用相當之印紙第二百九條抗告之費用可準用非訟事件手續法之規定其貼用印紙額爲一圓

於如何之場合得爲再抗告耶

再抗告者謂對於抗告之裁判更向上級裁判所爲抗告也蓋對於抗告之裁判不許抗告爲民事訴訟法之原則故對於戶籍吏之不當處分之抗告亦以不許再抗告爲原則然戶籍法第二百八條有例外抗告之裁判有違背法律者許其再抗告所謂違背法律者例如裁判不遵守訴訟手續之規定而爲裁判或違背戶籍法第二百五條而於裁判之前不送付抗告書類於戶籍吏求其意見

抗告之費用何人負擔之

關於訴訟事件之費用由敗訴者負担爲民事訴訟法之原則然關於戶籍之抗告本非訴訟事件即無所謂敗訴者故關於此種抗告之費用不問其抗告之結果如何總由抗告人負担戶籍法第二百九條非訟事件手續法第二六條第一項

第二編　書式

嫡出子出生届出之書式（爲家族之父向本籍地届出之例）

出生届出

東京市神田區小川町一番地戸主
平民貿業三郎長男會社員
父　小林　孝夫
母　年
出生子　長女　孝子
出生之時　明治肆拾弐年一月十日午前拾時
出生之場合　東京市神田區小川町一番地
右爲因出生而謹爲届出也
明治四十二年一月十五日
届出人　父　小林　孝夫印
明治十年五月三日生
東京市神田區戸籍吏某人殿

私生子出生届出之書式（不得入母家之私生子出生其母向出生地届出之例）（届書二通）

私生子出生届出

出生子　愛知縣名古屋市本町二丁目三番地
戶主平民吳服商彥吉二女無職業
母　野村　先
私生子女　鍋姑
出生之時　明治四拾弐年參月二日午後貳時
出生之場合　東京市神田區錦町三丁目五番地
右私生子因無戶主之同意不得入母家創立一家
右爲因出生而謹爲屆出也
明治四拾二年三月八日
屆出人　母　野村　先印
明治二十一年五月三日生
東京市神田區戶籍吏某人殿

庶子出生屆出之書式（爲家族之父向寄留地屆出之例）（屆書二通）

庶子出生屆出

寄留　東京市本鄉區森川町一番地
原籍　石川縣金澤市池田町十番地戶主
士族無職時光長男官吏
父　佐藤　信藏

東京市麹町區三番町七番地戸主
士族官吏入郎二女無職
母　田中　澄江
出生子　出生前認知　庶子男信龜
出生之時　明治四十二年一月二日午前七時
出生之場所　東京市本郷區森川町一番地
右爲因出生而謹爲屆出也
明治四十二年一月八日
屆出人　父　佐藤　信藏印
明治九年三月四日生
右記之庶子入籍謹表同意
同意者　右父信藏之戸主
佐藤時光印
東京市本郷區戸籍吏某殿

父未定之子之出生屆出書式（由母向本籍地屆出之例）

出生屆出
富山縣上新川郡東岩瀬町大字東岩瀬町
三百六十番地戸主平民肥料商楠藏妻
母　佐倉君

右因其母經六個月而再婚故其父未定

出生子　男　時藏

出生之時　明治四十二年二月十五日午後四時

出生之場所　富山縣新川郡東岩瀬町大字東岩瀬町三百六十番地

右因出生而謹爲屆出也

明治四十二年二月二十日

屆出人　母　佐倉君

明治十五年八月十日生

富山縣上新川郡東岩瀬町戸籍吏某人殿

嫡出子出生屆出之書式（由因裁判而確定之父向其本籍地本屆出之例）

嫡出子出生屆出

富山縣上新川郡大廣田村大字大村六百五十番地戸主平民農

父　山田　吉造

富山縣上新川郡東岩瀬町大字東岩瀬町三百六十番地戸主平民肥料商權藏妻

母　佐倉君

出生子　二男　時藏
出生之時　明治四十二年二月十五日午後四時
出生之場所　富山縣上新川郡東岩瀬町大字東岩瀬町三百六十番地

右時藏出生之時其父未定明治四十二年三月二十日於富山地方裁判所受定已爲父之裁判同年四月二十日裁判確定特添附別紙裁判謄本謹爲屆出

明治四十二年四月二十五日

屆出人　父　山田吉造印
明治十年二月十日生

富山縣上新川郡大廣田村戸籍吏某人殿

棄兒發見者屆出之書式

棄兒發見屆出

棄兒　男　一人

右爲明治四拾二年三月二十日午前九時富山縣上新川郡豐田村大字豐田村字西割八百五十兵番地所發見并認有何種附屬之物品謹爲屆出

明治四十二年三月二十日

富山縣上新川郡豐田村大字豐田村
二百叁拾五番地戸　農平民

發見者　外山　庄助印
慶應元年三月七日生

富山縣上新川郡豐田村戶籍吏某人殿

嫡出子否認之屆出及登記變更之申請書式（由既爲父而否認者向本籍地屆出之例）

嫡出子否認屆出

福井縣敦賀郡敦賀町五拾八番地
戶主平民旅人宿業平二長男
被否認者　狹亞　平三
明治四十二年一月三日生

右嫡出子平三於明治四十二年叁月十日否定之裁判確定另附裁判之謄本謹爲否認之屆出且申請前登記之變更

明治四十二年三月二十五日

屆出人　否認者　狹亞　平二印
明治元年五月十日生

福井縣敦賀郡敦賀町戶籍吏某人殿

私生子認知之屆出書式（爲家族之父得戶主之同意向寄留地屆出之例）（屆書二一

通）

私生子認知届出

石川縣金澤市玄馬町四十九番地
戶主士族義作妹女敎員
母　岡野　藤子
被認知者　私生子男　藤雄
明治四十一年十二月十日生

右認知者因得戶主之同意而認知特連署名謹爲届出

明治四十二年叁月五日

三重縣阿山郡小田村大字小田五
拾叁番地戶主平民義種長男官吏
寄留　東京市本鄉區龍岡町叁番地
届出人　認知者　武田　種男
明治十五年一月一日生
同意者　戶　主　武田　義種
文久元年四月朔日生

東京市本鄉區戶籍吏某人殿

養子緣組届出書式（戶主養子之場合之例）

養子緣組屆出

東京市麴町區平河町三拾五番地
戸主士族會社員
養父　高村　安通
安政貳年四月六日生
養母　高村　藤
慶應元年十月七日生
長崎縣松浦郡有川村大字有川五番戸
戸主士族無職業政吉二男
養子　宮城　政二
明治十八年二月一日生
右實父　宮城　政吉
右實母　宮城　里

右爲養子緣組關係者連署謹爲屆出
明治四十二年四月一日

屆出人　養父　高村　安通印
同　養母　高村　藤印
同　養子　宮城　政二印
東京市麴町區平河町二十番地戸主
士族官吏

證人　西村　定　吉印
明治元年八月四日生
東京市神田區小川町三十五番地戸主
平民裁縫業
證人　山尾　榮藏
明治五年十月一日生

右養子緣組議表同意

同意者　實父戸主　宮城　政吉印
同　實　母　宮城　里印

東京市麴町區戸籍吏某人殿

因緣組無效或取消而申請取消登記之書式（其無效或取消因裁判而定者之例）（届書二通）

因緣組無效（取消）之登記取消申請

埼玉縣北足立郡浦和町貳百五十
三番地戸主平民大工職
養父　田村　三造
養母　田村　鶴
養子　田村　友次

右明治四十七年拾月七日爲養子緣組之屆出而緣組無效（取消）之裁判確定於本年三月二十日
因提出裁判之謄本申請前身分登記之取消

明治四十二年四月五日

申請人　起訴者　田村　三　造印
慶應元年三月朔日生

埼玉縣北足立郡浦和町戶籍吏某人殿

離緣屆出之書式其一（普通之離緣向本籍屆出之例）（屆書二通）

離緣屆出

杤木縣芳賀郡中川村大字馬門五
番戶主平民農
養父　永山　太一
養母　永山　時
養子　永山　二郎
杤木縣足利郡三重村大字大岩三
番屋敷戶主平民農
右實父　荒井　寅藏
右實母　荒井　悅來

明治四十年六月二十三日

緣組之年月日

右因當事者之協議而離緣者謹爲屆出

明治四十二年貳月十二日

屆出人　養父　永山　太一印

慶應元年正月三日生

同　養母　永山　時印

明治二年五月五日生

同　養子　永山　二郎印

明治二十年三月二日生

栃木縣芳賀郡中川村大字馬門二

拾番地戸主平民農

証人　江上　武治印

明治貳年拾月拾日生

同縣同郡同村大字同壹番地戸主

平民農

証人　大村　敏夫印

明治八年五月二十七日生

於右之離緣謹表同意

同意者　實父　荒井　寅藏印

同　實母　荒井　悦來印

栃木縣芳賀郡中川村戸籍吏某人殿

離緣之届出書式其二（因裁判而離緣之場合）

離緣届出

岐阜縣安八郡大垣町大字本町五
番地戶主平民吳服商
養父　種田　庄之助
養子　種田　外次郎
岐阜縣安八郡大垣町大字栗屋貳
番地戶主平民陶器商
右實父　松代　彥之丞
右實母　松代　止

緣組之日　明治三十六年十月二十日

右離緣之裁判於本年二月二十五日確定因復籍於實家松代彥之丞特添附裁判之謄本謹爲届
出

明治四十二年三月二日

届出人　起訴者　種田　外次郎印
明治十五年六月七日生

岐阜縣安八郡大垣町戶籍吏某人殿

婚姻屆出之書式（添附同意者之同意書此爲普通之例）

婚姻屆出

長野縣小縣郡上田町大字常入貳番
地戶主平民米商庄平長男無職業
夫　松村　庄之助
明治十八年三月二日生
右父主戶　松村　庄平
右母　松村　四子
同縣同郡同町大字上田四番地戶
主平民吳服商縣三郎二女
妻　杉田　大美
明治二十三年八月十五日生
右父戶主　杉田縣三郎
右母　杉田　高印

右爲婚姻添附各父母之同意証書謹爲屆出

明治四十二年一月十日

屆出人　夫　松村　庄之助印
同　妻　杉田　大美印
長野縣小縣郡上田町大字常盤城
十五番地雜貨商

長野縣小縣郡上田町戸籍吏某人殿

證人　成田　虎之亟印
明治八年九月七日生
同縣同郡同町大字常入九番地吳服商
證人　高岡　助次郎印
慶應元年三月一日生

婚姻同意証之書式（夫之父母之同意書之例但夫妻雙方之同意權者同列名爲之亦可）

婚姻同意証書

右庄之助與長野縣小縣郡上田町大字上田四番地戸主孫三郎二女杉田大美爲婚姻謹表同意

明治四十二年一月十日

長男　松村　庄之助
長野縣小縣郡上田町大字常入二番地戸主平民米商
父　松村　庄平印
母　松村　西子印

後見人就職屆出之書式（指定後見人之例）

後見人就職屆出

岡山縣兒島郡藤戶村大字天城五
番地戶主平民農
後見人　松田　時雄
明治三年十月五日生
同縣同郡同村大字藤戶於番地戶
主平民無職業
被後見人　村井　義一
明治三十年八月十五日生

右後見人就職　明治四十二年三月十日

右義一未成年因其父親權者義作死亡依義作之遺言於明治四十二年三月四日後見開始鄙人因就後見之職別附遺言書謄本謹爲屆出

明治四十二年三月十三日

屆出人　後見人　松田　時雄印

岡山縣兒島郡藤戶村戶籍吏某人殿

後見人任務終了屆出之書式（因未成年者達於成年之場合之例）

後見人任務終了屆出

滋賀縣蒲生郡島村大字白王三番
地戶主平民農

被後見人　平川　又藏
明治二拾二年一月七日生

右因平川又藏未成年於明治三十八年九月二十五日就後見之職至本年一月八日因又藏已達成年後見人之任務終了謹爲屆出

明治四十二年一月十五日

滋賀縣蒲生郡島村大字白王六十
番地戸主平民農
屆出人　後見人　赤垣　源造
明治三年十月六日生

滋賀縣蒲生郡島村戸籍吏某人殿

隱居屆出之書式（普通隱居之場合之例）

隱居屆出

山口縣熊毛郡高水村大字樋口拾
番地戸主平民農
隱居者　高橋　敷馬
天保八年四月十日生
右敷馬長男　會社員
家督相續人　敷造

明治五年六月二日生

右敷馬達六十年以上長男敷造有完全之能力如別紙証書為相續之單純承認故隱居添附証明書

家督相續人連署名謹為届出

明治四十一年十月二十五日

届出人　隱居者　高橋　敷馬印

同　家督相續人　高橋　敷造印

山口縣熊毛郡高村戸籍吏某人殿

別紙

承認証書

因家父敷馬隱居關於家督相續為單純承認謹証明之

明治四十一年十月二十五日

高橋敷馬家督相續人　高橋敷造印

死亡届出之書式(戸主死亡向其本籍地届出之例)

死亡届出

德島縣板野郡御所村大字吉田二

番地戸主

男

井上春之助

安政五年三月四日生

死亡　明治四拾二年三月拾日
場所　德島縣板野郡御所村大字吉田貳番地
屆出人　同居者　亡春之助長男
井上源一郎印
明治拾五年二月八日生

右因死亡添附醫師之診斷書謹爲屆出
明治四十二年三月拾三日
德島縣板野郡御所村戸籍吏某人殿

分家屆出之書式（屆書二通）

分家屆出

富山縣上新川郡豐田村大字大島
村四百三十番地平民農
爲分家之戸主者　村政次郎
明治十五年七月二十日生
右父　村龜之助
右母　村鶴
富山縣上新川郡豐田村大字犬島
村三百九十番地平民農

右本家戸主　村孫三郎
右政次郎妻
爲分家之家族者　時
明治二拾年九月二拾五日生
同縣同郡同村大字栗島村参百番
地戸主平民農
右父　松島安太郎
右母　里

右因分家謹爲屆出
明治四拾二年四月拾日
屆出人　分家戸主　村政次郎印
右之分家謹表同意
同意者　本家戸主　村孫三郎印
富山縣上新川郡豐田村戸籍吏某人殿

氏之復舊屆出之書式

氏復舊屆出
福岡縣三池郡岩田村大字今福五
拾番地戸主平民農

舊稱　四村虎次郎

改稱　波多虎次郎

右波多乃自家之本氏因系圖而發見於明治四拾二年二月二拾日得復舊之許可添附許可書之謄本謹爲屆出

明治四拾二年二月二拾五日

屆出人　戶主　波多虎次郎印

明治八年六月三日生

同縣三氏郡岩田村戶籍吏某人殿

名之改稱屆出之書式(以同氏同名爲理由之例)

名改稱屆出

兵庫縣津名郡志筑町五番地戶主

平民雜貨商

舊稱　米澤　彥吉

改稱　米澤　武雄

右因同村內有同氏名者往往誤認故願改名於本年三日四日得許可則附許可書之謄本謹爲屆出

明治四拾二年三日拾日

屆出人　改稱者　米澤　武雄印

明治拾年七月七日生

兵庫縣津名郡志筑町戸籍吏某人殿

不動產登記法問題義解

緒論

說明不動產登記之意義

不動產登記者卽關於不動產上之權利狀態於不動產所在地之區裁判所因當事者之申請或官廳公署之囑託而將一定之事項記載於其所保管之一定之公簿之謂也今本此意義而分說其性質如左

第一　不動產登記於不動產所在地之裁判所爲之蓋以登記一事於私權之効力有重大之關係且其數甚繁尤以迅速完了爲要

第二　不動產登記因當事者之申請而爲之者爲原則若官廳公署之囑託或裁判所之命令及登記所之職權等而爲之者卽爲例外

第三　不動產登記以明示不動產上權利狀態爲目的且於法律上一定之公簿而爲之者爲要件是故記載不在法律上一定之登記簿及公簿所記載不關不動產上之權利狀態者均非所謂登記

說明不動產登記之種類

不動產登記因目的而分二種如左

第一　終局登記　此登記者蓋欲達登記本來之目的而爲之學者所謂完成登記是也且此登記更可分爲狹義登記更正登記抹消登記及回復登記四種但所謂狹義登記者則又指不動產物權之

得失變更之登記而言耳

第二　準備登記　此登記爲終局登記之準備且以保全登記之順位爲目的但此登記亦更可別爲假登記及預告登記二種其詳見本論

略述不動產登記之効力

不動產登記之効力隨其登記之種類而異其內容今略述普通概括的之効力如左

第一　爲權利之証據　既因不動產上之權利而爲登記則對於他人主張權利之際自易証明

第二　不動產上權利之得失變更得與第三者對抗而不問其爲善意爲惡意（民法第一百七十七條）

略述不動產登記之制度之主義

關於不動產登之制度各國所採用之主義亦不一定茲舉從來慣行之二三重要者如左

第一　要件主義　此主義以登記爲物權得失變更之要件若物權之得失變更非經登記絕對的不生効力此主義更別爲二

（甲）物權得失變更之原因之法律行爲必要爲其登記之主義也

（乙）不拘爲其原因之法律行爲之有無祇要物權得失變更登記即生効力之主義也

第二　公示主義　此主義不以登記爲物權得失變更之要件而以登記爲一種公示之方法惟與第三者相對抗則爲必要之條件此主義亦區別爲二如左

（甲）區別第三者之善意與惡意夫登記對於善意之第三者雖爲必要對於惡意之第三者即爲不必要之主義也

（乙）不問第三者之善意與惡意絕對以登記爲必要之主義也日本民法採用此主義（民法第百七十七條）但不動產登記法有第五條第六條之例外

略述關於不動產登記之効力之主義

關於登記之効力其慣行之主義如左

第一　絕對的公示主義　此主義直視登記爲表示絕對的眞實於有關係之善意之第三者是也苟信遵登記面之事實而爲取引之第三者不問登記面之權利與實體的權利符合與否俱能取得其權利而受完全之保護獨逸民法採用此主義

第二　關係的表示主義　依此主義則登記之對於第三者之爲公示方法必其登記本於合法之原因而後可若登記無合法之原因雖第三者信其登記而爲取引亦不能因此而得何等之權利日本民法採用此主義者其登記爲無効或取消之原因而對於第三者不得對抗之時不能行此主義

第一編　本論

第一章　總則

如何之權利事項可以登記耶

第一　可以登記之權利　所可登記之權利不可不關於不動產者也然所謂關於不動產之權利即以不動產爲目的之權利及以不動產爲目的之權利之總稱（例如地上權及以永小作權爲目的之抵當權）而不動產登記法第一條所列舉之八種權利非例示的實限定的此外雖有以不動產

爲目的之權利亦不得强爲登記例如入會權亦屬以不動產爲目的之物權因不在範圍內故不能登記

第二　可以登記之事項　登記法第一條所列記之關於不動產之八種權利更有六種事項（即權利之設定保存移轉變根處分之制限及消滅六種事項）登記即就此六種事項而爲之者也

(甲)設定者以法律行爲或其他處分方法創設權利之謂也

(乙)保存者日本民法第三百三十七條三百三十八條三百四十條所規定先取特權之保存及未登記不動產之所有權之保存之謂也

(丙)移轉者本屬於甲權利主體轉屬於乙權利主體之謂也

(丁)更者就廣義解之固包含權利狀態之一切變動茲所謂變更者不關於權利之性質及主體而變動其權利內容之際之謂也

(戊)處分之制限者無關於權利之効力惟禁止其發現効力（即行使權利）於一定範圍內之謂也

(己)消滅者現有權利消失之謂也

可以爲假登記之場合如何

可以爲假登記之場合據不動產登記法第二條所規定者如左

第一　因手續法上之理由不能爲登記之場合於實體法上論已可以爲登記則因有登記義務者不履行其義務或証據書類不完備因此不能充本法所要求之條件遂不能爲登記之場合是也

第二　因實體法上之理由不能爲登記之場合此場合更分爲二如左

(甲)欲保全不動產上權利之設定移轉變更消滅等確定的請求權之場合

(乙)欲保全不動產上權利之設定移轉變更消滅等之始期停止條件及其他不確定的請求權之

場合

、可以爲豫告登記之場合如何

以登記原因之無効或取消爲理由而有請求抹消登記或回復登記之民事訴訟提出此卽可以爲預告登記之場合也蓋預告登記爲因提起訴訟之事實公示於第三者以警戒爲目的不之登記也若得以登記原因之取消對抗善意之第三者則雖有請求登記之取消或回復之訴訟而對於第三者無警戒之必要卽不得爲豫告登記（第三條）

如以上之說明則是豫告登記之目的專在警戒第三者是以雖有豫告登記而爲新登記亦毫無妨害

關於同一不動產而有數個登記之時其權利之順位如何

關於同一不動產而有數個權利登記之時其權利之順位可依左列之法則而定

第一 若其順位在法律上有特別之規定自當從其規定若無特別規定則依登記之前後定其順位而登記之前後又因同區與別區而定蓋登記用紙中同區之登記則依順位番號別區之登記則依受付番（第六條）

第二 附記登記之順位依主登記之順位而定若附記登記相互間之順位則固依其登記之前後而定者也

第三 爲假登記之場合者則不問本登記之順位如何及本登記之前後如何一依假登記之前後而定其順位者也

第二章 登記所及登記官吏

略述登記所之管轄

不動產登記之管轄屬於該管不動產所在地之區裁判所及出張所若其不動產跨數箇登記所之管轄地於是有確定登記所之必要法律上於此場合凡利害關係人可申請於管轄各登記所之直近上級裁判所使指定其管轄登記所所夫謂直近上級裁判所者係指地方裁判所以上者而言若區裁判所則非其出張所之上級裁判所也故不動產之跨同一區裁判所二箇以上出張所之管轄地之場合即不適用本法第八條第二項

說明登記官吏因自己及親族之申請而為登記時所當遵守之方式及理由如何

第一　方式　登記官吏因自己及其妻或四親等內之親族為申請人而在登記時不可不依左列之方式但既為親族雖關係已止亦同一方式

(甲)須有已受登記所之登記者二人以上之立會且其人必須業已成年而非登記官吏之妻及非四親等內者

(乙)登記官吏特製調書與立會人同署名蓋印

第二　規定之理由　法律上所以定前二號個之條件者因登記有關於私權之得失變更故取扱其事務不得不公平若登記官吏對於自己及親族之申請登記亦如普通場合之取扱難保無私曲之行為縱令不然亦不免招人疑議至有害登記制度之信用故依據純理於此等場合當絕對不使登記官吏行其職務然大多數之登記所唯有登記官吏一人如日本現今之狀態亦然故有時斷然不能貫徹此理論至不得已而為便宜之規定如右焉

登記官吏負損害賠償之責任之場合如何

不動產登記法第十三條之規定曰（登記官吏執行其職務而加害於申請人及其他之人時若其損害因登記官吏之故意或重大之過失而生者當任賠償之責）今依此規定而分說損害賠償之要件如左

第一　因登記官吏之執行職務而使生損害者　若於其執行職務之外加損害於他人者依登記法不任賠償之責

第二　須申請人及其他之人蒙損害者　假令登記官吏於其職務雖有故意及重大之過失而此等人不蒙損害則登記官吏之不負責任固不待言（但所謂職務上之責任）即官吏法上之責任（則論之）本文所謂其他之人者指登記簿之閱覽請求人及其謄本抄本之交附請求人而言

第三　其損害必須因登記官吏之故意或重大之過失而生者故因不可抗力或登記官吏之輕微過失而生之損害自不負賠償之責任

第三章　關於登記之帳薄

說明登記簿之種類及其編綴方法

第一　種類　登記簿區別為土地登記簿與建物登記簿二種一則關於登記土地之事項一則關於登記建物之事項

第二　編綴方法　登記簿不問其為土地登記簿建物登記簿但在市則依從前之區劃在町村則每一町村各為編綴一册以圖登記及閱覽之便利若登記事件過多之町村不必依右列之原則可依從前之區劃而別為編綴

交付登記簿之謄本抄本及自由閱覽之理由如何

法律上凡納付手數料者無論何人均可請求交付登記簿之謄本或抄本且可請求閱覽登記簿及其附屬書類(惟限定有利害關係之部分)其所以然者因登記有關於不動產權利之得失變更爲對抗第三者之必要條件故登記之有無對於第三者有直接之利害關係是以設此方法使世人咸知登記之有無及其內容等爲必要者無手數料亦許其閱覽則難保無妄爲請求使登記所徒若手數與費用此即徵收手數料之原因也

又閱覽登記簿若漫無制限則或使登記事務澁滯或使書類毀損散失故許閱覽者以利害關係之部分爲限

登記簿及書類得以携出登記所外之場合如何

登記之有無於私權之得失變更有重大之關係故登記簿及其附屬書類須嚴重保存決不可使有滅失毀損及變造等之疏虞否則登記事務必有障礙法律上必須合此主旨故登記簿及其附屬書類除預避事變之場合外不得移出登記所外然申請書類及其他之附屬書類非能使登記事務有直接之障礙者且屢爲民事刑事裁判之証據書類故此等書類絕對不得固守右列之原則如遇有裁判所或預審判事之命令及囑託可以提出在法律上固有此例外也(第二二條)

於登記簿滅失之場合回復申請之效力如何

登記簿之全部或一部滅失之場合在相當之期間內爲登記回復之申請者仍得維持滅失前之登記順位

夫此登記者不得離登記簿而存在者也若登記簿遇天災地變等因而滅失者不可不更爲登記則其

登記爲新登記其順位亦不可不依其新次序雖然本此理論是既登記於滅失之登記簿者無端而奪其權利在法律上必維持滅失前之順位以爲回復申請之効力設此申請而或無制限則反有害第三者之權利故限定三個月內司法大臣所定之期間內爲申請者乃得維持滅失前之登記順位

第四章　登記手續

登記之申請由於何人當如何爲之

登記之申請有由直接受權利上之利益者（即登記權利者）有直接受權利上之不利益者（即登記義務者）或此等人之代理人將所當登記之事項以書類出願於登記所是爲原則（第二六條）雖然而亦有例外之場合試列於左

第一　因判決相續之登記只需登記權利者爲之可也（第二七條）蓋因判決而登記之場合不但有民事訴訟第七百三六條之規定且於此場合而要求登記義務者之協力是適爲責人所難又因相續而登記之場合其登記義務者或不生存故於登記申請書之外必添附証明相續之戶籍吏之書類及其他可以証明之書類能如是則雖僅有登記權利者之申請而有害登記正確之虞可以無矣

第二　登記名義人之表示有變更其登記時可僅由登記名義人申請之（第二八條）前所謂登記名義人者爲業經登記之登記權利者其表示之變更云者即其氏名住所及其住所之表示有變更之謂也於此場合無登記義務者亦不妨

第三　登記簿滅失之場合爲回復之申請可僅由登記權利者爲之

第四　因土地收用而所有權移轉之登記可僅由登記權利者申請之（第百三條）

試略述假登記之手續

假登記視假登記義務者之承諾與否而異其手續因分說之如左

第一　無義務者承諾之場合於此場合不得不依左列之手續

(甲)由假登記權利者申請於管轄不動產所在地之區裁判所

(乙)權利者疏明假登記之原因則區裁判所宜速即添附假處分命令之正本於囑託書以之囑託登記所　故權利者不疏明其原因則其申請可却下但對於此却下之決定可即時而爲抗告

第二　有義務者承諾之場合(第三三條)於此場合假登記權利者無要求裁判所之假處分命令之必要且無須義務者出頭得單獨申請於登記所但必須添附承諾証爲

試略述豫告登記之手續

豫告登記其目的在保護第三者夫此種登記以無登記權利者登記義務者之存在故非無可以申請登記者故或因登記或因登記原因無効或抹消登記或同復登記可於受理訴訟之裁判所以其職權添附訴訟之謄本或抄本用以囑託登記所而爲登記(第三四條)

登記之申請當提出如何之書類

關於不動產之權利申請登記者當提左列之書類於登記所(第三五條)

(一)登記之申請書　其內容詳說於次問

(二)証登記原因之書類　登記原因者所謂登記事項之原因(即權利之設定保存移轉變更處分本之制消滅等之原因)也而証此原因之書類或不存在或不能提出可提出申請書之副(第四〇條)

(三)關於登記義務者之權利之登記既濟之証　但此証書滅失之時可代以保証人之保証書二

保証人須已受登記之成年者二人(第四四條)

(四)如登記原因須第三者之許可同意及承諾之時必不可無証明之書類但第三者之署明蓋印於申請書亦可代之(第四五條)前第三號及本號之書類若証其登記原因之書類有執行力之判決之時不要提出

(五)以代理人申請登記之時要証其權限之書類

以上之外(甲)登記原因爲相續之時當於申請書中添附証其相續之戶籍吏之書類及足以証之之書類(第四一條)(乙)若申請人爲登記權利義務者之相續人當添附証其身分之戶籍吏之書類及足以証之之書類(第四二條)(丙)登記名義人之表示變更登記當添附証其表示變更之戶籍吏書之類及足以証明之之書類(第三四條)

登記申請書當記載如何之事項

登記申請書當記載左列之事項申請人署名蓋印(第三六條)

(一)不動產所在地之郡市區町村字及土地之番地

(二)地目段別及坪數　若登記權利之目的爲建物則記載其種類構造及建坪如建物有番號並及番號若有附屬建物當記載附屬建物之種類構造建坪(第三七條)

(三)申請人之氏名住所　若申請人爲法人則須記其名稱及事務所

(四)代理申請人登記則記其氏名住所

(五)登記原因及其附件　若有買戾之特約及關於權利消滅之事項而有一定者則記其事項(第三八條)　又若登記權利者有多數而持分有一定者則記載其持分(第三九條)

(六)登記之目的　例如所有權之移轉地上權之設定等卽可以登記事項之種類之謂

（七）登記所之表示　記載申請人所欲申請登記之登記所

（八）年月日　即申請登記之年月日也

登記之申請可以却下之場合如何

登記之申請該當於左列原因之一者登記官吏可據此理由却下其申請若其申請之缺點得以補正而申請人卽日補正之此則不可却下也

（一）其事件不屬此登記所之管轄者

（二）其事件非可登記者

（三）當事者不出頭之時

（四）申請書不合式之時

（五）申請書上所揭之不動產及其權利之表示與登記簿相抵觸之時

（六）除出登記法第四十二條所揭之書類外申請書上所揭登記義務者之表示與登記簿不符合之時

（七）申請書所揭之事項與証明登記原因之書類不符合之時

（八）不添附必要之圖書於申請書之時

（九）不納登記税之時

說明登記官吏於登記完了後所當　付之書類及其方式如何

登記官吏於登記完了之時不問其爲因當事者之請申或因裁判所之囑託當依左列之手續爲書類之還付

第一　於証明登記原因之書類及申請書之副本記載登記番號申請書交付之年月日交付番號順位番號及登記完了之說明盖登記所之印章而還付於登記權利者此書類在本法上可作爲登記完了之証

第二　於添附於申請書之登記完了之濟証及第四十條所揭載之保証書之一紙記載申請書受付之年月日受付番號順位番號登記權利者之氏名住所登記原因及附件并登記之目的登記完了之說明等盖以登記所之印而還付登記義務者若登記名義人多數之場合其一部爲登記義務者亦須記載其氏名住所

於以上之場合者登記權利者及義務者多數之時則僅記載申請書上爲首人之氏名住所及他之人員足矣

未登記之土地及建物之所有權之登記當由何人申請之

第一　未登記之土地所有權之登記得由左所揭載者申請之

(甲)依土地所有權本自己或被相續人於土地臺帳上爲所有人而有登錄之証明者

(乙)依判決証明自己之所有權者

第二　未登記之建物所有權之登記得由左所揭載者申請之

(甲)爲建物之基地之所有者或爲地上權者而曾登記於登記簿者

(乙)依土地臺帳謄本自己或被相續人於土地臺帳上爲基地之所有人而有登錄之証明者

(丙)依既登記之基地之所有人或地上權者之証明書而証明自己爲所有權者

(丁)依判決及其他官廳或公署之書類而証明自己之所有權者

未登記之不動產之所有權以外之登記得由何人申請之乎

第一　未登記之不動產其所有權以外之權利之登記由已受命其登記之裁判而証明自己之權利者申請之第百二十八條

第二　未登記之不動產之權利有以所有權以外之權利爲目的者此種登記亦得由已受命其登記之裁判而証明自己之權利者申請之

第三　既登記之不動產之權利有以未登記之所有權以外之權利爲目的者此種登記亦得由已受命其登記之裁判而証明自已之權利者申請之

問建物新築之場合爲保存不動產工事先取特權之登記其申請書中當記載如何之事項

於建物新築之場合先取特權保存之登記申請書必記載左列之事項且添附設計書及圖面

第一　於設計書須記載其建物之種類構造建坪蓋建物新築之場合當其申請登記之時其建物尙未登記於登記簿故其登記爲建物之表示因先取特權有關於如何之建物如何之工事始有如何之特權故也

第二　記載其新築建物之郡市區町村字土地之番號因必須明示其所在之地此與他種無異

第三　工事費用之預算額　不動產工事之先取特權於其工事開始之前登記其費用之預算額其効力始可以保存有民法第三百三十八條之規定故爲登記申請書之要件

第四　登記原因定有辨濟期者則呈明其定期　蓋債權之辨濟期於先取特權之効力有重大之關係故也

以上爲建物新築之場合不動產工事之先取特權保存之登記申請所必要之特則事項也其他如一般登記申請書所當記載之事項亦須記載固不待言也（第一百三十六條）

登記權利者於如何之場合得單獨申請之抹消乎

登記權利者得以單獨申請抹消登記之場合試列於左

第一　登記之權利因其人之死亡而消滅之場合則登記權利者可於申請書外添附証其死亡之戶吏之書類及其他之公正証書而單獨申請登記之抹消（第一四一條）蓋於此場合雖權利者單獨申請亦無不正確之虞

第二　因不知登記義務者之去向而不能申請抹消登記之時登記權利者得依民事訴訟法之規定而爲公示催告之申立若有除權之判決則於申請書外添附其判決之謄本得以單獨申請抹消登記（第百四十二條）

第三　登記義務者去向不明之場合得於申請書外添附債權証書及最後二年分之定期金之受取証書則不待裁判所之除權判決而得單獨申請關於先取特權質權抵當權等登記之抹消（第一四二條）

假登記之抹消得由何人申請之耶

假登記之抹消得由假登記名義人申請之蓋假登記者欲於其後爲本登記之場合得登記上優先之順位其目的全在保護假登記權利者若權利者自捨其保護而欲抹消則隨時均可許之（第一四四條）

據以上之理由凡登記上之利害關係人於其申請書外添附登記名義人之承諾書或與之相對抗之裁判謄本自可申請假登記之抹消（第一四四條）

試說明豫告登記抹消之場合及其請求之手續

第一　取消預告登記之場合　因登記原因無效或取消等之抹消登記及回復登記之訴訟而發生左列之事由無警戒第三者之必要則預告登記可以取消

(甲)訴訟却下之時

(乙)原告敗訴裁判已確定之時

(丙)訴訟取下之時

(丁)拋棄請求之時

(戊)請求之目的和解之時

第二　請求抹消之手續

以上第一之原因發生之時第一審裁判所速即以囑託書（更添附裁判之謄本或訴訟取下拋棄請求証明和解等裁判所書記之書類）託登記所抹消豫告登記

第五章　抗告

抗告得於如何之場合爲之耶

關於登記而爲抗告之場合以對於登記官吏之決定或處分有不服之場合爲限

第一　決定者登記官吏依第四十九條却下登記申請之場合及依第九十條（如土地之分合滅失段別坪數之增減地目番號之變更於受附登記申請書之時土地臺帳所管廳尙無關於此等事項之通知知帳所受廳之通之目的與土地台或其申請書所記載不符合等）而却下其申請之場合均可以爲抗告而第[illegible]十二條第三項之抗告不包含於此

第二　處分者謂登記官吏所爲之登記事務也如拒絕登記簿之閱覽不許交付登記簿之謄本或節

其補正申請書或爲登記等者是

何人可以抗告

若論何人可以抗告就政府提出之草案則爲（因登記官吏之決定及處分而有害權利者）而議會所修正則僅云（以登記官吏之決定或處分爲不當者）由是觀之則無論何人凡以登記官吏之決定或處分爲不當者俱可抗告然吾輩之見解則甚以此爲不當之議論法文之用語頗廣況若於權利上毫無利害關係者似不應付與抗告權恐其反因此而生種種之弊害況現行法中非有利害關係之人不得爲抗告諒以此解釋爲至當也

抗告屬何裁判所管轄

對於登記官吏之決定及處分而有所抗告此專屬管轄該登記所在地之地方裁判所管轄之

申立抗告之方式如何

關於登記事務之抗告其申立之方式必須提出抗告狀不許爲口頭之申立蓋既免繁忙之登記官吏作成調書又豫防輕率之抗告

又抗告狀非可直接提出於管轄地方裁判所先差出於登記官吏（卽爲決定或處分之官吏）所屬之登記所蓋欲使該登記官吏再加考察也（第一五三條參照）

抗告之證據方法其制限如何

不動產登記法第百五十二條之規定曰（抗告者不得以新事實及証據方法爲其証據法律之所以

如此制限者蓋以登記官吏僅有形式上之調查權非有實質上之調查權也故其決定及處分無非以形式調查爲基礎是以判斷其決定及處分之當否亦僅以形式爲證據故其結果不許以新事實及證據方法爲抗告之證據

如有抗告之提起則登記官吏當如何處置

對於登記官吏之決定及處分有抗告狀提出之時登記官吏不得不爲左列之處置

第一　以其抗告爲有理由則必爲相當之處分若登記完了之後則就其登記附記所以有異議之要旨以通知登記上之利害關係人且於三日內附意見於該事件送付抗告裁判所蓋登記官吏雖有不當之處分亦不得自由抹消變更也

第二　登記官吏以其抗告爲無理由之時應於其抗告提出後三日以內附意見於該事件送付抗告裁判所

試略述抗告之効力

抗告之提起無停止登記官吏之決定或處分之効力蓋登記事務其性質尙敏活故雖有抗告亦不得停止其執行雖然若絕對用此原則則或有害抗告人之利益之虞在法律上抗告裁判所認其抗告爲適當之時則對於其抗告未決定以前可命登記官吏爲假登記（第一五四條）

對於抗告裁判所之決定不得有所不服耶

抗告以二審爲限此訴訟法上之原則故對於登記事務之抗告亦不許再爲抗告雖然若絕對依此原則則抗告裁判所之裁判雖違法越權亦將無可如何故法律上以抗告裁判所之決定爲違背法律之

時可以再抗告蓋所謂違背法律者不論其爲違背法律之實體法與手續法苟其決定有違背法律之規定均可包含此再抗告準用民事訴訟法第四百三十五條第四百三十六條及第四百五十三條之規定(非訟事件手續法第二四條二條參照)

第二編　書式

土地買賣之登記申請書式

土地買賣之登記申請

何郡(市)町村幾番地

一　宅地幾段幾畝幾步

一　登記原因及其日附　年　月日附土地賣渡書

一　登記之目的　所有權移轉之登記

一　土地之價格　金幾千幾百元

一　登錄稅　金幾元

右列各件請照登記附呈土地賣渡書及關於某人之權利之登記完了証

年　月　日

何郡市町村幾番地

賣主　何　某人印

何郡市町村幾番地

買主　何　某人印

何區裁判所(何出張所)

建物賣買之登記申請書式

建物賣買之登記申請

何郡何町(村)幾番地宅地幾段幾畝幾步

一 木造瓦葺平屋壹棟　建坪十幾坪

建物之番號　第何號

附屬建物　樓屋壹棟建坪幾坪外樓屋幾坪

一 登記原因及其日附　年　月　日附建物賣渡書

一 登記之目的　所有權移轉之登記

一 買同之特約　有至　年　月　日買同之約

一 建物之價格　金幾百元

一 登錄稅　金幾元

右列各件請照登記附呈建物賣渡書及關於某人權利之登記完了証

年　月　日

何郡市町村幾番地

賣主　何　某人印

何郡市町村幾番地

買主　何　某人印

何區裁判所（何出張所）

家督相續（遺產相續）之登記申請書式

家督相續（遺產相續）之登記申請

何郡市町村幾番地

一 田幾段幾畝幾步

價幾千元

何郡市町村幾番地宅地幾段幾畝幾步

一 木造瓦葺平屋一棟　建坪幾坪

建物之番號　第幾號

附屬建物　樓屋一棟建坪幾坪外樓屋幾坪價格　幾千元

一 登記原因及其日附　年　月日家督相續（或遺產相續）

一 登記之目的　所有權移轉之登記

一 不動產之價格　合計金幾千元

一 登記稅　金幾元

右列各件請照登記附呈身分登記之謄本（若遺產相續則戶籍之謄本

年　月　日

何郡市町村幾番地

某人

何區裁判所（何出張所）

爲保存土地之所有權而申請登記之書式

保存土地所有權之申請登記之書式

何郡市町村幾番地

一　宅地（田隂田）幾段幾畝幾步

一　登記之目的　土地所有權保存之登記

一　土地之價格　金幾千元

一　登錄稅　金幾元

右列各件請照登記附呈土地臺帳謄本依不動產登記法第百五條第一號特此申請

年　月　日

何郡市町村幾番地

某人印

何區裁判所（何出張所）

地上權設定之登記申請書式

地上權設定之登記申請

何郡市町村幾番地

一　宅地幾段幾畝幾步

一 登記之原因及其日附　年　月　日附地上設定之証書
一 登記之目的　地上權設定之登記
一 地上權設定之目的　建物之所有
一 地上權之範圍　宅地之全部
一 存續期間年月日起幾年
一 地代　每月幾元（每年幾元）
一 地代之支付時期　每月末日（每年某月日）
一 土地之價格　金幾千元
一 登記稅　金幾元

右列各件請照登記附呈地上權設定之証書及關於某人權利之登記完了証特此申請

年　月　日

何郡市町村幾番地
土地所有者　某人印
何郡市町村幾番地
地上權者　某人印

何區裁判所（何出張所）

小作權之設定之登記申請書式

永小作權之設定之登記申請

何郡市町村幾番地

一 田 幾段幾畝幾步

一 登記原因及其日附 年 月 日附永小作設定之証書

一 登記之目的 永小作權設定之登記

一 存續期間年月日起三十年

一 小作料 一年金幾元（或米若干）

一 小作料支付時期 每年十二月三十一日（或某月日）

一 土地之價格 金幾千元

一 登記稅 金幾元

右列各件請照登記附永小作權設定之証書及關於某人權利之登記完了証特此申請

年 月 日

何郡市町村幾番地

地主 某人印

何郡市町村幾番地

永小作權 某人印

何區裁判所（何出張所）

地役權設定之登記申請書式

地役權設定之登記申請

承役地　何郡市町村幾番地宅地幾段幾畝幾步
要役地　何郡市町村幾番地宅地幾段幾畝幾步
一　登記原因及其日附　年　月　日附地役權設定証書
一　登記之目的　地役權設定之登記
一　地役權設定之目的　通行(觀望及其他)
一　地役權之範圍　南側長二十間六尺(或若干)
一　要役地之價格　金幾千元
一　登錄稅　金幾元
右列各件請照登記附呈地役權設定証書及關於某人權利之登記完了証特此申請

年　月　日

何郡市町村幾番地
承役地所有者　某人印
何郡市町村幾番地
地役權者　某人印

何區裁判所(何出張所)

先取特權保存之登記申請書

一　先取特權保存之登記申請
設計書上所定之建物

一木造樓屋一棟　建坪幾坪外樓屋幾坪
附屬建物　土牆樓屋一棟建坪幾坪樓屋幾坪
基地　何郡市町村幾番地宅地幾坪
一　登記原因及其日附　年　月　日附建物新築工事請負契約書
一　登記之目的　先取特權保存之登記
一　工事費用之預算額　金幾千元
一　辦完期　年　月　日
一　登錄稅　金幾元
右列各件請照登記附呈建物新築工事請負契約書設計書及建物之圖特此申請
年　月　日
何郡市町村幾番地
債務者　某人印
何郡市町村幾番地
先取特權者　某人印
何區裁判所（何出張所）

不動產質權設定之登記申請書式

質權設定之登記申請
何郡市町村幾番地

一 田幾段幾畝幾步
一 登記原因及其日附　年　月　日附金元借用証書
一 登記之目的　質權設定之登記
一 債權額　幾千元
一 完了期　年　月　日
一 登錄稅　金幾元
右件請照登記附呈金圓借用証書及關於某人權利之登記完了証特此申請
年　月　日
何郡市町村幾番地
質權設定者　某人印
何郡市町村幾番地
質權者　某人印
何區裁判所(何出張所)

抵當權設定之登記申請書式

抵當權設定之登記申請
何郡市町村幾番地
一 宅地幾段幾畝幾步
一 登記原因及其日附　年　月　日附金圓借用證書

一　登記之目的　抵當權設定之登記
一　債權者　金幾千元
一　辨濟期　年　月　日
一　利息　當年一分
一　利息之支付時期　年　月　日
一　登錄税　金幾元
右件請照登記附金圓借用証書及關於某人權利之登記完了証特此申請
年　月　日
何郡市町村幾番地
抵當權設定者　某人印
何郡市町村幾番地
抵當權者　某人印
何區裁判所(何出張所)

賃貸借之登記申請書式

賃貸借設定之登記申請
何郡市町村幾番地
一　宅地幾段幾畝幾步
一　登記原因及其日附　年月日附賃貸借証書

一 登記之目的　賃貸權設定之登記
一 存續期間　年　月　日起幾年
一 借貸一個月金幾元（或一年幾元）
一 借貸之支付時期　每月末日（或每年某月日）
一 土地之價格　金幾千元
一 登錄稅　金幾元

右件請照登記附呈賃貸借証書及關於某人權利之登記完了証特此申請

年　月　日

何郡市村町幾番地
賃貸者　某人印
何郡市町村幾番地
賃借者　某人印

何區裁判所（何出張所）

不動產買賣豫約之假登記申請書式

土地建物買賣豫約之假登記申請

何郡市町村幾番地
一 宅地幾段幾畝幾步
何郡市町村幾番地宅地幾段幾畝幾步

一 木造瓦葺平屋壹棟　建坪幾坪
建物之番號　第幾號
附屬建物樓屋一棟建坪幾坪外樓屋幾坪
一 登記原因及其日附　年　月　日附土地建物賣買豫約証書
一 登記之目的　所有權移轉之請求權之登記
一 登錄稅　金幾十元
右件請照登記附呈土地建物賣買豫約証書及假登記義務者之承諾書特此申請
年　月　日
何郡市町村幾番地
某人印
何區裁判所(何出張所)

所有權之登記名義人其表示變更之場合之登記申請書式

登記名義人表示變更之登記申請
何郡市町村幾番地
一 宅地幾段幾畝幾步
一 登記之原因及其日附　年　月　日轉籍
一 登記之目的　幾年幾月幾日申請登記第何號所有權之登記中其所有者某人之住所變更爲何郡市町村幾番地

一 登錄稅 金貳拾元

右件請照登記附呈戶籍之抄本特此申請

年 月 日

何郡市町村幾番地 某人印

何區裁判所（何出張所）

土地分割之場合申請登記之書式

分割之登記申請

一 分割前之土地 何郡市町村幾番地宅地幾段幾畝幾步

一 分割之土地 何郡市町村幾番地之或宅幾地段幾畝幾步

一 現在之土地 何郡市町村幾番地之壹宅地幾段幾畝

一 登記原因及其日附 年 月 日分割

一 登記之目的 分割之登記

一 登錄稅 金幾十錢

右件請照登記附呈土地一帳謄本及其分割之土地某人承諾消滅其抵當權之証書特此申請

年 月 日

何郡市町村幾番地 某人印

何區裁判所（何出張所）

地上權變更之登記申請書式

地上權變更之登記申請

何郡市町村幾番地

一　宅地幾段幾畝幾步

一　登記之原因及其日附　年　月　日附契約證書

一　登記之目的　年月日申請登記第幾號地上權設定之登記中其存續期間三十年縮短爲二十年

一　登錄稅　金幾十錢

右件請照登記附呈某人之承諾書及某人權利之登記完了證特此申請

年　月　日

何郡市町村幾番地
地上權設定者　某人印

何郡市町村幾番地
地上權者　某人印

何區裁判所（何出張所）

抵當權消滅之登記申請書式

抵當權消滅之登記申請

一 何郡市町村幾番地

一 宅地幾段幾畝幾步

一 登記原因及其日附年 月 日 附貸金受取証書

一 登記之目的 年 月 日申請登記第幾號抵當權設定之登記抹消

一 登錄稅 金幾十錢

附呈貸金受取証書及關於其權利之登記完了証請爲抹消之登記

年 月 日

何郡市町村幾番地

抵當權者 某人印

何郡市町村幾番地

抵當權設定者 某人印

何區裁判所(何出張所)

地上權抵當之登記申請書式

地上權設定抵當之登記申請

一 爲抵當權之目的之權利 何郡市町村幾番地宅地幾段幾畝幾步之上所設定之順位第幾番之地上權

一 登記原因及其日附 年 月 日附金圓借用証書

一 登記之目的 抵當權設定之登記
一 債權額 金幾千元
一 完了期 年月日
一 利息 年一分二厘
一 利息之支付時期 每年十二月三十一日
一 登錄稅 金幾元
右件請照登記附呈金圓借用証書及某人權利之登記完了証特此申請
年 月 日
何郡市町村幾番地
抵當權設定者 某人印
何郡市町村幾番地
抵當權者 某人印
何區裁判所(何出張所)

贈與土地所有權之一部之申請書式

贈與土地所有權之一部之登記申請
何郡市町村幾番地
一 宅地幾段幾畝幾步
一 登記原因及其日附 年 月 日附贈與証書

一　登記之目的　所有權之一部移轉之登記
一　權利移轉之部分五分
一　所持部分之價格　金幾百元
一　登錄稅　金幾元
右件請照登記附呈贈與証書及某人權利之登記完了証特此申請
年　月　日
何郡市町村幾番地
贈與者　某人印
何郡市町村幾番地
受贈者　某人印
何區裁判所(何出張所)

不動產登記法問題義解

中華民國二年三月出版

戶籍法登記法問題義解

原著者　日本普文學會
繙譯者　共和法政學會編譯部
校勘者　共和法政學會編譯部
印刷者　神州國光書局
總發行所　上海四馬路東　共和法政學會編譯部　神州圖書局　彪蒙書室
分發行所　各省神州圖書局　各省彪蒙書室　各省大書局

版權所有　不准翻印

各種問題義解之特色

問題完備

本書按各種法律編制之順序其規定之事項旣網羅無遺而於從來所有之法律試驗課題亦加以說明爲問題答案從來所未有之良著

學理解釋

本書於闡明各種法律之原理原則外更比較各國之法制審究立法之精神凡各種法律之難問疑義無不確定

應用自在

學者得此雖遇極難之問題亦得斷案其運用之微活動之妙可謂毫無遺憾

記憶容易

本書以著者多年所研究之記憶的論理法而編纂者故一讀此書卽深銘於腦無臨時遺忘之弊

受驗必讀

凡公法私法之各種試驗問題悉得依本書而解釋之法政學員及有志文官法官試驗諸君不可不讀此書以資參考

執務必攜

本書更附詳細之目錄以免臨時檢尋之煩海內政法家如行政司法官吏議會會員政黨黨員及辯護士尤不可不手置一編以決臨時之疑問

吳應圖 編

人口問題

上海：中華書局，一九二九年鉛印本

常識叢書

第十一種

人口問題

第3759

上海中華書局印行

人口問題目次

第一章　人口問題之重要……一
第二章　世界各國人口之現狀……四
第三章　人口增減之原因……一五
第四章　人口問題之學說政策……二八
第五章　人口增減之利害……五二
第六章　生產率減少與都市集中之傾向……六四
第七章　歐戰後人口增加政策……九七
第八章　生產率與死亡率平行之法則……一〇八
第九章　獎進女子生育之政策……一二四

人口問題

2

常識叢書

人口問題

第一章　人口問題之重要

人口云者、指一定國土內所居之人民總數而言，故不問領土之大小，成數之多寡，可分爲二種：其一居於一定國土內，人民之絕對數，是曰人口總數；其二一定國土與所居人民之比例數，是曰人口比例。如前清光緒末葉，我國人口總數爲四萬三千三百五十五萬三千零三十人，我國面積爲四百二十七萬七千一百七十方英里，故我國人口比例每方英里爲百零一人。人口比例卽所以表示國家人口之密度，欲知各地各國各時代人口之比較，舍此無可他求也。

人口問題所以重要，以其與國家國民有複雜重要之關係也；此種關係可從(一)政治上(二)經濟上(三)社會上分別觀察之。

第一　政治上之關係　人口爲國力本源，國家之兵力、權力、財力、大小強弱、一決於人口之多寡；故大國與小國較，兵多則權力强，人多則租稅負擔力大，皆爲國家富强發達之原因。且人口既多，則政治組織與保護之範圍亦自有日趨廣大之勢。

第二　經濟上之關係　人口多寡，於國家生產、分配、交易、消費、等，一切經濟方面，皆生重大影響。人多之國，財之消費額大，生產必須增加，則生產方法之改良起矣；人多則供給各種產業之勞力必富，須組織適於勞力之集中，與分業之應用，則工廠興焉。於是一方勞力供給加多，一方生產方法改良，終必交易日繁，商業日盛，引起社會階級之區別，於經濟之分配，大受其影響焉。

第三　**社會上之關係**　人口多少既生經濟上之變化，社會上自不免受其影響。蓋一國之財富生產有定，個人所得之分配額，要以人口數爲比例：人口愈增則財富之分配競爭愈烈，勝則尊榮，敗則困苦，而社會乃有貧富之別焉。於是雇主與被雇者之別，資本家與勞工之別，進而爲社會階級之爭，同業之爭；人口增加一日不息，則競爭一日不止。故人口增加，舉一切社會階級，皆直接間接感受其劇烈之壓力無所逃避也。

第二章　世界各國人口之現狀

國家人口之多寡，於政治、經濟、社會各方面，皆有重大影響，前既言之，茲請述其大概。

研究人口，普通分爲(一)人口靜態研究，(二)人口動態研究。前者研究人口之現狀，後者研究人口之增減。茲由世界人口順次分言之。

世界人口統計，在人口統計中，爲最困難；多數調查，結果不能一致，今擇錄如左：

五大洲面積人口疏密表（一九一〇年公表）

洲名	面積(千平方基羅米突)	人口		
		人口	百分率	一平方基羅米突內之人口
亞細亞	四四二八五	八三一二三六千人	五三·二	一八·七

歐羅巴	九八九七	四三五七八三	二七・七	四三・四
阿非利加	三〇〇五二	一二七三三一	八・二	四・三
亞美利加	三八九九九	一六七五六〇	一〇・〇	四・二
澳洲及太平洋諸島	八九五四	六九三八	〇・四	〇・八
兩極地	一二六七〇	一三	—	—
合計	一四四八五七	一五六七八五一	一〇〇・〇	一〇・八

世界人口統計，各方學者主張雖各不同，然人口總數十五萬萬；人口密度，平均一方基羅米突一〇・六人，平均一方英里二十九人，則無大差。

重要國家人口數表

國名	調查年度	現住者數	增加率（或減少率）	一平方基羅米突之住民數

		千人		人
德國	一九〇五	六〇六四一	一•四六	一一二•一四
奥大利	一九〇〇	二六一五一	〇•九〇	八七•一七
匈牙利	一九〇〇	一九二五五	〇•九八	五九•二七
俄羅斯	一八九七	一二五六四〇	一•三七	五•八五
意大利	一九〇一	三二四七五	〇•六九	一一三•二八
西班牙	一九〇〇	一八六一八	〇•八八	三六•九〇
葡萄牙	一九〇〇	五四二三	〇•七一	五八•九八
瑞士	一九〇〇	三三二五	一•〇九	八〇•四六
法蘭西	一九〇六	三九二五二	〇•一五	七三•一七
比利時	一九〇〇	六六九四	〇•九八	二二七•二五
荷蘭	一八九九	五一〇四	一•二三	一五四•三〇
丹麥	一九〇六	二五八九	一•一二	六六•四一

瑞典	一九〇〇	五一三六	〇·七一	一一·四七
挪威	一九〇〇	二二二一	一·一一	六·九一
英倫及威爾士	一九〇一	三二五二八	一·一五	二一五·三四
美國	一九〇〇	七六二一二	一·八九	八·二五
墨西哥	一九〇〇	一三五四五	一·四〇	六·八二
智利	一九〇七	三二四九	一·五〇	四·二九
埃及	一九〇七	一一二八七	一·四八	一二·一四
英屬印度	一九〇一	二九四三六一	〇·二四	六四·三四
日本	一九〇三	四六七三二	一·三二	一二二·二〇

以上爲各國人口靜態之大要，茲更由歐州大陸順次列舉各國人口動態（卽人口增加）大勢如左：

歐羅巴人口增加表

調查年度	人口（千人）	千人中每十年增加之比例（人）
一八〇〇年	一八七三六三	—
一八一〇年	一九八五四七	五·八
一八二〇年	二一二七九三	七·〇
一八三〇年	二三三九六二	九·五
一八四〇年	二五〇九六二	七·〇
一八五〇年	二六七四四二	六·四
一八六〇年	二八四一二〇	六·一
一八七〇年	三〇七六五五	八·〇
一八八〇年	三三四三七六	八·四
一八九〇年	三六五二六八	八·九
一九〇〇年	三九一七六〇	七·〇

歐羅巴各國人口增加表

國名	一八〇〇年	一八二〇年	一八四〇年	一八六〇年	一八八〇年	一八九〇年	一九〇〇年	每百年中每千人每年增加
德國	二四五〇〇	二六三三四	三二八一四	三七七七九	四五二六三	四九四七五	五六三六七	八•四
奧大利	九六〇〇	一〇五〇〇	一二一六三	一三七六七	一五六一四	一六六五〇	一八一〇四	六•四
意大利	一八一二五	一九〇〇〇	二三三〇〇	二五二〇〇	二八二〇〇	三〇〇〇〇	三二四四九	五•八
法蘭西	二六九〇〇	三〇〇〇〇	三三四〇〇	三五七四一	三七五一二	三八三四〇	三八九六一	三•七
西班牙	一一五〇〇	一二五〇〇	一三七〇〇	一五六七五	一六八三〇	一七八〇〇	一八六一八	四•八
葡萄牙	二九三〇	三〇〇〇	三三六〇	三六六五	四二六〇	五〇五〇	五四二三	六•二
英倫及威爾士	九二五〇	一二〇〇〇	一六〇〇〇	二〇一六〇	二六〇五〇	二九〇七五	三二五二七	一三•五
比利時	三〇〇〇	三五〇〇	四〇七三	四六六五	五五二〇	六〇六九	六六九三	八•一
俄羅斯	三八〇〇〇	四六〇〇〇	五五六〇〇	六六二〇〇	八六二〇〇	九八五〇〇	一〇三二八〇	一〇•〇
歐洲總計	一八七三六三	二二二七九三	二五〇九六二	一八四二二〇	三三四三七六	三六五二六八	三九二九八八	七•四

重要各國人口增加百分率表

國名	一八〇一至一八五〇年	一八五一至一九〇〇年	一八〇一至一九〇〇年
德國	四四	五九	一三〇
奧大利匈牙利	三六	四五	九六
俄羅斯	五四	八三	一八一
意大利	三二	三六	七九
瑞士	三七	三八	八九
法蘭西	三〇	一二	四五
荷蘭	四四	六七	一四一
比利時	四六	五三	一二三
瑞典	四八	四七	一一九
挪威	五九	六〇	一五四

英國	六九	五一	一五五
美國	三三七	二二九	一三三八

最近各國人口增加比較表

國名	一八九五年	一九〇五年	平均一年增加數	每千人中平均一年增加率	一九〇五年一方英里內之人口密度
俄羅斯	千人 一二五〇〇〇	千人 一四一三〇〇	千人 一六三〇	人 一三·〇	人 一六·四
美國	六八九三四	八三一四三	一四二一	二〇·六	二三·三
德國	五二二七九	六〇六〇五	八三三	一六·〇	二九〇·〇
日本	四二二七一	四七七五五	五七〇	一三·〇	三一六·三
英吉利	三九二二一	四三二二一	四〇〇	一〇·二	三五七·二
法蘭西	三八四五九	三九三〇〇	八四	二·二	一九〇·〇
意大利	三一二九六	三三六〇四	二三一	七·四	三〇五·五
奧大利	二四九七一	二七二四一	二二七	九·一	二三七·〇

匈牙利	一八三五七	二〇二四	一八六	三•〇	一六一•〇
西班牙	一八一五七	一八九〇〇	七四	四•一	九七•五

由上表觀之，世界列强中人口增加數最大者，第一爲俄國之百六十二萬人，第二爲美國之百四十二萬一千人，第三爲德國之八十三萬三千人，第四爲日本之五十七萬人。人口增加率之最大者，第一爲美國之千人中二十六人，第二爲德國之十六人，第三爲日本之十三人，俄與日略相等。人口密度最大者第一爲英國之三百五十七人，第二爲日本之三百二十六人，第三爲意大利之三百零五人。

反之，世界列强中，人口增加數最小者，第一爲西班牙之七萬四千人，第二爲法國之八萬四千人。人口增加率之最小者，第一爲法國之每千人中二人，第二爲西班牙之四人，第三爲意大利之七人。

我國戶籍調查，尚未舉行，故人口增加實數，無可稽考；然綜合各方情形，則我國固以高生產率、高死亡率、及稠密人口聞於世者也。據外人估計，我國人口總數，爲四萬三千三百五十五萬三千零三十人；又據一九〇六年海關調查報告，全國人口，爲四萬三千八百二十一萬四千人；更據前清宣統二年，民政部調查估計，全國民數，爲三萬四千二百六十三萬九千人；宣統三年統計，全國人口，爲三萬二千九百五十四萬二千人。此四項調查統計，相差甚巨，要以第一說爲近。吾人就現在中國民生現象推測，固知中國人口，已甚稠密，可由人口增加原則，與人滿原因以證明之。(一)大凡農業國之人口增加，恆較工商業國之人口增加爲速(法國實爲例外)。蓋農人恆家居，經濟之慾望不奢，稍可糊口，卽娶妻養子；工商業人恆逐利，往來無定，經濟慾望較奢，故娶妻較遲；吾國，農業國也，人口增加必速，其原因一。(二)大農多之國，地廣人稀，人口恆疏；小農多之國，地狹人衆，人口恆密；吾國大農少，小農多，人口繁密，其原因二。(三)低生活與低工價，人口稠密必易；吾國生活低，工價低，人口必密，其原因三。(四)吾國宗法之制猶存，共產之風未改，家族世代同居，經濟權操諸家長，少壯夫婦，不審家計盈虛，不謀生育節制，相率添子益孫，多多益善，此人口日增又勢所必至，其原因四。凡此皆吾國人口稠密之左證也。

第三章　人口增減之原因

人口之增減，與增減之比例，皆因時因地而異；原因如何，吾人所不可不知也。考自古論人口增減之原因者，大概分爲左列四種：

一　生產

二　死亡

三　移出

四　移入

右四種同爲人口增減之原因，而輕重則大不同。前二種（生產與死亡），爲國民全體共通現象；後二種（移出與移入），爲國民一部分特有現象。前二種無論何國何時，爲常有之普通原因；後二種爲特別國家特別時期，偶然發生之特別原因。且後二種由於志願，可以人力左右之；前二種或爲人類自然性情之結果，或爲人類自然命數所支配，殆人力所無可如何者也。故四種原因中，輕重不同，前二種可稱爲大原因，後二種可稱爲小原因，茲分別說明如下：

第一節　生產

生產多少，關於人口增減，其理無待說明；然生產之多少，何以因時與地不同，則有說明之必要。茲請舉其原因，大約有五：

一　女子之多少。

二　結婚數之多少。
三　妊娠時期之長短及妊娠回數之多少。」
四　法制。
五　習慣。
一　女子之多少　女子爲生產之母，國家女少於男，則生產數少；若多於男，則生產數多。普通殖民母國之女子多，殖民子國之女子少。文明國之女子多，未開化國之女子少。良以海天萬里，移住異國者，多偏强男子，而柔弱之女子必少。且文明人類，多敬愛女子，未開化人則否故耳。
　各國每千人中每年平均生產數
一歐洲俄羅斯　四七・一人　二匈牙利　四〇・二人

三奧大利　三七・一　四德國　三六・一
五蘇格蘭　三〇・七　六挪威　三〇・四
七丹麥　三〇・二　八英倫　三〇・〇
九日本　二九・八　十法蘭西　二二・一

世界男女人口比例表

洲名	女子對於男子千人之數	女子比較男子多少數	
		女子多於男子數	女子少於男子數
歐羅巴	一・〇二四人	四〇九五千人	
亞美利加	九七四		一一〇三千人
亞細亞	九五八		七三七九
阿非利加	九六三		二二三三
澳大利亞	八五二		三三一六

總計	九八八	三八三三

由上表觀之，女多於男，爲歐羅巴之特色；此外則皆以男子爲多。世界全體，女少於男，約達四百萬云。

各國男女人口比例表

國名	女子對於男子千人之數（人）	國名	女子對於男子千人之數（人）
一葡萄牙	一〇九一	二英吉利	一〇六〇
三瑞士	一〇五五	四奧大利	一〇四七
五德國	一〇三九	六荷蘭	一〇二四
七匈牙利	一〇一九	八俄羅斯	一〇〇九
九法蘭西及比利時	一〇〇七	十日本	九七〇
十一美國	九六五		

二　結婚數之多少　生產、爲結婚之結果，縱令女子數多，若結婚數少，則生產數必少。反言之，如女子數雖少，而結婚數多，則生產數亦必較多；故結婚之多少，與生產數成正比例也。

各國每千人中平均每年結婚數表（表中以一夫一婦配偶數爲單位）

一日本	八·七八	二匈牙利	八·七〇
三俄羅斯	八·六〇	四德國	八·二〇
五奧大利	八·〇〇	六英倫	七·八〇
七法蘭西	七·五〇	八蘇格蘭	七·二〇

三　妊娠時期之長短及妊娠回數之多少　女子妊娠時期之

長短，及妊娠回數之多少，直接影響於國家人口生產數，固不待言；而此二者差異之原因，由於其地之風土、氣候，與國民之體質不同。普通熱帶人常早發育，故妊娠期短，而回數多。寒帶人較晚，故妊娠期長而回數少。至温帶人，妊娠時期優於熱帶人，而不及寒帶人；妊娠回數，優於寒帶人，而劣於熱帶人。

四　**法制**　法制不同，則結婚、離婚、再婚、承繼、之難易不等；如結婚年齡，服喪期限，各國民法所定，遲早長短，不能一致。又親族法、承繼法之規定，亦有妨害結婚之成立者。此外如生產獎勵金，救貧院，獨身稅各制度，亦足增多結婚及生產之數。

五習慣　結婚產子，各國風俗各殊，普通未開化人多早婚，文明國民，則志望高而情慾減，多晚婚。尤如法蘭西人，俗多唱二子制三子制者，一家既得舉二三子，則避姙防再生產；無他，子多則一家生活程度，易受中落之苦。法國人口，增加甚微，多由於此。

第二節　死亡

死亡爲生產之反對現象，死亡愈多，則人口增加愈少。如死亡愈少，則人口增加亦愈多。所當研究者，在死亡數多少之原因如何也。

各國每千人中每年平均死亡數表

一歐洲俄羅斯	三三·五人	二匈牙利	二九·七人

三奧大利	二六・六	四德國	二三・二
五法蘭西	二一・五	六日本	二〇・九
七蘇格蘭	一八・七	八英倫	一八・二
九丹麥	一七・四	十挪威	一六・二

各國每千人中每年平均生產超過(死亡)數表

一歐洲俄羅斯	一四・六人	二挪威	一四・二人
三荷蘭	一四・二	四德國	一三・九
五丹麥	一二・七	六蘇格蘭	一二・九
七英倫	一一・七	八匈牙利	一〇・七
九意大利	一〇・六	十奧大利	一〇・六
十一比利時	九・八	十二瑞士	九・三

十三日本　八•九　十四西班牙　五•二一

十五法蘭西　○•六

究人類死亡之形式，不出三種：卽(一)老死(二)夭死(三)死產。老死由於壽命之已終，是無可如何者；夭死、則未達當死之年齡而死，現象極爲可慮。今考夭死原因，大概不出左記六項：

(一)戰事

(二)疾病(傳染病尤甚)

(三)災變(如殺死，壓死，燒死，溺死等)

(四)生活困難(如餓死等)

(五)自死(情死，自縊，投水等)

（六）死刑

故夭死者半爲自動，半爲他動；一部分出於天命，一部分由於人爲。其多數在社會組織不良，（如財富分配不均，貧者與富者懸殊太甚，社會無救濟方法等是。）法律制度不全，以及國民經濟薄弱，醫術衞生幼稚等事，均爲國家物質文明與非物質文明不進步之結果。故文明程度高，則夭死者少；文明程度低，則夭死者多。

死產者、產兒生而已死，俗稱流產或小產也。其原因不出下列二種：

（一）母體虛弱（自然原因）

（二）墮胎（人爲原因）

產婦天性虛弱者無論矣，即非虛弱，而不重衞生，或產前勞動過甚，致每多死產，是爲自然原因。其他因私通苟合之結果而懷妊者，多令其死產，蓋慮產子以後，養育無方，或且爲罪過暴露之本也；至生子已多，苦於教養者，亦多行之，其方法俗稱墮胎，是爲死產之人爲原因。顧無論原因如何，死產要爲最可痛心之事，實風俗人情，社會制度，經濟狀態不良之證。至死產之出於人爲者，尤殘酷失德，未可須臾漠視。故以死產之多少，證國家社會之是否健全，非無故也。

第三節　移出及移入

移出爲國民移住於國外，移入爲外國民來住於國內，兩者或總稱爲殖民。移出則人口減少，移入則人口增加，無待說明；惟移出移入之原因，不無研究價值，舉其要者約有三端，述之如左：

(一)本國政治上社會上宗教上之壓迫　苦其本國政府之苛政，社會之虐待；否則，或以異教徒之故，不得已避難於新大陸者：如波蘭人、芬蘭人、猶太人等，是也。

(二)本國經濟上之窮促　雖無人種宗教之差，與政治上社會上之危害，而地狹人稠，生計困難，苟長此安土重遷，必無立身餘地，不得不去故國，以謀生海外者：如愛蘭人之遠赴美國，中國、日本人之移出南洋、美國，等處是也。

(三)本國之殖民政策　本國人口稠密，則移殖海外，以謀民族之膨脹。如英法德諸國之殖民於南洋南美及南非等處是也。且殖民地人口稀薄，除招致移民外，亦別無發展良策；故美國嘗歡迎移民，卽法國歷來政治家，亦多注意於此。要之一因本國情形不同，移出移入，各隨所願；又因本國殖民政策之結果，致人口增加或減少，無可疑也。

第四章　人口問題之學說政策

十七八世紀各國之學說及政策，皆以人口之多，爲國家政治經濟發展上最大要件；故人口增加，爲當時人所最希望最奬勵者。蓋當時歐洲各國，胥奉重商主義，爭欲富國强兵，建設獨立統一國家。故由政治上、軍事上言，各國皆須增加人口，以推廣兵額，充實兵力，而圖國權之擴張；由財政上、經濟上言，增加人口，可以增加企業家與勞工人數，並增加租稅負擔者之人數與力量；由是而發達業產，增加歲入，以涵養平時戰時之財源，皆各國所當有事也。

各國採此政策之結果，或興救貧法，使社會負救助貧民之義務；或認貧民請求其城鎮鄉之救助，以維持生命之權利；或定生產獎勵金之制；或令妻服夫喪，短至九月，夫服妻喪，短至三月，以速其再婚；或進而爲普魯西亞之改正民法，使人民容易離婚，以加多產子之機會。在當時世界大勢，此策實最適宜；故亞丹斯密等學者皆贊成之。惟亞丹斯密對於以國家權力，强圖人口增加，頗示否認；而主張國家權力，須以排除人口自然增加之一切障礙爲限；且亦承認人口增加，則國土有擴張之必要焉。

迨十八世紀末葉，法蘭西革命時代，關於人口之學說乃一變。當時各國，貧民日多，倚賴社會救濟者有加無已。英人郭德雲首以學理說明謂：『致此之原，一由各國增加人口政策，而救貧法之罪尤多，蓋貧者習於社會之救濟，浸失其自制心，不問將來有無教育準備，悉流於多子多產之弊也。』嗣馬魯薩士出，乃反駁郭德雲之說，而別創一特異學說焉，卽世所稱「馬魯薩士人口論」是也。其要旨歸於左列三點：

第一若任其自然，別無障礙，則人口依幾何級數以增加，食物依算術級數以增加；於是人口與食物之間，有失調和之勢。

幾何級數，如 1:2, 2:4, 4:8, 8:16, :16:32.....

算術級數，如 1:2:3:4:5 6……

第二實際人口與食物之失調和，尚未至過甚者，良由世間過剩之人口，多因「豫防的限制」及「抑壓的限制」而自然減殺，故二者勉強能調和。

第三現今社會之窮迫，皆由「食物不足」與「人口過剩」；故吾人不可不禁戒早婚，保護農業，以求二者之調和。

茲順次說明如下：

第一，今日社會貧民日多，致現象多可悲觀，此實近世自然現象；彼郭德雲歸罪於國家積極政策如救貧法等者，誤也。蓋人口增加，多於食物之增加，則社會愁苦，乃自然法則之結果。考人類之生殖力及生殖慾，不問何時何地，與環境如何，必常相同；故年年死亡減少之人口，因人類生殖力及生殖慾之結果，常足以增加償補而有餘。然維持人類生命之食物，則以產出之土地，及土地生產力，皆有一定限度，故其分量並不能增多。雖現今人民智識發達，技術進步，資本勞力，皆有增加，土地之生產力，似亦有增加之勢；顧其增加甚緩，決不若人口增加之迅速。今以每一夫婦，平均產子四人計之，每二十五年，人口必增至一倍。由此類推，以人口增加之幾何級數，食物增加之算術級數言，二百年後，人口爲二百五十六，食物爲九；三百年後，人口爲四千零九十六，食物爲十三；雙方愈趨愈不平均矣。

第二，難者曰：『果人口增加，循此趨勢，則世界早當人滿，而事實不然，何耶？』答之曰：『然，是亦有故。夫人口過剩，爲大勢所不免；然當此勢未盛以前，食物量與人口數，稍不平均，生產經濟，與消費經濟，立失調和，需要供給，頗形偏頗；結果，衣食之爭，生計之爭，紛紛以起，弱肉强食，優勝劣敗，壯者安榮，老幼困苦；馴致爲戰爭，爲饑饉，爲棄老殺子，爲營養不良，爲老幼虐待，爲勞動過度，爲疾疫流行，而過剩之人口，遂爲之自然減少；加以節慾、避姙、墮胎、放蕩諸端，尤足減少產子之數也。若戰爭、饑饉、棄老、殺子、營養不良、過勞、疾疫等事，皆屬事後限制人口之增加，故稱爲「抑壓的限制」；致節慾、避姙、墮胎、放蕩等事，皆屬事前限制人口之增加，故稱爲「豫防的限制」；兩種限制，在世界食物量與人口數，未能平均以前，常活動於人類各階級間，以制裁人口之過剩。故苟任令日社會狀態，長此不變，則此等殘忍不德諸罪惡，爲自然必要所驅使；且將流毒於社會而無窮期也。』

第三，因此現象，而社會遂日窮迫，現世界罪惡，謂爲全由人口過剩之自然現象所致，誰曰不宜。彼談救濟者，或主增高工資，或主行救貧法，若是者，非徒無益，而又害之。其故維何？曰：『貧民勞工，多屬下等社會，智識缺乏；如增高工資，則勞工生計立裕。行救貧法，則貧民後顧無憂。彼等逞一時之情慾，勢且產子益多，救之者或轉以苦之。卽社會亦因人口增加，必愈臻於窮迫也。』

然則眞正有效之救濟法則如何？第一在禁早婚之弊，尤在勞工貧民，必待力能獨立生活，養育子女而後結婚，以養成健全家庭之風氣，而圖人口與食物之調和；欲救時艱。此外殆無他法。

試觀英吉利近狀，農業日衰，工業日盛，長此以往，國民必不能於國內滿足其食物之需要，前途艱險可爲寒心。惟有行穀物輸入稅，以奬勵本國農業；抑制工業之急進，以穀物之騰貴，減少勞工實際收入，使其生計艱窘而已；舍此英將無如其百年大難何也。

以上爲馬魯薩士人口論之大要，約言之，其救時方策爲消極與積極二者：一則以早婚之矯正，生計之艱窘，抑人口增加之勢；一則以農業之勃興，糧食之增加，增食物供給之量；兩兩相須，俾人口與食物，有永久調和之望云耳。

馬魯薩士說，爲人口問題中有名學說，顧學者之批評，亦不一而足。經濟學家津村秀松曰：『馬魯薩士人口論中，所舉人口增加率優於食物增加率一事，確爲牢不可破之眞理；故此一觀念，人皆稱爲「馬魯薩士主義」，迄今多數學者猶承認之。卽其摘發時弊，以英吉利當日之救貧法爲有害無益，亦誠千古卓見。雖然，吾人於馬魯薩士所言，有不能盡信者：彼以人口食物增加率，爲一定不變之物，（如謂人口以幾何級數增加，食物以算術級數增加等語。）而不知是固因國家、國民、文化程度而大有變動也。』請申言之：

第一　馬魯薩士誤信人口增加率爲一定不變，其言曰：凡人口常以1:2. 2:4. 4:8. 8:16.幾何級數之比例增加，而一定不變。』此實誤也。究其致誤原因，在統計學上與心理學上兩點：

(一)統計學上之謬誤　馬魯薩士曰：『每一夫婦，平均生子四人，故二十五年後，人口必爲二倍。』此實全無統計學智識之說耳。夫一國人口中，其有生產力或繁殖力者，平均不過總人口之三分之一；而幾年後人口可以倍增，此則繫於生產率與死亡率之比例，各國各時，皆有變動，決不能一概斷定，但觀左表可知。

各國平均每千人中每年人口增加率(一九〇五年調查

一美國	二〇・六人	二德國	一六・〇人
三日本	一三・〇	四俄羅斯	一三・〇
五匈牙利	一二・〇	六英吉利	一〇・二
七奧大利	九・一	八意大利	七・四
九西班牙	四・一	十法蘭西	二・二

次就人口增加率，與其加倍所需年數計之則如左：

每人口千人之一年增加率	人口加倍所要年數	每人口千人之一年增加率	人口加倍所要年數
一	六九三・〇年	五	一三九・〇年
二	三四七・〇	六	一一六・〇
三	二三一・〇	七	九九・〇
四	一七四・〇	八	八七・〇

九	七七·〇	一四	四九·九
一〇	六九·七	一五	四六·六
一一	六三·四	二〇	三五·〇
一二	五八·一	二五	二八·一
一三	五三·七	三〇	二三·四

故以各國近今人口增加率言，其人口加倍所要年數如左：

一美國	三四年	二德國	四四年
三日本	五四	四俄羅斯	五四
五匈牙利	五八	六英吉利	六九
七奧大利	七七	八意大利	九三
九西班牙	一七四	十法蘭西	三一五

各國人口增加率，年有增減，故其加倍之年數，亦必略有增減。要之一國人口加倍年數，國各不同，年各有異，是無容疑。且無論國家、人種、風土、氣候、及其政治經濟發達之程度如何，有生產力之人口，平均不過三分之一。彼欲以一夫婦平均產子四人爲前提，卽斷定人口以二十五年加倍者，決非確切之論也。

(二)心理學上之謬誤：馬魯薩士說，第二誤點，在心理學。彼蓋以爲人口增加之原因，以人類有「造子孫之情念」；此「造子孫之情念」，人類皆同，且有同一結果焉，而不知其不然也，蓋人類初非先天懷有「造子孫之情念」，其造子孫也，乃由於人類天性有交合慾(卽情慾)，致結果有愛其所產子女之情念，（即愛情）故也。顧此種情念，人類亦不能盡同；文明進步，則情慾漸減，愛情漸增；於是結婚數生產數皆漸減，而死亡數亦隨之而減，此又常然結果也。故文明進步，則人口增加，誠然；然此非如馬魯薩士所言早婚及結婚生產數之增加所致，實由於晚婚及結婚數生產數死亡數減少所致也。

第二　馬魯薩士誤信食物增加率爲一定不變　其言曰：『凡食物常以 1:2:3:4:5:6 算術級數之比例爲增加，一定不變。』此亦誤也。其致誤原因，在一國食物收穫力上，與世界食物產出力上兩點：

（一）一國食物收穫力上之謬誤　馬魯薩士斷定人類終不免缺乏食物，是也；然以慮英國人口驟增，農業頹廢，而謂非速獎勵農業，以圖自給，前途必愈多難，則不無研究餘地。夫一國給養國民之力，與國家强弱，時代先後，均有關係。換言之，一國之食物收穫力，第一須視該國政治上經濟上之發達程度如何；而此各項發達程度，則又因時代而變化者也。其原因大概如左：

一本國領土之大小。

二科學及技術發達之程度。

三經濟發達之程度。

四法律制度之全否。

五殖民地之有無大小。

（第一）本國領土廣大，則普通衣、食、住、用、等材料必豐富；領土狹小，則衣、食、住、用，等材料必易缺乏；此不過就大概而論。(第二)若領土狹小，而該國科學技術發達，則應用必多，食物收穫力亦大；日本面積不過我國三十分之一，而其食物產額，則與我國相彷是也。(第三)卽同一國家，其食物收穫力，亦因其經濟發達之程度而大不同：使爲牧畜業國，或漁獵業國，必不能保育充分之人口；卽進爲農業國，一遇凶年，必告饑荒；更進爲工商業國，則能與世界各國，互通有無；縱國內產物不豐，亦能隨地搜求，不虞衣食物料告罄。蓋工商業國，以外國貿易之結果，常舉其對於各國債權利息，應收入之運費匯費保險費，及商業上之利益金，而輸入多數衣食物料於本國；但能嚴修軍備，無論平時戰時，皆不患糧道之杜絕。(第四)由法律制度上言，如勞動之自由，營業之自由，及土地所有權處分權之有無自由，與夫行私有財產制，抑行共有財產制；皆於勞力結果及生產結果上，發生重大差異。(第五)若國家政治上權力强盛，獎勵移民，廣布殖民地於各處，則移出過剩之人口，求食他方，而本國食物，自無不足。要之今日各國取得食物之道不一：或求諸國內，或求諸國外，或因人力之發達，或恃國權之擴張，或依法制之完備，或賴經濟之進步；各國文明程度各殊，故食物收穫力異；卽同一國家，時代不同，人口保育力亦異，其理固甚明也。試觀地沃人稀之西伯利亞及南美諸國人民，不得充分給養，而人口稠密之英法國民，生計乃反優裕，其盈虛消息，從可知矣。且英之人口，一〇八六年，不過二百萬人，至一三四八年，則爲四百萬人。嗣以虎疫流行，人口減少；迨十七世紀初元，復達四百萬人；一八〇〇年，則爲九百五十萬人；當時馬魯薩士，卽以英國爲人口過多。乃一九〇一年，一躍而爲三千一百五十萬人矣。法國人口，在悉蕉時代，約六百七十萬人，每方基羅米突，平均爲十二人；至十四世紀，則爲二千二百萬人，每方基羅米突，平均爲四十人。其後雖因戰爭疾疫，人口略減；然一七九一年，復爲二千六百餘萬人；一八九〇年，則爲三千八百十餘萬人；時每方基羅米突，平均達七十一人，亦足以證明前說而有餘矣。由是觀之，一國之食物收穫力，富有伸縮彈性，不惟自然原因能增減之，卽人爲原因，亦大可左右之。故各國各時代，食物收穫力，不能平均；卽其食物增加之程度，亦決非一定不易者也。馬魯薩士主張食物增加率一定不變，殆有專注意於其自然原因，卽前述第一原因，而不知尙有多數人爲原因在也。

(二)世界食物產出力上之謬誤　馬魯薩士以爲食物增加率，不及人口增加率之速，爲世界共同現象；而斷定世界人民，皆將缺乏食物。此則未免忽視世界食物產出力之增加，吾人所未敢贊同也。自十九世紀，科學之進步，技術之發達，及於農業；於是耕地制度確定，耕作法進步；乃至農耕機械之應用，肥料種子之改良，皆以人力戰勝天定；故匪惟增加產額，且新開無數耕地焉。於此當硏究者，世界土地面積，與土地生產力，要皆有限，以過去測將來，則世界食物產出力，所能增加之程度，殆有未易知者。今日世界人口號稱十五萬萬，世界面積，約一萬九千六百八十六萬方英里，其中陸地，約五千一百二十五萬方英里；故世界人口密度，平均每方英里，不過二十九人。

世界面積人口及其疏密表（一八九一年倫敦地學協會調查）

洲名	面積（陸地）方英里	人口 人	人口密度 一方英里內之人口 人
歐羅巴	三五五五〇〇〇	三八〇二〇〇〇〇〇	一〇六・九
亞細亞	一四七一〇〇〇〇	八五〇〇〇〇〇〇〇	五七・七
亞美利加	一三二八三〇〇〇	一二五六七〇〇〇〇	九・五
阿非利加	一一五一四〇〇〇	一二七〇〇〇〇〇〇	一一・〇
澳洲及太平洋諸島	三二八八〇〇〇	四七三〇〇〇〇	一・四

南極地	四八八八〇〇	三〇〇〇〇〇	〇・七
合計	五二二三八八〇〇	一四八七九〇〇〇〇〇	二九・〇

世界陸地面積，約五千一百二十五萬方英里，中除兩極地外，世界土地，約四千六百三十五萬方英里，再除現在技術程度所不能生產之地，約一千八百零八萬一千方英里，實餘約二千八百二十六萬九千方英里，是為現今技術程度所能用諸生產之土地者。假令以此為世界土地面積，則每方英里，尚不過人口五十二・八人也。

世界生產地人口疏密表 一八九一年倫敦地學協會調查

洲名	生產地	不生產地	全面積	生產地對全面積之百分比例	生產地每方英里之人口
歐羅巴	二六八八〇〇〇 方英里	六六七〇〇〇 英里	三三五五〇〇〇 方英里	八一・二四	一三九・五 人

亞細亞	九二八〇〇〇〇	四三三,〇〇〇	一〇七〇〇〇〇〇	六〇·九	九〇·四
亞美利加	九一七四〇〇〇	四一,九〇〇〇	一三八三〇〇〇〇	六九·二八	一四·五
阿非利加	五七六〇〇〇〇	一七五四〇〇〇	一一五四〇〇〇〇	五〇·八三	二四·〇
澳洲及太平洋諸島	一一六〇〇〇〇	二三三一〇〇〇	三八八〇〇〇〇	三五·四九	四·一
兩極地		四八八·八〇〇	四八八八〇〇		
合計	二八二六九〇〇〇	三九,九八〇〇	五一二三八八〇〇	五五·一七	五二·八

世界生產地現在密度，每方英里，既僅五十二·八人之比例；若以此爲標準，阿非利加尙可容一倍二成，亞美利加，尙可容二倍六成，澳洲及太平洋諸島，尙可容十二倍之人口。若以歐羅巴現在密度爲標準，則阿非利加尙可容四倍四成，亞美利加，尙可容八倍，澳洲及太平洋諸島，尙可容三十一倍，亞

細亞尚可容五成，通計尚可容一倍半，約二十二萬之人口焉。且以上所言，僅就目前技術程度所能生產者，約世界陸地面積總數之五成半計算。若此後科學進步，技術發達，則現在不生產地，將盡化爲生產地，亦未可知。假定能開墾半數，則亦可以更容十五萬萬人口，總計世界人口包容之力，可增三十七萬萬人。

以上所論，皆以現世人口最密之歐洲爲標準。難之者、必曰：『歐洲人口過密，已苦食物不足，僅得由美澳兩洲輸入以補之；今以該地密度爲標準，推斷世界人口之包容力，豈非失當?』雖然，歐洲之苦食物不足，非以土地過狹，無產出食物之餘地，實以美澳兩洲輸入之食物，價格低廉，駕於本國農業之上，故日益衰頹耳。苟至世界到處人口稠密，食物騰貴，則歐洲雖更加人口之密度，猶將能安然自給也。

要之馬魯薩士人口論之價值，在「人口之增加，優於食物之增加」一點；而其錯誤，則在以人口增加率及食物增加率，爲皆一定不變。至其所以致此者，由於不知人口食物之增加，除自然原因外，尙有人爲原因；卽人口食物之增加，皆不過社會狀態之一結果故也。

非立波吉之言曰：『論人口者，僅取先天繁殖力之增加，與自然產物有限之事實對照而推論之，要不免於失當；必也就各國民，分別審查其歷史的發展狀態，以確定左右人口增加率，及食物收穫率，產出率之原因，加以比較計量，然後可爲眞人口論。吾人所見人口增加之勢，果長此繼續，則食物之供給，不能與之並行；但其不並行者，初非供給食物之富源，有所不足，乃當時經濟組織或社會組織未能完全，不能充分利用富源之所致也，馬魯薩士所論人口定則，關於此點，稍欠正確，今若修正爲「人口之增加，優於當時經濟組織、社會組織下所得食物之增加」，則庶幾近眞理矣。』

雖然，右述修正意見，要亦發於馬魯薩士「人口增加優於食物增加」之一原則；惟其原則稍有缺點，故略加修正，而非對馬氏人口論，問鼎之輕重也。蓋馬魯薩士人口論，大體可稱萬古不磨之眞理焉

第五章 人口增減之利害

國家之於人口，究望其增加耶？抑求其減少耶？此問題甚難解決，未可以一言武斷；然亦有其普通判斷之標準焉，卽人口增減之宜否，與人口增減原因之良否是也。

第一　**人口增減之宜否**　凡一國人口增減之利害，必先問其增減，是否合於該國當時經濟發達，與政治上必要之程度；如以減少爲宜，則減少可也；如以增加爲宜，則增加亦可也。

一國人口已密，而仍猛烈增加不已，苟其生產力之發達，足以副之，則增加不足慮：殖民地人口稀薄，難望增加，乃獎勵移入以增之；戰爭既久，壯丁盡失，而平和尙無可期，且以人爲手段增加之，亦非得已。又如非民族膨脹，則國運不能長盛者，人口增加，尤所歡迎。反言之，人口內溢，外無發展之途，而社會窮迫又益甚者，則人口望其減少，亦無不宜。若下級社會人口數增，足以引起世界之不安，至產業發達，收入增加，又不可以日暮期，則望其人口增加率之減退，亦未可厚非也。蓋國家欲健全發達，不徒望國民數量之多，而尤求國民品質之良。若人口增加率，偶然減少，反足令社會清靜，生活程度上進；由是而全體國民，聰明強健，則國家健全之發達，與國民永遠之增加，可立而待也。要之人口增減之利害，徒憑一二事實，不能卽下決斷，必於該國當時周圍事情，斟酌揣測，而後能正當斷定也。

第二　人口增減原因之良否　人口增減之原因有四：（第一）生產，（第二）死亡，（第三）移出，（第四）移入。此四原因中，第一第二爲普通原因，第三第四爲特別原因；前二者爲人口全體之現象，故其力偉大；後二者爲人口一部分之現象，故其力微弱。單論前二者人口之增減，約有四種：

第一　生產率大，死亡率小，故人口之增加大。

第二　生產率大，死亡率亦大，故人口之增加小。

第三　生產率小，死亡率亦小，故人口之減少小。

第四　生產率小，死亡率大，故人口之減少大。

第一第二之結果，自爲人口增加；然第一是利，第二是害。第三第四之結果，同爲人口之減少，然第三尙可，第四則絕不可。其故何歟？曰：『普通生產率多，死亡率少，爲國家政治上、經濟上、社會上狀態健全之證；若生產率少，死亡率多，則爲國家政治上、經濟上、社會上事實皆不健全之反證也。尤如死產與五歲以下小兒死亡率多，則必該國法制不備，社會組織不良，弱者之保護太薄，故貧民不能養育兒女；或道德之程度低，父母不能盡責，有以致之；此現象最爲危險。」

後二者（卽移出移入，）發生人口增減之利害，卽爲殖民之利害，茲先言其害如左：

世固有以擁有殖民地爲損害者，法國政治家，與英國自由黨是也。自帝國主義，國土擴張主義盛行，此說已無復聲息；然以冷靜公平態度，比較其利害，辨別其事理，則可認爲殖民之損害者，約有（一）財政上（二）經濟上（三）政治上三點：

第一 財政上之損害 欲與殖民地，則如勸業、土木、教育、軍備、耗費必巨；因殖民地人口稀薄，富力缺乏，此種耗費，多歸本國負擔。彼擁有殖民地者，一時收支必不能相償；或迨其相償，而獨立之機已近。

第二　**經濟上之損害**　遠離故國，求生海外者，多爲體氣强健之壯丁；斯人之養成，緜費心力，幸而長成，方將望其貢獻本國。今散之殖民地，則本國教養各費，皆歸損失，徵兵制度，亦難施行。結果本國人口內容，爲老幼多而壯丁少，仰給者多而勞動者少，是殖民地生產力之增加，卽本國生產力之減殺也。且移住海外者，概男多而女少，故移民結果，本國男女間，或且不均。觀於移出國之德意志，每男子千人，女子爲千三十九人，奧大利爲千四十七人，匈牙利爲千零十九人，英吉利爲千七十六人，俄羅斯爲千零九人；而移入國之美國，爲九百六十五人，澳洲爲八百五十二人，其一證也。至移民之結果，必爲身體健全者遠赴海外，盲、啞、廢疾、精神病者、遺留國內，此亦足以增加本國人民之負擔。

第三　政治上之損害　殖民雖足以發生本國財政經濟上之損害，然使殖民地一旦繁盛，可供給低廉之食物，豐富之原料於本國，且以隸屬本國，可助政治經濟之發展，則損於今日者，未始不可取償於將來，而無如其不然也。殖民地一至人口增加，富力充足，能自維持其財政外交時，必立謀獨立。以英國向稱殖民政策之成功者，然猶有美國之獨立；澳洲，加拿大，喜望峯等各殖民地，亦有仿效之勢；每念科不登「毋終國始不可不爲子國盡力，然子國則不必永爲子國」之言，誠有三省之要也。

殖民之損害如此，然其利益亦有可得而言者：

第一**社會上之利益**　(一)移出本國過剩之人口，能使本國經濟發達之程度，適合人口數量，社會上人口與食物之調和可以充裕。(二)由殖民地取得豐富之食物，則社會之安寧可期。

第二**經濟上之利益**　(一)移殖本國之言語、風俗、嗜好、於世界，推廣本國物產銷路，擴充本國勢力範圍，既得低廉原料品供給地，復得製造品需要地，於國家經濟上可充量發展。(二)就令所移出者僅屬勞工，亦有相當利益；蓋國瘠民貧，地狹人稠，本國無衣食之途者，一經出國，類得充分收入，年致巨金以歸本國也。

第三政治上之利益 (一)國民勢力範圍之擴張；(二)領土及民族之膨脹；(三)海軍根據地及貯炭所之占有等；於國權上、軍事上、獲益非淺鮮也。

要之人口增減之利害，必考其機會之當否，原因之良否，而後能決斷，既如上述。然以方今時勢，就人道上言，大致人口之增加，爲有利，人口之減少爲有害。何言之？人口減少至極限，卽爲國民種族之衰滅，國家之喪亡；至人口增加，既爲生理上自然結果，而同胞繁殖，亦道德上所可喜也。況二十世紀，國際之領土爭奪，人種之生存競爭，日益激烈；國權擴張，國土發展，國民膨脹之結果，遂令國家國民，以自衛上必要，助成「武裝平和」之世界。處此而建國擁民，欲求永遠安寧幸福，勢不得不求國民膨脹，以固國家之基礎；故人口增加為現今所最希望者明矣。

德法兩國人口增加比較表

調查年度	德國	法國	德國超過數
一八〇〇年	二四五〇〇千人	二六九〇〇人	（不足數）二四〇〇千人
一八七〇年	四〇八五〇	三六七六五	四〇八五
一九〇〇年	五六三六七	三八九六一	一七四〇六
一九〇五年	六〇七九六	三九三〇〇	二一四九六

由此表言，十九世紀初，德國人口獨少，其差達二百四十萬人；迨普法戰爭，兩國人口，始略相等。至二十世紀初，則

位置顛倒，德國人口遠過法國，其差達千七百四十萬餘人；最近逐逾二千萬人以上。循此趨勢，德國人口，寖且倍於法國；德國年產嬰兒二百萬，而法國則僅八十五萬，法德相較，法每日少三千一百五十人之生產數。於是法國上院，乃有設立人口減少預防法調查會之建議焉。

人口之激增，民族過度之膨脹，一時固能使經濟失其調和，增社會之窮迫；然以人口過剩，生活困難之激刺，引起國民之活動，或以遠征，或以殖民，使民族膨脹於四方；馴致世界各處，皆建設本國之勢力範圍，或殖民地保護國；俾國語以之普及，風俗以之同化，銷路以之擴張，商權以之發展，結果可爲本國政治、經濟、社會、發達之基礎焉。當一七九八年馬魯薩士之草人口論也，已謂英吉利有人口過剩之弊；且謂此風不戢，則英將以人口過剩，陷於國家自殺。嗣後十九世紀中，英之人口增加，轉趨繁劇，有如左表：

一八〇〇年	一〇九二五千人
一八一〇年	一二三八〇
一八二〇年	一四三三〇
一八三〇年	一六五〇〇
一八四〇年	一八六四〇
一八五〇年	二〇九一五
一八六〇年	二三二四〇
一八七〇年	二六一八五

一八八〇年	二九八一〇
一八九〇年	三三一三五
一九〇〇年	三七五一七

英國人口增加，以此時代爲最，而其國勢發展，亦以此時代爲獨盛。甘尼幹曰：『近世英吉利之能稱霸於世界者，其始由於國內人口充溢，社會窮迫日甚，無可如何，苦心慘澹，努力外向之結果也。』然則人口增加之利害，其故可深長思矣。

第六章　生產率減少與都市集中之傾向

現時各國人口狀態，可注意之處不少。其中最重要者：爲生產率減少，與都市集中兩種傾向。此爲現代文明精神，表現於人口狀態者，於人類將來發展，實有重大影響。而兩現象，相互間之關係，又甚密切，故不得不連類互及。茲爲研究便利計，先論人口生產率減少問題，次及都市集中問題。

第一節　人口生產率減少之傾向

生產率減少之傾向，以法國爲最早而顯著；且非僅一時偶發，實連續進行，其間自有深意存焉。故研究現在文明者，此爲一重大關鍵。試就生產率減少最早之法國言，則其一八〇一年至一九〇九年，每十年每千人平均生產率列表如左：

一八〇一年至一八一〇年	三三·〇
一八一一年至一八二〇年	三一·八
一八二一年至一八三〇年	三一·〇
一八三一年至一八四〇年	二九·〇

一八四一年至一八五〇年	二七·四
一八五一年至一八六〇年	二六·三
一八六一年至一八七〇年	二六·三
一八七一年至一八八〇年	二五·四
一八八一年至一八九〇年	二三·九
一八九一年至一九〇〇年	二三·二
一九〇一年至一九〇九年	二〇·七

觀右表，法國生產率自十九世紀初以來，連續減少，其受文明發達之賜可知。而最近數年，不但每十年之平均率減少，且實年年減少云。

一九〇一年	二二·〇	一九〇二年	二一·七

一九〇三年	二一・一	一九〇七年	一九・七
一九〇四年	二〇・九	一九〇八年	一九・七
一九〇五年	二〇・六	一九〇九年	二〇・一
一九〇六年	二〇・五		

其中一九〇七年生產率之一九・七，實較是年死亡率二〇・二尤低，蓋有二萬人之死亡，超過生產之數，是爲人口確實減少。故德國某大學校教授評之曰：『嗚呼！棺柩多於搖籃，此實末運之始。此種國民，打破生活之根本法則，實自滅之道也。』可以見其概矣。此外各國，雖不若法國之死亡率超過生產率；然而生產率減少之傾向不止，則遲早亦必與法國同其結果已也。

試觀德國，其人口總數，雖年有增加；而其生產率，則自一八八〇年已有減少之勢。茲表其每十年每千人平均率如左：

一八四一年至一八五〇年	三七・六
一八五一年至一八六〇年	三六・八
一八六一年至一八七〇年	三八・八
一八七一年至一八八〇年	四〇・七
一八八一年至一八九〇年	三八・二
一八九一年至一九〇〇年	三七・三

當一九〇〇年至一九〇八年間，平均生產率，爲三四・一，較前十年之平均率，減少三・二。茲更錄其十年間平均率如左：

一九〇一年	三五·七	一九〇五年	三四·〇
一九〇二年	三五·〇	一九〇六年	三四·一
一九〇三年	三三·八	一九〇七年	三三·二
一九〇四年	三四·一	一九〇八年	三三·〇

由此以觀，千九百年後，德法兩國生產率，皆年年減少，所不同者，德之生產率，較法爲高而已。

德國學者近研究及此，尤注意乳嬰之死亡。良以德國二十五年以來之生產數，幸以死亡數大減，故得保持適量；否則，不久人口必且減少，此德人所深懼。然老年階級死亡數之減少，有一定界限，故不得已而注意於幼年及乳嬰階級。德國乳嬰死亡率，遠過他國。近年衞生上、社會上均大進步，死亡率之減少尚微；且其減少者，多爲老年階級死亡率，而非乳嬰死亡率；故欲補生產率減少之缺，以求減少乳嬰死亡爲最宜。

澳洲、乃國民元氣方盛之新開化國也，然自一八八〇年以來，亦大有生產率減少之傾向：

地名	一八六一年至一八七〇年	一八七一年至一八八〇年	一八八一年至一八九〇年	一八九一年至一九〇〇年	一九〇一年至一九〇五年
新南威士	四一·七	三八·八	三四·五	三〇·三	二六·七
維多利亞	四一·三	三三·五	三一·七	二八·五	二五·〇
新西蘭	四〇·二	四〇·七	三三·九	二六·七	二六·七
南澳大利亞	四二·三	三七·八	三六·五	二九·〇	二四·五

澳洲政府，覩此形勢，一九〇三年，乃特置調查委員，研究其原因云。茲更舉一九〇一年至一九〇七年，澳洲中三州每年生

產率如左：

調查年度	新南威士	維多利亞	新西蘭
一九〇一年	二七・六	二八・三	二六・三
一九〇二年	二七・一	二五・一	二五・九
一九〇三年	二五・三	二四・五	二六・六
一九〇四年	二六・七	二四・六	二六・九
一九〇五年	二六・七	二四・八	二七・二
一九〇六年	二七・〇	二五・二	二七・一
一九〇七年	二七・一	二五・二	二七・三

美國對於生產率，各州及都市中，精密之登記甚少。茲以一八八〇年以後，國勢調查之所表現，由生產率推計之，其減少之傾向如左：

一八八〇年	三一・五
一八九〇年	二六・六
一九〇〇年	二七・二

郭士以各國調查年度，求得每妊娠年齡女子千人中，五歲以下兒童數比例如左：

一八五〇年	六二・六	一八八〇年	五五・九
一八六〇年	六三・四	一八九〇年	四八・五
一八七〇年	五七・二	一九〇〇年	四七・九

但美國國中，外國移民，皆爲多產；故就全體言，生產率減少之傾向不甚顯明；然純美國人，則生產率實年年減少。此外各國每十年平均生產率如左：

時別 \ 國別	奧大利	匈牙利	意大利	西班牙	瑞西	法蘭西	比利時	荷蘭	瑞典	挪威	英蘭及威爾士
一八四一—一八五〇	三七·六	—	—	—	—	二七·二	三〇·五	三三·一	三一·一	三〇·七	三二·六
一八五一—一八六〇	三六·九	—	—	—	—	二六·二	三〇·四	三三·三	三一·八	三三·〇	三四·二
一八六一—一八七〇	三八·二	—	三七·六	三七·六	—	二六·一	三二·二	三五·七	三一·四	三〇·九	三五·四
一八七一—一八八〇	三九·〇	四三·四	三六·九	—	三〇·八	二五·四	三二·七	三六·四	三〇·五	三〇·九	三五·五
一八八一—一八九〇	三七·九	四四·〇	三七·八	三六·四	二八·一	二三·九	三〇·二	三四·二	二九·〇	三〇·八	三二·五
一八九一—一九〇〇	三七·一	四〇·四	三五·三	三五·三	二八·七	二二·一	二八·九	三二·五	二七·一	三〇·四	三〇·〇
一九〇一	三六·六	三七·八	三二·五	三四·九	二九·一	二二·〇	二九·四	三二·三	二七·〇	二九·六	二八·五
一九〇二	三七·〇	三八·八	三三·四	三五·三	二八·七	二一·六	二八·四	三一·八	二六·五	二九·〇	二八·五
一九〇三	三五·二	三六·七	三一·七	三六·一	二七·七	二一·一	二七·五	三一·六	二五·七	二八·八	二八·四
一九〇四	三五·四	三七·〇	三二·八	三三·九	二七·七	二〇·九	二七·一	三一·四	二五·八	二八·一	二七·九
一九〇五	三三·七	三五·七	三二·五	三四·七	二七·四	二〇·六	二六·二	三〇·八	二五·七	二七·四	二七·二
一九〇六	三四·八	三六·〇	三一·九	三三·四	二七·四	二〇·五	二五·七	三〇·四	二五·七	二六·七	二七·一
一九〇七	三三·九	三六·〇	三一·四	三二·九	二六·八	一九·七	二五·二	三〇·〇	二五·五	二六·三	二六·三
一九〇八	—	—	—	三三·二	—	二〇·二	—	—	二五·七	—	—
一九〇九						一九·六					

蘇格蘭	—	—	三五・〇	三四・九	三一・三	三〇・七	二九・五	二九・二	二九・二	二八・七	二八・一	二七・九	二七・〇	—

觀於上表，可知歐洲文明發達諸國，人口生產率既低，且有漸次減少之傾向。換言之，歐美文明較遜之國，則生產率較高，且亦無甚減少，有如左表：

國名	一八九五	一八九六	一八九七	一八九八	一八九九	一九〇〇	一九〇一	一九〇二	一九〇三	一九〇四	一九〇五	一九〇六	一九〇七
俄羅斯	四九・四	四九・七	四九・五	四八・七	四九・〇	四九・三	四八・〇	四九・一	—	—	—	—	—
塞爾維亞	四四・〇	四一・二	四二・六	三五・一	三九・〇	四二・〇	三八・〇	三八・〇	四〇・九	三九・八	三七・七	四一・三	—
羅馬尼亞	四三・二	四二・四	四三・六	三七・〇	四一・三	三九・三	三九・九	三九・八	四〇・四	四〇・一	三八・二	三九・九	四一・一
伯爾加里	四〇・七	四一・四	四二・五	三九・四	四〇・七	四二・三	三七・八	三九・七	四一・三	四二・八	四三・八	四四・〇	—
葡萄牙	二九・七	二九・九	三〇・三	三〇・一	二九・八	三〇・四	三一・四	三一・〇	三二・一	三二・一	—	—	—
墨西哥	三〇・四	三一・七	二六・八	三七・一	三七・七	三六・四	三四・六	三四・四	三四・五	—	—	—	—
智利	三七・一	三五・四	三五・九	三四・二	三四・六	三五・八	三六・八	三六・五	三四・〇	三五・四	三五・一	三六・六	—

日本生產率，依該國統計年鑑所載，頗有增加。其每五年平均率如左：

一八八四年至一八八八年	三〇·四
一八八九年至一八九四年	三一·三
一八九五年至一九〇〇年	三四·二
一九〇一年至一九〇五年	三五·三

其生產率之最高點，實爲一九〇一年，此後形勢又稍變。

一九〇一年	三三·二(除死產數，以下仿此)
一九〇二年	三三·〇
一九〇三年	三〇·七
一九〇四年	三〇·五

一九〇五年　三〇·四

一九〇六年　二八·八（以上據日本第二十八統計年鑑）

一九〇七年　三一·九（據明治四十年日本帝國動態統計）

表中一九〇四及一九〇五年之生產率，當係受日俄戰爭之影響。一九〇六年生產率，則以是年干支之迷信，所產子女，延至次年，始登錄者不少，故其數遞減。然斟酌此等情勢，日本最近人口生產率之傾向，實亦非增加而爲減少。此後文明發達，生產率減少之傾向，更爲勢所難免。

由上述情勢，總括言之，現代文明之普及發達，與生產率減少之傾向，大體有密切關係；且此傾向，特顯於一定社會階級，而非統各階級所同然；是必與現代文明精神之間，有深大關係，可以斷言。然則此傾向惟何種階級爲顯著？此不能不研究也。

謝杜拿夫等關係於倫敦巴黎等研究之結果，曰：『生產最大者爲勞動階級所居之市區；而其最小者，爲富家及生活安易者所居之市區。』勾易諾曰：『凡最弱小之生產率，如每人口千人僅及一六或一七者，多爲豐饒之沖積地，及以栽種果木爲富源之丘陵地。』

九門之人口減少與文明爲有名著作，其總括研究之結果，則曰：『貧困則多產，安樂富裕，則多不姙。』斯言也，是否不問今日文明性質如何，抑普通如此，姑置勿論。要之現代文明國生產減少之傾向，首見於富裕者安樂者之階級；且此等階級，多爲今日教育最普及，文明精神發動最强者之階級。

伯魯錣提出萬國統計協會大會之統計，所以表示大都市生產率與社會階級之關係。彼調查各階級自十五歲至五十歲女子，每千人之生產率，結果得統計表如左：

類別＼地別	巴黎	柏林	維也納	倫敦
極貧民區	一〇八	一五七	二〇〇	一四七
貧民區	九五	一二九	一六四	一四〇
安樂者區	七二	一一四	一五五	一〇七
大安樂者區	六二	九六	一五三	一〇七
富裕者區	五五	六三	一〇七	八七
大富裕者區	五四	四七	七一	六三
平均	八〇	一〇二	一五三	一〇九

丹麥有名統計家威士特架德，於一九〇一年所著現代人口問題文中，謂：『該國生產率減少，各處各階級皆然。』而統計其最著者如左：

每百家現存兒童數

可奔赫恩市

官吏公吏（律師醫生審判官在內）	二五七
大商人	二五九
下級職員（下級鐵道員馬車電氣鐵道員等屬之）	三五〇
水泥作頭目	三五〇
水泥工人	四〇九

小都市

官吏公吏	三三三
商人	三三四
下級職員	四〇四
製靴業	三九九
製靴工人	四一九
鄉區：	
小農民	三九八
佃戶	三九八
農業勞工	四三〇
漁業者	四二七

觀於此表，可知生產率最低者，實爲可奔赫恩市官吏公吏及大

商人。

生產率與社會階級之關係，各國尚無精細統計，故生產率減少之傾向，究以何階級爲最甚，不能以數字確實證明；然據前列統計，亦可得其大概。

又美國昆滿德夫人於一九〇七年所著亞美利加思想中，對於該國生產率減少，蒐集證據甚多，而得八項結論。玆錄其四，以資參考。

(一)美國家族縮小。

(二)家族之縮小，以有教育者爲最甚；而中等階級及有教育之貧民，此現象亦甚明顯。

(三)惟最無智識無責任者，絕不知設法減少其小兒數。

（四）今人無貧富，無賢愚，無男女，皆以二兒爲理想。約言之、生產率減少之傾向，多起於生活標準較高之家，於有敎育之階級爲尤甚。

以都市人口與鄉村較，則生產率減少之傾向，都市爲甚，大都市更甚。如法之巴黎，就表面觀察，生產率似高於地方都市；地方都市，又似高於鄉村；然細加硏究，則鄉村人口，皆較都市人口多產，而尤較巴黎人口多產。夫都市之境遇，是否爲生產率減少之直接原因？今且不論。要之現代文明國生產率減少之傾向，都市實强於鄉村，則無可疑。其故維何？曰：「現代文明，都市實較鄉村爲普及發達故也。」由此論斷，大體上可得左列三種事實。

(一)歐美各國生產率減少之傾向，與現代文明之普及發達爲正比例。連續發展，而非一時偶然之現象；且包藏文化意義甚深。

(二)此種傾向，於現代教育普及發達之社會階級爲尤顯；此爲與現代文明大有關係之表示。

(三)此種傾向，都市較鄉村爲尤强，亦足爲與現代文明關係甚深之證。

第二節　都市集中之傾向

都市者、文明發祥地也；故都市成立，爲文明發達根本條件之一焉。而文明之發達，大體隨都市之發達增加而成，此歷史所詔我也。

古代希臘人常自誇其都市之廣大。羅馬都市，人口多達十萬以上，其盛時，且上下於六十至八十萬之間。倫敦當十二世紀，人口不過四萬。德國最大都市之劉柏克，當十四世紀時，人口不過八萬；迨十六世紀，經濟發達特甚，都市人口乃大增。今以德國主要都市人口較之，可見一斑。

時別／地別	第十五世紀	第十六世紀
紐盧畢魯非	二〇〇〇〇	四五〇〇〇
端吉菲	一六〇〇〇	五〇〇〇〇
斯杜司不魯克	一六〇〇〇	三〇〇〇〇
柏林	一〇〇〇〇	七五〇〇〇

當十六世紀初，歐洲有十萬以上人口之都市，僅六七處；

至十六世紀末，乃達十三四處。十七世紀，爲宗教戰爭，及內亂時代，德國受損失尤重。歐洲人口總數，殆皆停滯，大都市數，無所增加；然都市人口，猶且增加四成。十八世紀，人口總數及都市人口，皆增加五成；大都市數，達二十三處。至十九世紀人口總數，都市人口及大都市數，無不異常增加；惟其初葉末葉，大有差異。今據賓杜柏魯非之調查，十九世紀重要大都市人口如左：

倫敦	一〇〇〇〇〇〇
君士坦吉諾不魯	六〇〇〇〇〇
巴黎	五〇〇〇〇〇
莫斯科	二五〇〇〇〇

彼得斯堡	二五〇〇〇〇
維也納	二三〇〇〇〇
乃不魯士	三五〇〇〇〇
亞孟斯特德	二三〇〇〇〇

德國都市，有人口十五萬以上者，僅柏林、漢堡二處，而位於其上者尚達五市之多。至十九世紀初，南歐多大都市國，意大利尤甚。至十九世紀末，及二十世紀之初，大都市數，與其人口數，皆大變動。據一九〇〇年德國統計，十九世紀末葉與二十世紀初元，在歐洲有人口十萬以上都市，達百五十處，北美四十二處，南美十處，阿非利加六處，澳洲四處，亞細亞七十處焉。今舉歐美人口五十萬以上之大都市人口數如左：

英國（一九〇一年調查）

倫敦	四五三六〇六三
葛納士郭	八九一〇四八
劉亞不魯	六八四九四七
滿切斯特	五四三九六九
巴明漢	五二二一八二

法國（一九〇一年調查）

巴黎	二七一四〇六八
馬賽	四九一一六一

德國（一九〇〇年調查）

柏林	一八八八八四八
漢堡	七〇五七三八
明痕	四九九九三二

奥大利（一九〇二年調查）

維也納	一六七四九七五

匈牙利(一九〇〇年調查)	
布德柏士特	七一六四七六
意大利(一九〇〇年調查)	
乃不魯士	五六三五四〇
買蘭德	四九一四六〇
西班牙(一八一七年調查)	
馬德立德	五一二一五〇
巴魯色諾那	五〇九五九八
俄羅斯(一八九七年調查)	
彼得斯不克	一二六七〇二三
莫斯科	九八八六一四
立魯索	六三八二〇八
土耳其	
君士坦吉諾不魯	一一二五〇〇〇

美國：

紐約	三四三七二〇二
芝加哥	一六九八五七五
菲那德魯菲亞	一二九三六九七
聖魯士	五七五二三八
波斯頓	五六〇八九二

南美：

布愛魯士埃魯士	八三六三八一
料德駕乃諾	八〇〇〇〇〇

據一九〇八年調查，柏林及維也納人口，超過二百萬；卽其他都市人口，亦均有增加；較諸十九世紀初元，大都市之發達，與都市人口之增加甚夥。且第十九世之初，南歐爲大都市國，至末葉而北歐乃爲大都市國焉。

今欲明都市發達之形勢，必先知歐美各國都市人口對各該國人口總數比例之變動。茲表其大要如左：

歐美各國人口總數中都市人口之百分率

地名	千八百年			千八百五十年			千八百九十年			
	調查年度	住人口二萬以上之都市	住人口一萬以上之都市	調查年度	住人口二萬以上之都市	住人口一萬以上之都市	調查年度	住人口二萬以上之都市	住人口一萬以上之都市	住人口二千以上之都市
英倫及威爾士	一八〇一	一六·九四	二一·三〇	一八五一	三五·〇	三九·四五	一八八九	五三·五八	六一·七三	七二·〇五
蘇格蘭	一八〇一	一三·九	一七·〇	一八五一	二七·七	三二·二	一八九一	四二·四	四九·九	六五·四
澳大利亞	—	—	—	—	—	—	一八九一	三八·八	四一·四	—
比利時	一八〇〇 一八二〇	八·七	一三·五	一八四六	一六·六	二〇·八	一八九〇	二六·一	三四·八	—
薩克索尼	一八一五	七·七	八·九	一八四九	九·九	一三·六	一八九〇	三〇·〇	三四·七	六四·五
乃則蘭	一七九五	二四·五	二九·五	一八四九	二一·七	二九·〇	一八八九	二九·三	三三·五	—

歐洲土耳其	—	—	—	—	—	—	一八八五	二四·九	—	—
美國	一八〇〇	三·八	三·八	一八五〇	九·八	一三·〇	一八九〇	二三·八	二七·六	三七·七
德國	—	—	—	—	—	—	一八九〇	二一·九	—	四七·〇
法國	一八〇一	六·七	九·五	一八五一	一〇·六	一四·四	一八九一	二一·一	二五·九	三七·四
丹麥	一八〇一	一〇·九	一〇·九	一八四〇	九·六	九·六	一八九〇	二〇·二	二三·六	三二·四
西班牙	一八二〇	九·七五	一四·〇	一八五七	九·六	一六·二	一八八七	一八·〇	二九·六	—
意大利	一八二〇	四·四	—	一八四八	六·〇	—	一八八一	一三·三	二〇·六	四三·三
愛蘭	一八〇〇	六·六	七·八	一八五一	八·七	一〇·一	一八九一	一五·三	一八·〇	二六·四
加拿大	—	—	—	一八五一	七四	八·五	一八九一	一四·二	一七·一	二七·三
智利	—	—	—	—	—	—	一八八五	一四·三	一七·一	—
挪威	一八〇一	—	三·三	一八四五	四·二	五·三	一八九〇	一三·八	一六·七	三一·二
奧大利	一八〇〇	三·五六	四·三七	一八四三	四·二	五·八	一八九〇	一二·〇	一五·八	三一·五

匈牙利	一八〇〇	二・三一	五・三五	一八五〇	四・五五	九・一	一八九〇	二一・二六	一七・六	—
俄羅斯	一八二〇	二・四〇	三・七	一八五六	三・五	五・三	一八八五	七・二	九・三	一三・三

又由一九〇六年至十年德國統計年鑑，得一八九〇年以後歐美各國從事農業、林業、漁業、人口之百分率如左表，由此可知鄉村人口之變動，並可推知都市人口之變動焉。

歐美各國人口總數中從事農、林、漁、業人口之比例

德國	一八八二 一八九五 一九〇七	四三・四 三七・五 三五・二	荷蘭	一八八九 一八九九	三二・七 三〇・七
奧大利	一八九〇 一九〇〇	六四・三 五八・二	丹麥	一八九〇 一九〇一	二七・一 四八・二
匈牙利	一八九〇 一九〇〇	七一・〇 六九・七	瑞典	一八九〇 一九〇〇	五四・〇 四九・八
俄羅斯	一八五八	五八・三	挪威	一八九一 一九〇一	四九・六 四一・〇

意大利	一八八一 一九〇一	五六·七 五九·四	英倫及威爾士	一八九一 一九〇一	一〇·四 八·八
瑞西	一八八八 一九〇〇	三七·四 三〇·九	蘇格蘭	一八九一 一九〇一	一四·〇 一二·〇
法蘭西	一八九一 一八九六 一九〇一	四〇·〇 四四·三 四一·八	愛蘭	一八九一 一九〇一	四四·〇 四四·七
比利時	一八九〇 一九〇〇	二二·九 二一·一	美國	一八九〇 一九〇〇	三八·〇 三五·九

日本都市發達現狀，據統計學雜誌所載，其都市人口增加比例，爲百分之十九，較諸全國人口，平均增加比例百分之六，高逾三倍；是日本人口分配之變動，亦與歐美各國同一情形也。

由是觀之，可知現代文明國大都市發達之盛，與都市人口增加之速。自理論言，其直接原因有二：一爲都市人口自然增加，即都市人口生產率，超過死亡率。二爲都市移住，即鄉村人口移住於都市是也。雖然，此二原因，是否共同作用，其效力關係如何，又兩者是否有同等效力，抑有主從之分，是一問題也。

都市移住之傾向，自古已然；但時代不同，則亦有強弱大小之差。今就事實公平觀察，則歐洲大都市中，在十八世紀，已達自然增加之狀態者，惟法之巴黎。今列其實數如左：

一七五〇年至一七五九年	三一三 生產超過
一七八〇年至一七八九年	二一七
一七九九年至一八〇八年	*六六八 此爲死亡超過
一八〇九年至一八一六年	三七三

因巴黎人、俗多寄養兒童於鄉村，故多生產在巴黎登錄，而死

亡在鄉村登錄者。然則巴黎在十八世紀，已否達自然增加狀態，不能無疑。

倫敦則自十九世紀之初，始進於自然增加；以前皆死亡超過。茲表示之如左：

十七世紀中有疾疫時之死亡超過

一五九三	一三八二三
一六〇三	三七二五三
一六二五	四七四八二
一六三六	一三八三七
一六六五	八七三三九

十八世紀每年平均死亡超過數

一七〇〇—一七一〇	五八三八
一七四〇—一七五〇	一〇八九五
一七九〇—一八〇〇	一六六五

據克克寸思極之柏林人口運動表，柏林在一九五〇年以後，始自然增加。可知自然增加，爲都市發達上一重要原因，尤以倫敦爲最著。故衞柏謂：『近世都市增長所由起，非由鄉村移住之增加，實由都市本身自然增加云。』

自十九世紀後半期以來，自然增加，益爲都市發達之主因，此多數學者所承認；且此後重要程度，或且日增，亦意中事。但都市人口之自然增加，達人口增加之四分之三以上者，惟英國有之；此外歐洲都市，均有未逮。尤如法國及意大利都市，由鄉村之移住，尚爲都市發達之主因。雖德國自然增加，已非一日，而亦未能脫此形勢。此後大都市之自然增加愈大，則其容納外來者之力愈減；顧其發達，惟有賴自然增加，則向日由鄉村之移住，集中大都市之傾向，亦必逐漸衰退，移其集中於中小都市之傾向。要之現代文明之精神，漸使鄉村人集中都市，多不以鄉村生活自甘，而羨慕都市生活；故謂都市集中之傾向，爲現代文明精神之產物，現代文明國所獨有可也。

第七章　歐戰後人口增加政策

目前歐戰初終，法德二國，人口增加，實爲重要國民問題；卽英國或亦不免，其原因爲左記三項：

(一)戰前各國生產率，已有減少傾向。

（二）歐戰結果，此數國人口受損甚大。

（三）戰後人口自動恢復，殆不可能。

現代文明國，縱無此次歐洲大戰，人口生產率，早已逐漸減少；人口增加率，亦因之減少；故人口維持問題，增加問題，遂爲有識者所注意。而生產率減少最重要之直接原因，則爲人工避姙；戰後此習能否減少，實甚可疑。學者或謂戰後人口日趨減少之結果，因勞動不足，薪俸工價，勢必昂騰，中等階級及勞動階級，生活驟裕，則避姙必大減，生產率必增加。雖然，此說猶有研究餘地；近來文明國避姙之盛，非獨爲生活困難，亦以熱心增進一已或一家文化的活動與安樂而行之；否則，以女子不樂姙娠及生產之危險苦痛而行之耳。夫避姙原因，既非由生活困難，則戰後工資騰貴，必不致減少，或反足以增多。縱令學者所言，戰後經濟狀態，確能發達，必可使避姙減少，生產率增加；然非國家行使特別政策，恐終不能達其目的焉耳。

歐戰結果，英、法、德、各國人口上直接損失之大無論矣，卽間接損失，亦未可輕視：如爲戰場之比利時、法國北部、波蘭、塞爾維亞、等人民，因受戰禍，死亡率必大增加；卽非戰場各地，亦以物價騰貴，生活必需品減少，醫藥缺乏諸端，死亡率必較常增進。如德國直接雖未蒙戰禍，然以經濟封鎖，種種必要品缺乏之故，死亡率遂大增，其一端也。

要之普法戰爭，爲時不過六月，法國普通死亡數，且增至戰死者之四倍；況歐戰延長數年，故普通死亡率增加，比例之大可不言而喻。抑不獨法國爲然，卽此外全體交戰國，以戰事間接影響，人口上損失，亦必甚大。且又不僅交戰國爲然，當普法戰爭，接近之中立國：如荷蘭死亡率，且增加百分之五十七；瑞士死亡率，且增加百分之四十；以彼例此，中立國死亡率，亦必受影響可知。至於人口上所受戰爭間接影響，尤可注意：如壯丁出征，女子妊娠比較減少是也。

法、德、英、諸國，戰前生產率，已有減少傾向，則戰後之補充，尤非易易；其必有待於種種政策之施行也明矣。顧或者謂：『歐戰後人口損失雖大，要不難自動恢復；譬諸森林樹木，一經斬伐，行且迅速長成以復故態；人口亦然，其性質，本能繼續增進，卽因戰爭一時中止，戰後必再發動，而復歸於人口之水平線。且戰後人口減少，則人之價格以增；工資昂貴，就職易，結婚亦易，生產率可以增加無疑。』斯言蓋似是而實非也。夫戰後人口大減，價格增加，固矣。抑知所減者多男子，男子不足卽女子有餘；男子價格之增加，卽女子價格之減少；斯時娶妻生子者，必不能無所躊躇，誠以所重在生男，而所懼在生女；既無生男把握，則將不敢產子；故戰後人口，必更減少者勢也。

普通戰後，一國人口，縱易自然恢復，而此次歐戰後之法、德、英諸國必不易恢復，因各該國生產率，戰前已甚減少一也；各該國人口受損最大，二也。如法國生產率本已逐年減少，故雖普法戰爭，時僅六月，戰死者不及十五萬人；然計該國人口總數，恢復戰前狀態，尚需十數年之久。此次交戰國中，法、德、英三國，於戰前生產率已減，及戰時人口損失最大，兩點均相同，則戰後人口欲自然恢復，非需時甚久，恐終不可能也。由此推論，戰後法、德諸國要務，爲人口增加問題，而非施行特種政策不可。茲舉法、德學說研究之。

近年法國生產率日益減少，長此以往，不但增加率減，人口且將絕對減少。在開戰前有識者已見及此：或單獨研究，或組織團體，共商方法，維持人口。其最著者，爲盧魯勃留，於一九一三年，（歐戰開始之前年），所著人口問題之要旨，謂：「欲預防法國人口減少，雖不能奬勵無限之增殖，至少亦當令各家養育三子。』於是有三子救國之宣言，欲以是防其減少促其增加也。至獎勵生育三子之主要方法，(一)有三子之家人，得任官吏公吏各職；反之無三子者，概不得爲官吏公吏；因法人尊重官吏故利用之。(二)產生第三子以上者，給以賞金；假定總數爲五百佛郎，則生產之月給三百佛郎，年終二百佛郎。此外如所謂改定稅法，對獨身者、無子者、徵重稅；修正遺產承繼法，使直系承繼人易於承繼遺產；減免兵役之負擔，使有三子者，得享兵役上特別權利。此與國家法制財政，關係甚大。能否實行，與實行後有無效果，未易斷言；然該國人口維持增加之必要，與法人之熱心研究主張，則可見矣。

德國學者，初見法國生產率日益減少，心竊喜之；迨近年來回顧本國，亦已步法之後塵，乃大錯愕；而研究其所以維持增加之法。今錄一九一四年德國人種衛生協會委員會，議決之綱領如左：

危險

（一）德國國民之將來，已達危險狀態；非以最大努力，改革國民生活及人種衛生等內外政策，則國民之獨立發展，必難繼續。其最要者、在制定法規，促進健全家族之蕃殖。

（二）方今健全家族，日益減少，人口繁殖之數，復不足以維持之；行見數代之後，德國文化、經濟、政治，着着退步。

(三)繁殖之不充分，由於一部分生殖能力減損；而因淋病、梅毒、酒精、者尤多。

(四)目前生產減少之重要原因，由於隨意限制產兒風俗之日增。

(五)隨意限制產兒之主要動機：

(一)慮兒多、則家族經濟狀態不良；或難施完全之保護及教育。(二)關於分配遺產之顧慮。(三)妻多服務於外，難育多兒。(四)都市生活之困難。(五)防姙墮胎藥之盛行。

防止法：

德國人種衞生協會、爲圖增進子孫數量能力，要求左列事項：

（一）爲助成多子家庭計，規定承繼權，以獎勵國內殖民。

（二）兒童獨多之都市，設家族保護所。

（三）根本上發給必要之教育經費；又官吏、公吏、及各種雇員、亦視其產子之數，斟酌待遇，以爲多子家族經濟上之保護。

（四）男子因職業（將校、官吏、公吏）上關係，以致婚姻困難者，務設法解除之。

（五）加重酒精、煙草、及奢侈品稅；並兵役、義務代償稅；期達第三項目的。

（六）凡以醫理研究姙娠中斷及不姙法者，以法律規定其辦法。

（七）凡從事職業之婦人，須防其生殖能力危害物：如淋病、梅毒、結核、慢性、酒精、中毒等，均於職業生殖上有害。

（八）結婚前、須有交換健康證明書之義務。

（九）凡藝術上傑作，鼓吹家族精神，單純生活者，須獎勵之。

（十）對於少年，須行有力教育，喚起其對後代之國民獻身覺悟，及義務的感情。

他如主張改良薪俸工資辦法，採優良大家族之方針：如主張改正保險法，對於已結婚者及大家族，與以特別之利益諸端；凡所鼓吹，與法國學者所論略同。惟自主張之手段言：則法多偏激，而德多溫和；無他、人口減少之危險，德不如法之甚故也。

第八章　生產率與死亡率平行之法則

歐洲自一八八〇年後，生產率減少之傾向，多數國皆然，不僅法德二國已也。茲錄其每千人中每年平均生產率如左：

國別＼時別	自一八七一至一八八〇	自一八八一至一八九〇	自一八九一至一九〇〇	自一九〇一至一九一〇
法蘭西	二五・四	二三・九	二二・二	二〇・六
比利時	三二・三	三〇・二	二九・〇	二六・二
瑞士	三〇・八	二八・一	二八・一	二七・〇
意大利	三六・九	三七・八	三四・九	三二・五

西班牙	—	三六·二	三四·八	三四·五
葡萄牙	—	三三·〇	三〇·六	三一·八
英倫威爾士	三五·四	三二·五 自一八八六至一八九〇	二九·九	二七·〇 自一九〇一至一九〇九
蘇格蘭	三四·九	三二·三	三〇·六	二八·四
愛蘭	二六·五	二三·四	二三·〇	二三·四 自一九〇一至一九〇六
歐洲俄羅斯	—	—	四九·二	四七·二
德國	三九·一	三六·八	三六·一	三二·八
奧大利	三九·〇	三七·九	三七·一	三五·七
匈牙利	—	四四·六	四〇·六	三七·〇
荷蘭	三六·二	三四·二	三二·五	三〇·五
丹麥	三一·四	三二·〇	三〇·二	二八·四
瑞典	三〇·五	二九·一	二七·一	二五·八

挪威	三一·○	三○·九	三○·三	二七·五
羅馬尼	三五·○	四一·四	四○·六	四○·三
塞爾維亞	四○·五	四五·○（自一八八至一八九○）	四一·七	三九·○

綜觀上表，歐洲各國，除俄國及東歐小國外，自一八八○年後，皆形減少。惟生產率減少，非必卽爲人口減少；蓋人口之自然增減，決於生產率與死亡率之關係；故雖生產率減少，假使死亡率所減更多，則人口依然增加。最近三十年來，生產率逐漸減少，而歐洲各國人口，除法國外，皆大增加，卽此理也。雖然，所應注意者，死亡率之減少，近來是否亦超過生產率減少之上耳。假使死亡率之減少，不及生產率之減少，則人口自然增加率，必隨之減少，以致人口遂以停滯或減少也。茲

列歐洲各國生產率，死亡率及自然增加率之變動表如左，以資研究。

時別＼國別	法蘭西 生	法蘭西 死	法蘭西 增	比利時 生	比利時 死	比利時 增	瑞士 生	瑞士 死	瑞士 增	意大利 生	意大利 死	意大利 增	西班牙 生	西班牙 死	西班牙 增
一九〇一	二二·〇	二〇·一	一·九	二九·七	一七·二	一二·五	二九·二	一八·〇	一一·二	三二·五	二二·〇	一〇·五	三四·七	二七·六	七·一
一九〇二	二一·六	一九·五	二·一	二八·四	一七·三	一一·一	二八·五	一七·〇	一一·五	三三·四	二二·二	一一·二	三五·六	二六·一	九·五
一九〇三	二一·一	一九·三	一·八	二七·五	一七·〇	一〇·五	二七·四	一七·四	一〇·〇	三一·七	二二·四	九·三	三六·四	二五·〇	一一·四
一九〇四	二〇·九	一九·四	一·五	二七·一	一六·九	一〇·二	二七·三	一七·五	九·八	三二·八	二一·一	一一·七	三四·四	二五·八	八·六
一九〇五	二〇·六	一九·六	一·〇	二六·二	一六·五	九·七	二六·九	一七·六	九·三	三二·五	二一·九	一〇·六	三五·三	二五·九	九·四
一九〇六	二〇·五	一九·九	〇·六減	二五·七	一六·四	九·三	二六·九	一六·六	一〇·三	三一·九	二〇·八	一一·八	三四·一	二六·二	七·九
一九〇七	一九·七	二〇·二	〇·五	二五·三	一五·八	九·五	二六·二	一六·四	九·八	三一·五	二〇·七	一〇·八	三三·七	二四·六	九·一
一九〇八	二〇·一	一八·九	一·二	二四·九	一六·五	八·四	二六·四	一五·八	九·六	三三·四	二二·六	一〇·八	三四·二	二四·〇	一〇·二
一九〇九	一九·五	一九·二	〇·四	二三·七	一五·八	七·九	二五·五	一六·一	九·四	三二·四	二一·五	一〇·九	三三·七	二四·一	九·六
一九一〇	一九·六	一七·八	一·八減	二三·七	一五·二	八·五	二五·〇	一五·一	九·九	三三·九	一九·六	一三·三	三三·一	二三·三	九·八
一九一一	一八·七	一九·六	〇·九				二四·一	一五·六	八·五	三一·五	二一·四	一〇·一	三一·八	二三·七	八·一
一九一二	一九·〇	一七·七	一·三												

葡萄牙	生	—	三一・九	三二・一	三一・五	三一・九	三二・七	三一・一	三二・一	三〇・七	—	—	—
	死	—	一九・六	一九・九	一八・七	二〇・〇	二一・二	二〇・〇	二一・四	一九・四	—	—	—
	增	—	一二・三	一二・二	一二・八	一一・九	一一・五	一一・一	一〇・七	一一・三	—	—	—
德國	生	三五・七	三五・一	三三・八	三四・〇	三三・〇	三二・一	三二・三	三二・一	三一・〇	二九・八	二八・六	二八・三
	死	二〇・七	一九・五	一九・九	一九・五	一九・六	一八・二	一八・〇	一八・一	一七・二	一六・二	一七・三	一五・六
	增	一五・〇	一五・六	一三・九	一四・五	一三・一	一四・九	一四・二	一四・〇	一三・九	一三・六	一一・三	一二・七
奧大利	生	三六・六	三七・三	三五・四	三五・八	三四・〇	三五・二	三四・二	三三・八	三三・五	三三・六	三一・四	—
	死	二四・〇	二四・九	二四・〇	二三・九	二五・二	二二・六	二二・八	二二・五	二三・〇	二二・三	二一・九	—
	增	一二・六	一二・四	一一・四	一一・九	八・八	一二・六	一一・三	一一・三	一〇・五	一一・三	九・五	—
匈牙利	生	三七・九	三八・八	三六・九	三七・四	三六・二	三六・五	三六・六	三七・〇	三七・七	三五・七	三五・〇	—
	死	二五・五	二七・〇	二六・二	二五・〇	二八・二	二五・一	二五・六	二五・三	二五・六	二三・六	二五・一	—
	增	一二・四	一一・八	一〇・六	一二・四	八・〇	一一・四	一一・〇	一一・七	一二・一	一二・一	九・九	—
荷蘭	生	三二・三	三一・八	三一・六	三一・四	三〇・八	三〇・四	三〇・〇	二九・七	二九・一	二八・六	二七・八	—
	死	一七・二	一六・三	一五・六	一五・九	一五・三	一四・八	一四・六	一五・〇	一三・七	一三・六	一四・五	—
	增	一五・一	一五・五	一六・〇	一五・五	一五・五	一五・六	一五・四	一四・七	一五・四	一五・〇	一三・三	—
丹麥	生	二九・八	二九・三	二八・七	二八・六	二八・一	二八・七	二八・三	二八・七	二八・三	二七・五	二六・七	—
	死	一五・八	一四・六	一四・六	一三・九	一四・八	一三・六	一四・二	一四・七	一三・三	一二・九	一三・四	—
	增	一四・〇	一四・七	一四・一	一四・七	一三・三	一五・一	一四・一	一四・〇	一五・〇	一四・七	一三・三	—
瑞典	生	二六・九	二八・五	二五・七	二五・八	二五・七	二五・七	二五・三	二五・七	二五・六	二四・七	二三・八	—
	死	一六・〇	一五・四	一五・一	一五・三	一五・六	一四・四	一四・六	一四・九	一三・七	一四・〇	一三・八	—
	增	一〇・九	一三・一	一〇・六	一〇・五	一〇・一	一一・三	一〇・九	一〇・八	一一・九	一〇・六	一〇・〇	—
英倫威爾士	生	二八・五	二八・五	二八・四	二七・六	二七・二	二七・一	二六・三	二六・五	二五・六	二四・八	二四・四	二三・八
	死	一六・九	一六・二	一五・四	一六・二	一五・二	一五・四	一五・〇	一四・七	一四・五	一三・四	一四・六	一三・三
	增	一一・六	一二・三	一三・〇	一一・四	一二・〇	一一・七	一一・三	一一・八	一一・二	一一・四	九・八	一〇・五

蘇格蘭 生	蘇格蘭 死	蘇格蘭 增	愛蘭 生	愛蘭 死	愛蘭 增	歐洲俄羅斯 生	歐洲俄羅斯 死	歐洲俄羅斯 增	羅馬尼亞 生	羅馬尼亞 死	羅馬尼亞 增	塞爾維亞 生	塞爾維亞 死	塞爾維亞 增
二九·五	一七·九	一一·六	二三·七	一七·八	四·九				三九·九	二六·六	一三·三	三八·〇	二七·〇	一七·〇
二九·三	一七·三	一二·〇	二三·〇	一七·五	五·五	四九·二	三一·五	一七·六	三九·五	二八·〇	一一·五	三八·〇	二三·三	一四·七
二九·四	一六·八	一二·六	二三·一	一七·五	五·六	四七·一	二九·四	一七·七	四〇·七	二五·二	一五·五	四一·〇	二三·〇	一七·五
二九·一	一七·七	一一·四	二三·六	一八·〇	五·六	四八·〇	二九·五	一八·五	四〇·一	二四·一	一五·七	三九·八	二一·一	一八·七
二八·六	一六·二	一二·四	二三·四	一七·一	六·三	四四·四	三一·四	一三·〇	三八·八	二五·〇	一三·八	三七·三	二四·三	一三·〇
二八·六	一六·四	一二·二	二三·六	一六·九	六·七	四六·八	二九·八	一七·〇	三九·九	二三·九	一六·〇	四一·三	二四·一	一七·二
二七·七	一六·六	一一·一	二三·二	一七·六	五·六				四一·七	二六·七	一五·〇	三九·七	二三·六	一七·一
二八·二	一六·六	一一·五	二三·三	一七·六	五·七				四〇·八	二七·七	一三·二	三七·〇	二三·九	一三·一
二七·三	一五·九	一一·四	二三·五	一七·一	六·四				四一·七	二七·八	一三·九	三八·六	二九·四	九·四
二六·二	一五·三	一〇·九	二三·三	一七·一	六·二				三九·八	二五·二	一四·六	三九·〇	二三·四	一六·六
二五·六	一五·一	一〇·五	二三·三	一六·六	六·七				四三·〇	二五·七	一七·三	三六·六	二三·〇	一四·八

由右表言，俄羅斯及巴爾幹各國，生產率尚高；無減少之勢；卽自然增加率，亦尚未有變動。至西歐各國，自然增加率變動亦少；惟法國自然增加率甚微，人口陷於停滯，死亡率減少，不及生產率減少；故實際人口減少之年，已有兩次。英倫

德國奧大利等，死亡率減少，亦不及生產率減少；故自然增加率，或則減少，或則停滯。茲錄其每年平均自然增加率如左：

國別／時別	自一九〇一至一九〇五	自一九〇六至一九一〇	一九一一	一九一二
英倫	一二・〇	一一・四	九・八	一〇・五
德國	一四・四	一四・一	一一・一	一二・七
奧大利	一一・四	一一・四	九・五	—

此三强國自然增加率，較法國爲高，其減少傾向亦微；惟自然增加率既已減少或停滯，長此放任，難保不蹈法國覆轍。且生產率減少之傾向，亦足引起人口之停滯或減少，實爲國民的文化的重大問題；故各國皆苦心講求預防政策，如法國政府，至設人口減少調查委員會以研究之。此等政策，大概可分爲二：一爲對於生產率減少直接政策，卽防其減少促其增加者也

；二爲假定生產率減少，未易防止，但求減少死亡率以間接達其目的者也。從第一種政策言，則所謂人口動態平行法則，即死亡率生產率趨於平行之謂。乃有重大意義，果此法則爲眞理，則第二種政策，或且無益而有害，亦未可知。茲請對此法則爲歷史的判斷；並以研究死亡率減少策之價值焉。

欲研究死亡率減少策，第一應注意者，爲各種年齡階級死亡率之分布；換言之，死亡率之於各種年齡階級，爲平等分布，抑爲不平等分布？或某種年齡階級死亡率獨高，而某種年齡階級死亡率甚低，是一問題也。蓋死亡率之分布不同，則所行之政策，亦自有異。茲錄一八九六年至一九〇五年，每千人中各種年齡階級，每年平均死亡率以證之：

國別＼年齡別	一歲以內	一歲至四歲	五歲至十四歲	十五歲至二十四歲	二十五歲至三十四歲	三十五歲至四十四歲	四十五歲至五十四歲	五十五歲至六十四歲	六十五歲至七十四歲	七十五歲至八十四歲	八十五歲以上	各種年齡
英倫威爾士	一七三·〇	三·〇	三·〇	四·〇	六·〇	九·〇	一六·〇	三〇·〇	六一·〇	一三〇·〇	二六九·〇	一七·〇
蘇格蘭	一四五·〇	三一·〇	四·〇	五·〇	七·〇	一〇·〇	一七·〇	三一·〇	六三·〇	一三〇·〇	二六九·〇	一七·〇
一八九七至一九〇四年												
愛蘭	一三三·〇	一七·〇	四·〇	六·〇	八·五	一〇·〇	一五·〇	二八·〇	六三·〇	一三六·〇	三〇〇·〇	一八·〇
丹麥	一三六·〇	一一·〇	三·〇	四·〇	五·〇	七·〇	一一·〇	三一·〇	五〇·〇	一一八·〇	二七四·〇	一五·五
挪威	一〇二·〇	一三·〇	四·〇	七·〇	八·〇	八·〇	一〇·〇	一八·〇	三九·〇	九七·〇	一三七·〇	一五·〇
一八九八至一九〇三年												
瑞典	一二〇	一五·〇	四·〇	五·〇	六·〇	七·〇	一一·〇	一九·〇	四三·〇	一〇九·〇	二六六·〇	一六·〇
一八九七至一九〇四年												
芬蘭	一五三·〇	二八·〇	七·〇	六·〇	七·〇	八·五	一三·〇	二四·〇	五七·五	一三一·〇	二六四·〇	一九·〇
奧大利	二六六·〇	三三·〇	六·〇	七·〇	八·〇	一一·〇	一七·〇	三一·〇	七三·〇	一〇三·〇	二六一·〇	二五·〇

一八九八至一九〇三年												
匈牙利	三六〇·〇	四四·〇	九·〇	八·〇	九·〇	一一·〇	一七·〇	三四·〇	七四·〇	一五六·〇	二九六·〇	二七·〇
瑞士	一八七·五	一三·〇	三·〇	五·〇	七·〇	九·〇	一五·〇	三〇五·〇	六九·〇	一四九·〇	三九三·〇	一八·〇
一八九八至一九〇二年												
德國普魯士	三三五·〇	二三·〇	四·〇	四·五	六·〇	九·〇	一五·〇	二八·〇	六五·〇	一四一·〇	二八六·〇	二〇·〇
荷蘭		五〇·〇	三·〇	四·〇	六·〇	七·五	一一·〇	三三·〇	五四·〇	一二四·〇	二七九·〇	一七·〇
比利時	一七三·〇	一八·〇	三·〇	五·〇	六·〇	八·〇	一四·〇	二五·〇	五九·〇	一三三·〇	二八一·〇	一八·〇
法蘭西	一七二·〇	一七·〇	四·〇	六·〇	八·〇	一〇·〇	一四·五	二七·〇	六二·〇	一五三·〇	三六〇·〇	二〇·〇
西班牙	三六〇	五九·〇	七·〇	八·〇	九·〇	一一·〇	一六·〇	三三·〇	八一·〇	一九八·〇	三六九·〇	二八·〇
一九〇〇至一九〇一年												
意大利	一七三·〇	三九·〇	五·〇	六·〇	七·〇	九·〇	一三·〇	二五·〇	六五·〇	一六〇·〇	三四三·〇	三三·〇
塞爾維亞	一三二·〇	四一·〇	九·〇	一〇·〇	一一·〇	一四·〇	二〇·〇	三八·〇	六六·〇	九一·〇	二一〇·〇	二四·〇

俄羅斯 一九〇〇至一九〇一年	二五七·〇	六二·〇	一〇·〇	七·〇	九·〇	一三·〇	一九·〇	三五·〇	六九·〇	一一三·〇	二三九·〇	三三·五

由右表觀之，各國死亡率最小者，悉爲自五歲至十四歲階級，或十五歲至二十四歲階級；此二階級之死亡率，似已無復減少餘地。卽二十五歲至三十四歲，三十五歲至四十歲，及四十歲至四十五歲數階級亦然。又五十五歲以上老人階級，死亡率雖高，然此由年齡上必然之勢，要亦無減少餘地。故欲令死亡率更減，則希望最多者，爲一歲至四歲及一歲以內兩階級；而一歲以內者希望更多。是以國家欲防人口之停滯與減少，所最宜注意者，在減少幼兒—尤爲乳兒之死亡率，此今日乳兒問題所以重要也。然使人口動態平行法則，果爲眞理，則此等苦

心努力，亦必歸於徒勞，甚或反而有害；故研究此法則之價值與決定此法則是否實現，皆人口學上重要問題也。

人口動態平行法則，卽死亡率生產率平行法則；換言之，一國之死亡率與生產率，普通常爲平行。卽一國死亡率强者，生產率亦强；死亡率弱者，生產率亦弱；且死亡率升，則生產率亦升；死亡率降，則生產率亦降之公式也。此種法則多數學者皆主張之；如克來謂：『大數之死亡，與大數生產並進。』又如勾易雅謂：『小兒最多之地方，卽人口死亡最多之地方。』故死可以測生，生可以測死。

化魯曰：『今就死亡率之次序，排列英國各地，則知各部類每年死亡率，千人中，達十五人至三十九人；生產率達二十九人至四十人。而死亡率增加時，生產率亦增加。凡每千人中，死亡率在二十五人以下地方，則人口之自然增加，常爲固定的；卽死亡率與人口密度，共同增加，死亡增加，各有生產之增加以補之。』茲依死亡率次序，排列地方七部類中人口之密度，每生存者千人中之死亡率，生產率，生產超過，及人口之增加如左：

地方數　死亡率之範圍（一八六一——一八七〇）（每生存者千人中）

地方數	生存者每「人之率	一平方英里之人口	平均一年死亡率	平均一年生產率	平均一年生產超過率	平均一年增加率
英倫及威爾士 六一九	一五—三九	三六七	二二·四	三五·一	一二·六	一二·四
1. 五四	一五—一七	一七一	一六·七	三〇·一	一三·四	一五·八
2. 三四九	一八—二〇	一九五	一九·二	三二·二	一三·〇	八·八
3. 一四二	二一—二三	四四七	二二·〇	三五·六	一三·六	一六·二

4.	五六	二四—二六	二一八五	二五・二	三八・二	一三・〇	一五・三
5.	一六	二七—三〇	六八七一	二七・八	三九・一	一一・三	八・九
6.	一	三二	一二一七二	三一・五	三七・三	四・八	（三・二）
7.	一	三九	六五八三四	三八・六	三七・六	（一・〇）	（一二・三）

右表第一段，卽五十四處健全地方，死亡率爲一六・七，生產率爲三〇・一；第二段之死亡率爲一九・二，生產率爲三二・二；第三段之死亡率爲二二・〇，生產率爲三五・六；第四段之死亡率爲二五・一，生產率爲三八・一；此四段之人口自然增加，爲自一三・〇至一三・六，分別言之，則爲一三・四，一三・〇，一三・六及一三・〇。由此順降，達第五段，則死亡率爲二七・八，生產率爲三九・一；自是以下，爲滿切

斯特之死亡率三二·五。又紐亞不魯死亡率增至三八·六，而生產率減至三七·三及三七·六。該地生產人口，減少之傾向如此，使其勢不改，則人口或依幾何級數減少，未可知也。若現在死亡率二二·〇之地方，因衞生進步，其死亡率低降至一九·二，則生產率亦以同一程度，或更大程度自三五·六低降至三二·二，亦未可知也。至死亡率更降至一六·七，則生產率或與最健全地方同降至三〇·一又未可知也。現在英國狀態爲生產率低落，而死亡率不同之地方，尙屬人口增加；但此並非死亡率減少之必然結果。蓋今人一遇將來希望良好，則皆將結婚，且將以從前同一比例而產子，斯時也，人口之增加，必更速矣。至若時況蕭條，則生產必減，人口亦必停滯或減少，可無疑也。

由是可知英國全體死亡率，漸降至每千人中十七人；然與人口之驟增彼此實無一定關係。蓋死亡率今既自降至最健全地方，而人口之增加，亦可使之止於舊有程度故也。

吾國生產率雖無統計可徵，然必遠較歐洲諸國爲高。美國羣學家洛士曾遊歷中國，見中國人多尚早婚繁育，因徵集西人駐華醫士意見，謂我國人生產率當在千分之五十以上。以國人早婚多子，相習成風，五世同堂，視爲鄉里莫大榮幸，生育之繁，已可概見。況通都大邑，鬻賣子女作僕妾優倡者，以及棄嬰溺嬰者所在多有，亦未始非高生產率有以致之也。至中國死亡率，以各方情形揣測，當在千分之三十至四十。其死亡率之高，原因甚多，而人事不修，實爲總因。由此可知中國現在生產率與死亡皆甚高；惟不知二者相差之大小，故無由判定我國人口增加之遲速。然以大致推論，吾國人口增加率，當不致較東西各國人口增加之平均率爲低也。

要之死亡率、生產率、平行法則，大體雖屬事實，但不能認爲十分精確。雖然，彼根據此法則以減少死亡率，圖人口增加之政策，則又未可厚非。蓋自人口數量上言，此策亦確有效益；惟其效僅一時而不能永久耳。欲圖永久之人口增加，則非增加生產率不可。況目前交戰國，戰後之人口政策，尤不可不注意於此；維以現狀推測，其有效與否，亦一疑問也。

第九章　奬進女子生育之政策

近來生產率減少之傾向，以文明進步之國家爲尤甚；故種種重大社會問題，國民問題，因之以起。究其重要直接原因，非令人生產力之弱，實令人避姙之盛，此學者之通說也。至於避姙盛行原因，由於各社會的心理的動機；卽現今文明國女子，不樂生子，實重要動機之一。因此動機，發生社會學上一大問題，謂：『女子本來不樂生子，非自今始也。』

從來社會學上，以女子在社會的本分，爲生育子女；認生育爲女子本能上之自然職務，亦卽生育爲女子本來之要求，女子自樂爲之，非由社會上之强制也。然今文明國女子，已明明有不樂生子之傾向，於是發生女子本來不樂生育，其生育實爲社會所强制；將從來社會學上之說明，且有改正之必要矣。

美人霍魯靈郭士關於此事，研究極詳；意謂『女子產子，頗類兵士服務；蓋同爲種族存在，國民存在之必要，而犧牲個人利益，冒危險忍痛苦以爲之；甚且有失其生命者是也。』吾人於此，可得三種答案：

(一)生育子女，爲種族與國民之存在膨脹計，必不可少。

(二)生育子女爲女子之大痛苦，既危險其生命，且須多年之勞苦與犧牲。

(三)舊說所謂：『爲母者之本能，在維持高度之生產率；故女子皆冒險忍痛而不辭。』實絕不可信。

又負國家社會之責者，對於戰爭疾病所損失之人口，欲以充分之生產率補之；故不得不用種種政策，促女子之實行。究其政策如何，亦吾人所當研究者也。洛士謂此種政策手段，重要者爲左述數種：

（一）人格理想　吾人對於社會，各有當盡之一定職分；社會欲使人皆盡職，必使人皆以其職分爲人格理想。女子之第一職分，爲生育多數兒子，使爲有效之國民戰爭，備殖民之膨脹；若此者是爲「普通女子」，「眞正女子」，此種人格理想，以熱心生育爲目標。反是者則爲「非普通女子」，「墮落女子」，爲社會所擯棄。夫受社會之擯棄，乃女子之最大痛苦，勢必竭全力以事生育。

（二）輿論　輿論亦爲促進女子生育之有力手段，以受輿論之非難，爲吾人所最懼。今之報紙雜誌，皆提倡女子之多生育，而對不盡其職之女子，極力排斥之。

(三)**法律**　法律禁女子之財產所有權及處分權，惟能生育兒子者有之；故女子將全力維持生產率。其直接有效之法律有二：一爲認妻之不能姙娠爲離婚之一原因；二爲禁止傳播抑制生產之科學知識。至處罰墮胎棄兒之條文，亦可爲促進女子生育上之補助法律。

(四)**信仰**　如信正統派宗教之女子，每以限制生產爲罪惡，死後必受神殛。

(五)**教育**　十九世紀後半期之教育，在使女子長則爲人妻爲人母，此外別無使命。

(六)**藝術**　藝術方面，惟務描寫爲母者熱心生育，老而得報之善果。此外黑暗因果，則略而不及，使處女皆懷爲母之希望。

以上諸策，直接間接，皆所以促進人口之增加者也。雖然，今之女子，智識發達，對於前述社會政策之眞義，多能了解，故前策行且失效；斯時也、將何以誘導女子，增進生育乎？曰：是惟有金錢與名譽而已。使生育多數佳子者，能得相當之金錢或重大之名譽，則女子或可爲金錢名譽而熱心生育。卽在以生育爲女子任意職務之時代，亦足以引起生子之自然慾望，而圖人口之增加也。

以上諸學說，實際價値若何，非詳加考察，末由斷定。然可爲研究人口問題者之參考，則無庸疑。

人口問題

民國十四年十一月印刷
民國十四年十一月發行
民國十八年四月三版

有著作權
不准翻印

常識叢書 人口問題（全一冊）

定價銀二角五分

（外埠另加郵匯費）

編者 吳應圖

發行者 中華書局

印刷者 中華書局

印刷所 上海靜安寺路二七七號 中華書局

總發行所 上海棋盤街 中華書局

分發行所 北平 天津 保定 張家口 濟南 青島 太原 開封 鄭州 西安 蘭州 南京 徐州 杭州 蘭溪 安慶 蕪湖 南昌 九江 漢口 武昌 沙市 長沙 衡州 常德 成都 重慶 福州 廈門 廣州 潮州 汕頭 雲南 貴陽 奉天 吉林 哈爾濱 新加坡 中華書局

（四〇七三）

常識叢書

本局出版常識叢書分門別類語意簡詳是中等以上學生及各科專家必備的參考書

書名	著者	冊數	定價
地震淺說	楊鍾健 王恭睦	一冊	二角
南洋	黃栩園	一冊	三角半
殖民政策	吳應圖	一冊	三角半
現代五大强國	許士毅	一冊	三角
摩托車與道路	吳山	一冊	五角
道術順制淺說	舒新城	一冊	二角半
進化論淺說	陳兼善	一冊	二角半
國際貿易	吳應圖	一冊	二角半
貨幣概論	王恒	一冊	二角半
中國喪地史	謝彬	一冊	四角
人口問題	吳應圖	一冊	二角半
燃料問題	吳應圖	一冊	二角半
資本問題	吳應圖	一冊	二角半
駕駛汽車法	吳琢之	一冊	二角半
臭蟲與蚊蟲	尤其偉 陳家祥	一冊	二角半

中華書局發行

(089)

國民外交叢書

此項叢書，在灌輸一般國民對外的常識，并激發其愛國思想。每種敍述一事實之始末，文字力求淺顯，取材務必正確，可供高小、初中歷史科、公民科之補充讀物，及一般國民之瀏覽。

△門戶開放之今昔觀　一冊　八分

△近代中日關係略史　一冊　八分

△領事裁判權與中國　一冊　八分

△各國航業競爭　一冊　八分

△中俄關係略史　一冊　八分

中華書局發行

(051)

經濟

信用合作社經營論

全一冊　一元四角

信用合作社是最良好的平民金融機關，可以養成平民儲蓄的習慣，可以借給平民低利的資金，可以增長平民人格信用，可以指導小產業者殖產興業的方法，可以發達人民自助的精神，可使地方自治得一有力的保障．著者于樹德君，係中國專門研究合作之一人．此書爲一七百面之巨製，不僅詳陳合作社之原理，并條列創辦合作社種種具體的方法．手此一篇，即可實地爲合作之經營．

現代世界經濟大勢

全一冊　定價六角

本書係俄國經濟學者的著作，敘述世界經濟狀況至一九二三年止．要了解世界近年經濟實在情形的，不可不讀．我國對於近代世界經濟狀況的書籍，實很缺乏，此書至少可以彌補此項缺憾，在中國現在確是一部重要的譯本．

中華書局發行

統計新論

金侶琴著
一冊六角

此書係留美專攻統計之金君侶琴所著。內容三分之一屬於此學之理論，三分之二屬於此學之技術。讀此一書，於運用統計之方法，思過半矣。

中華書局發行

(629)

参

中國人口問題

文公直 著

上海：三民書店，一九二九年鉛印本

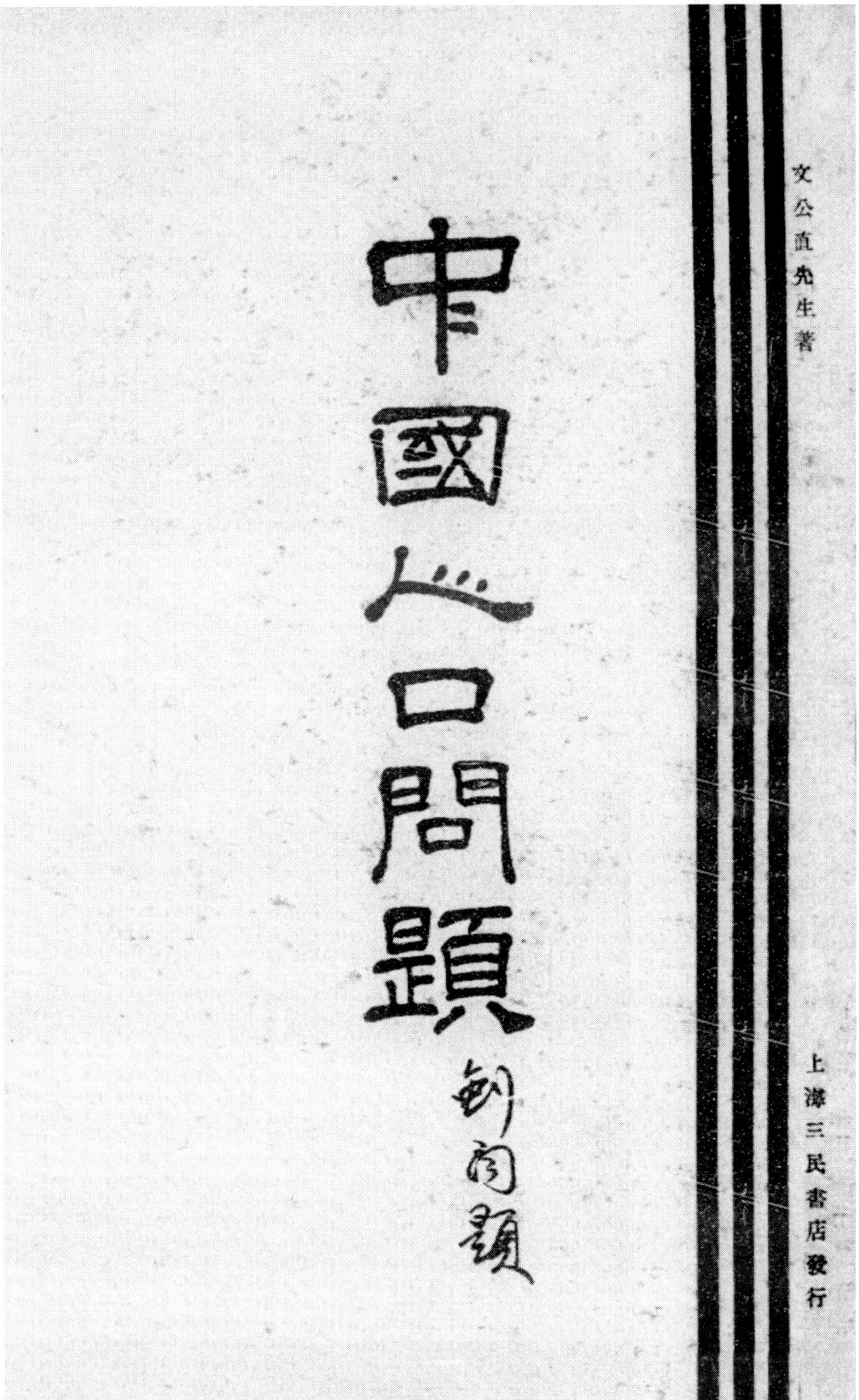
中國人口問題

文公直先生著

上海三民書店發行

中國人口問題

目次

第一章　緒言……一
第二章　中國大陸面積之統計……四
第三章　中國人口之統計……一七
第四章　中國人口密度之考察……四九
第五章　馬爾薩斯與中國人口……六六
第六章　結論……七四

力

求全

國人口

平均繁榮

在最短期內

實行蒙藏建省

著

中國人口問題

公直編

第一章 緒言

一八四二年以前之中國。因採取鎖國政策。不與世界文明接觸。中國民族生活之實況。世界鮮有知之者。然中大陸實爲古代東方文明之中心。

中華民族。創建光華燦爛之中華文明。有五千年光榮之歷史。綿延發展。以迄於今。科學文明之發展。雖較後於他國。而地積廣大。人口衆多。包藏無量數之富源。現代國家富强之資料。無不具備。中國前途實有莫大之希望。」

近代世界文明。爲科學文明。欲求事象之正確。不能不以科學爲基礎。着重數字之表示。近代文明重視計量。非偶然也。今日之中國。科學程度。尚極幼稚。對於人口面積。無確實之統計。曾憶去年北平某大學之經濟問題研究會。曾有『新馬爾薩斯主義與中國人口問題』之論文發表。因中國無正確之人口統計。故其結論。亦不能得到確實。

茲依極少材料以論究中國人口統計。欲得近於眞確之結果。故草是篇。參考書籍如次。

一 中國人口與面積統計及北京市勢調查研究。（伊籐武

二　雄，一九二三，大連滿鐵調查課）

二　歷代戶口通論（黎世衡一九二三，上海世界書局）

三　China year book (Et. G. W. Wood head 1901-1926 Tient impress)

四　The new atlas and Commercial gasettur of China (Tar ease rngeograkhical estalhishment (1918)

五　支那經濟地理誌交通全篇（馬場鍬太郎大正十一年）

六　滿蒙之大勢，（星武雄，大正九年）

七　國勢調查速報（大正九年十一月一日）

八　Official guide hook Vol I. II. (The japaness government r

ailway depatment(1914)

九　第四回中國年鑑(東亞同文會大正十年)

十　Peking A. Social swwey (S. D. gamhle 1921,)

第二章　中國大陸面積統計

(一)陸地測量沿革

(甲)清

中國四境未嘗全體測量。卽本部十八省亦無精密測量。不過依樣地圖上所測定之二三統計而已。中國之根據地圖。係康熙時(一六六二——一七二二)由欽天監(天文臺)法人耶教牧師(Father tha-tOwie)

指導其同事所測成者。其測繪方法。係在該牧師處學習測量之中國人分派至各縣實地測量。第一步。測定本部十八省及內蒙古東三省。至乾隆時（一七三六——一七九五）由中國人何國宗領等多數測量員。測定天山南北路及西藏青海。至嘉慶時繼續測量外蒙古。全國地圖始告完成。其作圖法。係以北平經線爲零度。東西三百六十度。緯線以赤道爲零度。南北十五〇。與現今地圖並無區別。緯度開分爲二〇〇分。其單位爲一華里。以一六〇緯度。爲一英里。此種地圖係藏諸內府。僅將縮圖附載『大淸會典』。幷未流布於民間。道光年間（一八二一——一八五〇）兩湖總督胡林翼復印大淸會典地圖。於同治年間發行。謂之『皇朝中外一統輿圖』（縮尺一百五十萬分之一）中國民間地圖。以此爲最詳密。現在中外所作成之中國地圖。皆以此爲標準。海岸綫之一部。輪船航行之著名河川。山東東三省等地又經外人重測。有若干修正。形成現今之中國地圖。中國製圖法。以各省主要都市經緯度實測爲主旨。對於山河境界等測量極麤略。多由想像繪成。故圖上測定之面積多不是信。光緒十五年續修大清會典。欲修正全國地圖。命各省實地修正以前地圖。廣東，湖北，湖南，陝西等省乃刊行新圖。但實際不過擴大舊圖。並無何等之獨創與修正。

(乙)民國時代

民國三年(一九一四)十二月設經界局。以蔡鍔爲督辦。清查田畝。並欲製作全國精密地圖。當時內務部預算決定。測量費六億六千萬圓。測量員養成費一千二百萬圓。共計六億七千二百萬圓。(指定民國四年後之驗契稅，鹽稅餘款，地稅增加收入等爲經費）但空有計畫。並未實行。共和復活之後。經界局被取銷。所有計畫。盡成泡影。

（丙）中國地圖

比較確定之地圖。有商務印書館所發行之中國鐵路現勢圖。（交通部編）其測量區域僅限於鐵路沿線。對於以前之地圖稍有修正。中國參謀本部陸地測量局三角課。在北京周圍數省曾實行三角測量。與鐵路現勢圖對照。河北各省大都測量完畢。惟屬於軍事祕密。一般不能利用。其他由外人製成者。如俄之於東三省。德人之於山東省。法人之於雲南省。

英人之於長江沿岸各省之地圖。及德人之地質學者F. F. Uon rich-thobur 之地質旅行經過地方附近之地圖。又有海關外人所編製之中國海岸綫河流地圖等。頗爲精確。

由此可知中國地圖地積全般之資料頗爲缺乏。地積之地圖統計。均由此不完全資料所製成。或加以相當之改正所算出者也。

(二)中國大陸之面積統計

(甲)中國領域之四境

東——東海黃海

起黑龍江烏蘇里江之合流點（東經一三三度五二，或一八〇三〇二）

西1東7.3050——葱嶺西之巴達克山（西四五〇四一）

南——海南島以南（北緯一五〇四六）

北——烏梁海薩彥嶺山脊（北五三〇四〇）

東臨東海黃海

東南臨南海

東北依鴨綠圖們江界朝鮮依烏蘇里黑龍江界西北利亞

北西兩面界俄屬

西北利亞及亞西亞

西南介尼泊爾不丹及印度緬甸

南界法屬越南

（乙）政治區劃

（子）二十二行省（本部十八省東三省新疆省）

共計一七五六縣

（丑）六特區

寧夏，熱河，察哈爾，綏遠，西康，以上均改省 哈爾濱

計八十三縣。

全國合計一千八百三十九縣新增八縣

（寅）二轄地

西套，青海已改行省

（卯）二藩部

外蒙古，西藏

東三省，及熱，察，綏，北三省之文化程度。幾與本部無差別。但西康外蒙青海西藏文化程度稍遜。

（丙）中國領域面積統計

中國全領域面積統計。因無正確之測量及正確之標準地圖。故除本部十八省外。多係推定，茲就各種測算之結果列舉如次。

子 中國官廳算定之面積

一九〇二(光緒二八)年拳匪事變之後製成全國面積人口統計表以便分擔庚子賠款。關於面積統計乃由上述之地圖所算出。

丑 Far eastern gographical establishment 所算定之面積(根據) The new atlas and commecia gagetteer of china-1918)

寅 A. H. Keanle 所算定之面積 Stanfords conpendium ofgeogrphy, H. Sia vol.I.)

卯 kowusse氏所算定之面積。根據(The far east, its histo

uy and its Qvestion 1903)

辰 Archibald little 氏所算定之面積

(Guanings from fifty years of inChina)

巳 S. W. Willians 氏所算定之面積

("The midllle kingdom"-1913)

午 A. R. Colgnheun 氏所算定之面積

(The China in drasformatwn-1898,)

未 Buown 氏所算定之面積

依據以上 A.B.C.D.E. 五項所算定之面積製成一比較統計表如次：(單位平方哩)

地區＼算定	A（平方哩）	B（平方哩）	C（平方哩）	D（平方哩）	E（平方哩）
中國本部	1,532,795	1,500,000	1,532,200	1,336,841	1,350,000
蒙古	1,267,953	1,076,000	1,200,000	1,288,000	1,288,000
西藏	463,520	750,000	700,000	651,500	651,000
東三省	363,700	363,000	364,000	362,310	362,310
新疆	[illegible]50,597	600,000	580,000	43,800	580,800
合計	4,278,352	4,289,000	4,376,200	4,070,451	4,231,000

（備考）　中國本部十八省照F.G.H.三氏所算各爲一，二九七，九九九平方哩。

一，三〇〇，〇〇〇平方哩。

一，三五三，三五〇平方哩。

東三省，照南滿鉄路調査課，測量結果為三八二，六二七平方哩。

以中國幅員之廣大。足證以上之統計頗不確實。卽按照W.氏之最小測定數。與世界各國之領土相比較。仍不失為廣大之地積。除略少於美(二，九七四，一五九)俄(一，八六二，五二四)二國外。其他各國。概不能及。蓋中國適當歐州大陸五分之二。美大陸二分之一強。日本領土六倍強。德．法，本土七倍強。英本國十二倍強。若連蒙古，西藏，等各藩部計算。則僅少於不列顛帝國（一一，四六七，二九四）。蘇俄聯邦（八，六四七，六五七）及法國全領土（四，九八三，一八〇）。而足當日本本土二十七倍强（日本領土與四川一省相當）

第三章　中國人口之統計

一　戶口調查之歷史沿革

中國之戶籍編制。始於夏禹治水以後。周禮爲最初之記錄。漢以後歷朝皆有戶籍之編制。大清律卷八之戶律解釋戶口之意義。爲「計家爲戶。計人爲口」戶籍之目的則

在

(一)地方之區分

周(紀元前一一二二——七七一年)時以郊門內外爲二大區域。內曰鄉。外曰遂。其編成之數各六。杭以戶數爲基本。五家爲比。五比爲閭。五閭爲族。五族爲黨。五黨爲州。五州爲鄉。郊外五家爲鄰。五鄰爲里。五里爲酇。五酇爲鄙。五鄙爲縣。五縣爲遂。其後由秦漢以迄唐宋元。名稱雖異。而旨趣則同。元五十家爲社。明十家爲甲。十甲爲里。村，鄉，縣，州，府，路，省等之制。至清時止。幾全相同(文獻通考。續文獻通考)

（二）公課之均一

中國歷代之公課。分田賦徭役兩大系統。畿輔戶口制序中載『賦以田科。役由戶制。』周之田制謂之「徹法」。一夫授田百畝。課其收入十分之一爲賦　依田肥瘠。歲豐歉。家族人口之多寡。劃分若干等級授田。以期公允。徭役者。在六鄉之內二十歲以上六十歲以下。在六逐之內十五歲以上六十五歲以下之人民。除貴者能者賢者有公職者老疾者以外。概照人數多寡服相當之力役。由秦漢至唐戶籍與賦役相聯合。至唐則依照租庸調之「三稅法」。丁男十八歲授口分田一頃（廢疾者四十畝寡妻妾三十畝）戶主則另授永業田二十。租者每丁須年納粟二石於國庫。庸者每丁須年服二十日之力役（閏年加二日）調爲戶賦。年須納一定量之土產物。在丁口賦之庸。年加力役二十五日則免調。加役三十日則租調共免。但與正役共計不得超過五十日。至唐德宗廢除租庸調。實施『兩稅法』。（七八〇年）在春秋二季按照貧富徵收土產。不以戶口爲基礎而以資產爲標準。於是稅與戶籍之關繫漸薄。在中國經濟史上可謂一大改革。後宋明皆沿此法。宋以男子二十歲爲丁。五十歲爲老。丁男不服役者須納免役錢。元時在郡內除地稅丁稅外。江南各地又實徵夏稅秋稅。前者乃租庸調之變相。後者爲兩稅法也。明依兩稅法。稱夏稅秋稅。參酌土地之面積與收入而規定稅率。變分田法而爲單純之納稅法。對於徭一項設差役法。照丁數征收丁銀（人頭稅）與戶籍依然有重要關繫。據大明會典所載『凡賦役應照人戶田糧之多少。丁數之多少。分上中下三等課稅。有丁無糧者稱下戶僅徵丁銀。有丁有糧爲中戶。糧多丁少及糧丁均多者爲上戶。則丁糧幷徵。』清沿明制。男子十六歲以上六十歲以下爲丁。以女子及未成年者老者爲口。專對壯丁課稅不及其他。清代戶口調查始於世祖順治元年。（一六四三）

每五年調查一次。令各省報告其管治下之丁數。後改爲一年一次。在政府欲丁數增加以便多徵稅收。在人民及地方官則少報丁數漏稅之風頗盛。丁限於一戶一人。丁與戶數自然一致。據順治十八年之丁數。爲二一，〇六八，六〇〇。若以一家五口計算。則當時人口爲一億五百餘萬人。

二 古代戶口記錄

據上所述。中國歷代（禹治水後紀元前二二〇五年）雖有戶數人口之記錄。但其調查有年齡（幼老不算）職分（僅口及庶民）性別（限於男丁）等種種限制。仍不能窺全人口口之確數。且歷代無一定之調查標準。政令有寬嚴。綱紀有弛張。調查地域有廣狹疏密。庶民多有逃租之目的。地方官吏又欲以貢賦一部飽入私囊。故意以不正確之數報告。其數字固不完全確實。然當時之人口統計實錄。僅有比實數更多之虞。決無過大誇示之弊。戶口統計數字之大小。與當時政府威勢之强弱。紀綱之張弛。成正比例之表現。尤爲眞確之事實。

若將歷代記錄全數揭載。實不勝其煩。茲僅就清代戶口記錄揭載如次。

（甲）雍正以前之壯丁數（根據東華錄）如下。

順治八年(一六五〇)	一〇，六三三，〇〇〇
十七年(一六五九)	一九，〇八八，〇〇〇
康熙九年(一六七〇)	一九，三九六，〇〇〇
十九年(一六八〇)	一七，〇九五，〇〇〇
二十九年(一六九〇)	二〇，三六四，〇〇〇
三十九年(一七〇〇)	二〇，四一一，〇〇〇
四十九年(一七一〇)	二三，三一一，〇〇〇
五十九年(一七二〇)	二四，七一〇，〇〇〇
雍正八年(一七三〇)	二五，四八〇，〇〇〇

據王發雲著『石渠餘錄』謂康熙時有五十年間之和平。

而人口增加僅有前代十分之二。實不足信。

(乙)乾隆以後獎勵實數具報。課稅特別寬大。力矯隱匿之風。且屢下詔勅。不准遺漏。以誇人口之增加。於是各省疆吏多過大報告以迎合上意。故其統計往往超過實數。

乾隆六年(一七四一)　一四三,四一〇,五五九口

八年(一七四三)　一七七,四九五,〇三九口

十四年(一七四九)　一七七,四九五,〇三九口

二十二年(一七五七)一九〇,三四八,三二八口

二十九年(一七六四)二五〇,五九一,〇一七口

嘉慶十七年(一八一二)　三六〇,四四〇,三九三口……A

道光二十二年(一八四二)四一三，〇二一，四五二……B

咸豐元年(一八五一)　四三二，一六四，四二七口

七年(一八五八)　二四二，三七二，一四〇口

同治十三年(一八七四)　二七四，六三六，〇一四口

光緒十八年(一八九二)　三七七，六三〇，一九八口……C

一八五〇——一八六五間爲太平天國革命期間，長江以南九省因亂死亡甚衆。號稱二千萬人。

就以上A.B.C.三種統計將各省人口數目表示如次(An Dugn iry in to thePopulotion of china, reprinted in Annval Repost Obihe Snithonian Knstitutiun 1904 W. W. Roebhill)

時代 / 省名	A 嘉慶十七年	B 道光廿二年	C 光緒十八年
湖北	27,990,871	36,877,888	17,937,005
山東	28,958,764	39,529,877	36,545,704
山西	14,004,210	17,056,925	10,791,341
河南	23,037,171	29,069,771	22,117,036
江蘇	37,843,501	39,646,924	21,239,989
安徽	34,165,059	36,596,988	20,596,988
福建	14,779,158	25,799,556	23,502,794
浙江	36,256,783	30,437,974	11,684,348
湖北	17,370,098	28,584,564	33,600,462

湖南	18,652,507	20,048,969	21,005,171
陝西	10,207,256	10,309,769	3,276,697
甘肅	15,334,815	19,512,716	5,411,188
四川	21,435,678	22,256,964	71,073,730
廣東	19,174,030	21,152,603	29,740,055
廣西	7,313,895	8,121,327	5,151,327
雲南	5,561,320	5,823,670	11,721,576
貴州	5,288,219	5,679,128	7,669,181
江西	23,046,999	26,513,889	24,541,400
合計	360,440,393	413,021,452	377,630,198

（丙）光緒二十八年（一九〇二）年人口統計。爲四一七，七三五二七一六。

茲將庚子亂後。政府所調查之人口統計。列表於後。

	總人口（本部以外推定）	每方哩密度
本部十八省	417,735,271	272
東三省	12,000,000	32
蒙古	2.580,000	2
新疆	1,200,000	2
西藏，青海	6,432,000	14
合　計	439,947,271	64

（備考）計算密度。係用一九〇二年政府所公表之全國面積總數爲標準。

茲更將本部十八省之人口密度列表如次。

省別	總人口	方哩密度
山東	28,247,900	680
江蘇	23,980,235	600
湖北	33,280,685	490
福建	22,876,540	480
安徽	23,672,614	428
江西	26,532,125	374

浙江	11,580,692	320
四川	68,724,890	312
廣東	31,865,251	310
河南	25,316,820	305
湖南	22,169,673	265
湖北	20,937,000	173
陝西	18,450,182	111
山西	12,200,456	148
貴州	7,650,282	90
雲南	12,271,574	75

廣西	5,142,330	65
甘肅	10,385,376	46
合計	417,735,271	292

三 清末警察制度下之近代戶口調查

光緒三十四年(一九〇八年)清廷預備立憲。第一步卽發佈『戶口編審法』由民政部制定『戶口章程』。十二月批准公佈全國。(北京城以前卽發佈『戶口清查條規』)清廷曾依以前保甲法編制戶籍。因頹廢已久。不能適用。遂從新制定戶籍法。規定戶籍調查事務由警察機關分掌。以警察長官爲總監督。以其下級官廳爲監督。任地方自治職員爲調查員。(鄉董士紳)與地方巡警長官共理事務。未頒布自治制地方以巡警任之。戶數調查法。係由民政部所定之門牌貼於各戶。所定地域內之戶數編記號數。一戶有數家族居住時則分正戶副戶。造成二部戶口調查册。一部保存於調查所。共他一部呈調查長。調查長彙集各地區戶册。呈報監督。監督則將其管內之戶籍册整理呈總監督。由總監督彙交民政部。門牌編定之後。如有移動者。於日內由戶主報告調查所。

人口數調查。由民政部所規定之人口票交戶主。於十日內將必須事項記入。投交調查所。必須記入事項。卽係戶內各人之年齡，職業，籍貫，住所，不動產，納稅額，出生年月，教育程度，已未結婚，由調查所先彙成人口册。與戶籍册同樣處理。但在人口册中須將七歲以上之學童十六歲以上之壯丁作成總數。附記於册尾。以爲普遍義教及徵兵之准備。表册製成後。由調查員各戶審查俾無缺漏。又如有出生，死亡，婚姻，承繼，來住，移住。等戶口須於三日內報調查局另製表册以便查驗。調查年限戶數與人口不同。前者限定由光緒三十四年至翌年十月爲第一期報告時間。第二年十月爲止報告完畢。第五年十月爲止。須全部整理就緒。編計戶數册。每二月一次。編訂人口册每半年一次彙報民政部。

此外尚有特別戶口調查。不能通用以前之調查法。卽，

(甲)船戶調查。

(乙)未設縣治地方。如內外蒙古西藏青海等地。由該地方長官準據戶口調查法別設細則。分別調查報告。

(丙)僑居外國人調查。囑託各國公使領事調查各國僑民。報告民政部。

依此方法。於一九一〇年(宣統二年)發表第一次戶數統計。一九一一(宣統三年)發表第二次統計。當時民智未開。又係部決舉行。其記入調查整理等頗難確信(如蒙

古及其他藩部僅調查一部。遼寧四川二省未得報告）但應用近代方法爲實際調查。今日尙未有比此統計更爲完全者。中國人口統計仍以此統計爲近於確實。前北京美國公使館員Mr, Rogmonrd P, tenncy 報告美政府謂本統計除少數例外。大部分以連帶調查爲基準推測計算而成者然在今日之中國。實爲唯一之近於確實之統計。

類別	正戶	附戶	男	女	學童	壯丁
浙江	2,542,635	1,363,677	7,004,082	5,905,237	1,036,336	3,057,912
江西	2,287,421	1,098,907	8,033,752	6,146,391		
商埠	20,509	16,31	138,052	73,22C		

本籍船戶	9,022		男女44,340			
家籍船戶	7,697		男女36,918			
湖北	3,783,179	749,351	船戶11,731 7,121,359	船戶2,806 5,299,174	1,338,330	2,595,479
四川	2,312,72	937,993				
廣東	4,358,478	683,307				
廣西	1,097,539	77,005				
雲南	1,328,292	219,722				
貴州	1,634,782	136,751				
計	49,810,705	12,548,109	十62,0	26,171		
八旗籍計	302,128	30,515	十	332,643		

藩部計	193,218	3,323	+	195,541
合計	50,235,021	12,578,624	+	62,484,265

(註)『八旗』計北京二十二旗。內務府三旗。京營四部。左翼四處。右翼五處。東陵各旗營。西陵各旗營。馬蘭鎮所屬。熱河各蒙旗。察哈爾所屬。山海關駐防。青州。綏遠城。西安。涼州。伊犂。福州。成都。廣州，各地駐防之旗籍戶口統計。

『藩部』計烏里雅蘇臺。塔爾巴哈臺。科希多。西寧。庫倫，川滇各所屬部之統計。

種別 地名	戶數		人口			
	正戶數	附戶數	男子	女子	學童	壯丁
北平市	68,561	70,009	508,019	256,638	47,653	204,899
舊順天府	600,797	91,89[illegible]	1,991,096	1,743,620	327,875	591,066
遼寧	549,910	[illegible]49,926				
吉林	422,781	316,680	2,683,066	2,096,700	567,511	844,267
龍江	143,929	95,082	810,042	637,496	104,716	465,107
河北	3,606,936	557,153	2,531,067	6,624,647	1,814,940	2,944,897
南京各縣	807,909	170,09				
江蘇	1,697,499	472,629				

四　中國人口之各種統計

安徽	2,486,896	654,288				
山東	5,143,699	234,173				
山西	1,520,031	470,004	4,528,445	3,400,719	493,709	1,587,191
河南	3,969,308	692,258				
陝西	3,319,210	282,234				
甘肅	711,000	195,639				
新疆	385,845	67,633				
福建	1,699,067	677,788				

（政府，郵政局，海關）

中國近代調查人口其成績已如上述。戶數統計雖全部完成。但人口至今尙無確實可信之統計。現在政府所發表之統計。乃由各省區之代表的地域中。查出人口之標準數。然後依此推算全省之人口而得者。遼寧省之標準數爲八，三八人。比率甚高。其他各省平均爲五，五人。政府所造成之統計表。卽以此爲標準。再斟酌各省前後所調查者。定出適當數字。茲因錄前國務院所發表之統計如次。

（甲）中國政府統計爲三七七，六七三，四二四。

以上統計。爲前國務院發表。

地域名	戶數	人口	調查年
北平	148,093	789,123	1915
河北	4,874,327	25 932,467	1912
四川		45,000,000	1911
河南	4,814,998	36,259,383	1912
江蘇	6,083,296	32,273,781	1912
山東	5,652,638	30,987,853	1912
廣東	4,347,752	2.,677,647	1910

湖	北	4,413,941	24,331,796	1909
浙	江	4,086,681	17,609,109	1910
湖	南	3,409,943	18,965,457	1907
江	西	3,463,828	19,225,008	1909
安	徽		14,075,000	1911
福	建	2,389,812	14,331,767	1910
遼	寧	1,804,550	12,133,403	1912
陝	西	1,730,989	9,369,160	1912
山	西		10,171,896	1912
廣	西	1,564,854	8,552,665	1907

貴州	1,783,397	7,902,235	1907
吉林	726,597	5,180,030	1912
雲南	1,231,479	5,121,020	1912
龍江	302,807	2,028,776	1912
甘肅	952,250	1,985,818	1907
計		373,673,424	
新疆	(推定)	2,000,000	
西藏，青海	(推定)	2,000,00	
合計		377,673,424	

此外。尚有郵局，海關。亦各製有中國人口統計表。

。前者爲一九一八年所發表之最新統計。後者則以各縣爲單位。由中國人員調查。每年加以訂正者。外人往往以此爲中國人口標準統計。此種統計雖未經精密調查。然所記之數字均無加以特別審愼者。

(乙)郵局海關統計

郵政局統計……………四二〇，一九八，七九八

海關統計………………四三九，四〇五，〇〇〇

「註」(一)該兩種統計。蒙古，西藏，青海，新疆及北三省，西康等地人口均未列入。

(二)河北及東三省所轄蒙古地域之人口均未列入。

省名 \ 種別	郵政局（1919）	海關（1918）
四川	49,782,810	72,190,000
廣東	37,167,701	32,000,000
河北	34,186,701	29,000,000
江蘇	33,786,064	26,920,000
河南	30,803,245	見後
山東	30,831,909	38,000,000
湖南	28,443,279	22,040,000
湖北	27,167,244	24,770,000
江西	24,466,800	24,534,000

浙江	22,043,300	22,000,000
安徽	19,832,665	37,000,000
福建	13, 57,791	20,000,000
遼，吉，江	12,258,385	19,290,000
廣西	13,701,819	8,000,000
雲南	9,839,180	7,571,000
貴州	11,216,466	55,000,000
山西	11,080,827	
陝西	9,465,553	
甘肅	5,927,997	

河南	見前	」
合計	430,198,798	439,405,000

五　諸統計之考查

將以上諸種材料比較考查。中國人口之確數究竟若干仍難斷定。淸代末造諸統計。失之於過大。(咸豐元年)(一八五一)之統計。爲四億三千萬。某外國人主張在二三億之間(以鹽之消費爲標準。算定二億六千餘萬人)。則失之過少。

最近一九〇二年之政府統計。爲四億一千萬。一九一一年之統計。則爲三億七千萬。究應以何爲確實。二者相差有四千萬之多。若依調查之精密言之。則似以後者為較確。但郵局海關所調查者均為四億三千萬。則政府之一九一一年之統計、亦似不能全信為確實。余以為將此三項統計以三除之。取得平均數。或庶幾近之。

三統計之平均數。為 四一五，七五九〇，七四人

第四章 中國人口密度之考察

以上諸統計無一完全確實者。由此算出之人口密度。亦不能認為全然確實。茲以一九〇二年一九一一之政府統計及一九一八年之郵局統計為基準。以算定每方哩之人口密度。

列表如次。

「註」次表依據一九〇二年政府面積統計爲標準面積。

省名＼年次	1919	1910(順位)	1902(順位)
江蘇	875	418 (3	600 (2)
浙江	600	463 (2)	320 (7)
山東	550	528 (1)	680 (1)
河南	454	376 (4)	305(10)
湖北	380	348 (5)	490 (3)
廣東	373	277 (9)	310 (9)
江西	353	208(10)	374 (6)

湖南	341	282 (7)	905(11)
安徽	337	315 (6)	428 (5)
河北	294	281 (8)	173(12)
福建	284	282 (7)	480 (4)
四川	228	105(14)	312 (8)
貴州	167	168(11)	90(15)
廣西	158	84(15)	65(17)
山西	131	122(12)	148(13)
陝西	125	116(13)	111(14)
雲南	67	58(16)	75(16)

甘肅	48	40(18)	46(18)
遼寧	37	41(17)	33(19)
平均	182	171	279

二 各省密度之考查

(一)一九一九與一九一〇年之統計，中國人口密度。均以江蘇，浙江，爲第一。其原因爲

(甲)位於長江下游土地肥沃。

(乙)江浙爲現今中國工商業地帶。人口自然積集。

(丙)浙江最近二十年間。(三二〇人四六三人六〇〇人) 人口密度加九〇%頗堪注意。

(丁)兩省之第一都市爲上海。上海之人口。據一九〇六年發行之中國坤輿詳誌（L.Pucpard）Comrrepenswe Gesgraphy）內載城內三十萬。外人租借地五十四萬。一九一八年之（Obbiciac gvide Book）（Tapemese govunmcut Roilway Depwitment）載人口百萬。（Chinayear book）載一百五十萬。（最近海關調查）上海爲列强之遠東第一通商市場。人口劇烈集中。亦自然之勢也。

(二)山東河南爲黃河流域之文化中心地。所謂地阜民稠。在統計上亦名實相符。

一八四二，一八八五，一八九二，一九〇二，一九一〇各年之統計。均以山東人口爲第一稠密。河南次之。邇近黃河水患甚多。两省受害極烈。人口集中之速度。遂遠遜於江浙商工業地。一九一八年之統計。該地人口密度，降爲中國第三。四位

（三）湖北爲水陸交會之區。九省物質皆集於此。武漢三鎮夙負盛名。據一九〇六年中國坤輿詳誌載。漢口八十二萬六千人。武昌五十萬人。漢陽四十萬人

（四）廣東人口占中國第六位。當珠江三水之會。不特有珠江三角洲之肥沃土地。且爲嶺南一帶交通之中樞

。最近爲歐亞大陸交通之唯一門戶。其繁盛更一日千里。北部山地人口雖稍稀。然每方哩仍有三七〇人。與日本人口密度（一九一三年三七四人）相當。

（五）江西有贛江鄱河沿岸之沃土。

湖南有沅，瀟，二江之貫流及洞庭湖濱肥沃土地。

安徽有長江貫流及淮河平原。（在一九二二年及一九一〇年之統計。人口密度爲第五位。）皆不失爲長江流域之稠密區。

（六）河北包有白河永定之河北平原。爲遼金元明清及民國初建時之首都。人口密度。約得全國之中度。

福建與江浙廣東同爲海灣地。因西部多山人口密度爲二八四〇。與德意志或義大利相當。

（七）四川地域廣大。人口繁多。物產豐饒。爲全國有數之富省。一九一〇至一九一九之統計。人口爲五千四百萬或四千九百萬。與日本本土及英本國之人口數相當。地域二十一萬餘方哩。因西北多山。人口不免減少。然省會成都有人口四十五萬。泯江平原一部長七〇哩寬三〇哩之地域。住有人口五百萬。每方哩密度達二四〇〇人可見其地肥沃富饒矣。

（八）黃河流域。文明盛時。甘肅省爲爲歐亞兩大陸交通之要路。陝西省。包渭水平原爲左漢中地。省會西安。爲周秦漢唐諸代首都，今尙有人口五十萬。山西省。爲古河東地。現今文明移於長江流域及沿海口岸。以上數省均非昔日之比。貴州，廣西，雲南，前爲苗族居地。受漢族文化之貫輸。較內地各省爲後。歷代視爲邊徼之地。以爲罪臣投荒，蠻瘴區域。然每方哩尙有人口一六七人—七〇人較之歐洲二等國丹麥，蘇格蘭。希臘，西班牙等尤爲繁密。關外東三省之遼寧。一九一五年爲一二九人。較之愛爾蘭(一二五)羅馬尼亞(一一七)西班牙(一〇一)

爲多。吉林爲七〇人。與歐俄(六八)相當，較之日本北海道(四六)則較盛。黑龍江雖祇一二人。尙可與土耳其(三二)全蘇俄(一九)墨西哥(一八)南美諸國(一一—七)相伯仲。中國全國之人口密度。爲一七四—一一八二人。與法蘭西一九一一年之一八九人。丹麥之一七二。朝鮮一九一〇年之一八四相近。總之。中國之人口密度。不特不比世界各國稀薄。在江河流域各省。且表示特別之稠密。長江流域。面積爲五十七百方哩。人口計一億九千萬。住居世界人口八分之一。其密度，爲三三二人。珠江三角，三州，及其流域。面積二十萬方哩。人口有四千萬。其密度，爲二〇〇人。黃河流域三十九萬方哩。中棲息九千五百萬人。其密度爲二四三人。河流不特爲中國之動脈。且爲中國之樞髓。中國之重要都市　皆集於江河流域。說者爲中國不受惠於海岸線。而受惠於江河。誠非虛語。例如上海，蘇州，鎮江，無錫，揚州，南通，南京，蕪湖，安慶，大通，九江，武穴，漢口，武昌，漢陽，沙市，宜昌，萬縣，重慶，成都，等皆在揚子江(長江)沿岸。洞庭湖濱有岳州，常德，長沙，湘潭　鄱陽湖濱有南昌，景德。黃河流域昔時壯麗之都城。如西安，洛陽，開封，蘭州，鄭州，濟南等皆在其沿岸。白河流域有天津、北平（八十萬），保定珠江流域有廣州（九十萬），肇慶，梧州，桂林，南寧。錢塘江流域有紹興，甯波杭州（五十萬）。閩江流域，有福州（三十萬），漳州。大部分之都市商埠。皆受河流惠澤。發展幾過於海岸之都市。其沿海要港。爲數尚多。尤亟須訓政時期積極的建設。至大連，青島，香港，等處。多爲外人所經營。乃屬於例外。僅足爲吾人恥辱之痕跡耳。

三　密度不平均之考查

中國人口疏密消長之緣由。雖極其煩夥。而究其關繫最大之原因。有下列幾種。

(一)氣候。

現在文化程度人類尙不能完全征服自然之環境。氣候之良否。影響於其生活所需要之物質供給量甚大。中國東南部　時溼暖。沃野千里。故人口稠密。西北部及蒙藏等地則氣候乾燥寒冷。故人煙較少。

(二)特殊習慣制度。

清時認東三省爲其發祥地。禁止漢族徙入。自一九○七年弛禁以來。燕，魯，臍餘之農民苦力。攜眷跋涉數千里。移入墾殖。爲數甚夥。且年有增加。與移住之日，韓，民族。立於劇烈競爭之地位。蒙，藏，人口稀少之原因。實爲知識貧弱及喇嘛之壓迫與其獨身主義形成一婦多夫制之所致。

中國之家族制度。實爲人口增多之一大原因。家族制度之重視婚姻。其目的在繁衍子孫。妻無子女，可爲離婚之理由。今日尙爲習例。漢律。女子在十五歲以上。三十歲以下。有不嫁者。須受處罰。子女數多者。在一定期間。可受賦役免除之特典。其獎勵人口之增加。可謂至矣。然制度爲社會之反影。經時既久。往往與原來之目的分離。甚至反背。如以前之重婚姻。原爲增殖子孫計。在今日。則成爲結婚困難(受經濟壓迫)。棄兒鬻子之野蠻風習。尚不能絕跡也。

(三)天災與內亂

清季以來之內亂。防止人口之增加者甚大。一八五〇—一八六四年之太平天國革命。長江以南九省。大軍所至之地。減少人口五分之二(H.A. Porker"C hina")約計三千萬人（Mackgowan! "The his tury of china"）。民國成立。連戰至十八年之久。其間死亡。雖尚不知其確數。倘使一爲調査。其數必有驚人之表現。中國領域之內。水災旱災。連年不絕。據Alexander Hooil "Dranghts in China" From A. D. 630 to 1643 年間。有 583 年受旱災。每次十八省中必有一省至數省受鉅害。其他洪水惡疫之害。亦數見不鮮。清代嘉慶道光間因二次饑饉。死仁數達四千五百萬人。光緒十四年（一八八四）。黃河大水。溺死者二百餘萬人。天災之害。可謂極鉅。中國社會對於天災預防之方法。至今尚極幼稚也。

(四)經濟

中國人口密度不平均。受近代經濟變動之影響極大。大數農村人口因土匪天災關繫多向安全地帶及近代商工業發達地域集中。例如江蘇上海及其他長江沿岸之近代工業都市。人口日見增加。又如遼寧自弛人口入境之禁以來。人口日增已達一二九人。與山陝密度相當。亦因鐵路交通產業發達之結果。山東河北之人口漸向遼寧移動也。

(五)結語

中國人口密度不平均。大部分係受自然環境之影響。但漸次受經濟條件之支配。頗堪吾人注意者也。

第五章　馬爾薩斯與中國人口

馬爾薩斯之中國人口論。對於中國人口究具如何之見解頗有興趣。(An Essay on Principles of Population: Or A Uisw of its Past and Present eff-ects on human happiness; With or inqu iry in to our Prospects reoketing the buture removei or miti gation of the evils Which it occasions,)馬爾薩斯Malthus中國人口論之批評之材料。乃英國東印度公司理事英譯大清律 Sir Geoge Staurton 所報告之『中國戶口調查錄』內有夥

多之家族構成（所謂大家族制內含純粹家族與僕婢奴隸）及夥多之戶數存在。馬氏承認此種事業批評人口衆多原因。反駁孟德斯鳩所著「法之起源」內所假定中國人口衆多之原因由於中國婦女生殖力大。另舉出下列三原因。

（一）土地肥沃

中國大陸大部分在溫帶圈內。生活資料極爲豐富。引用 J. B De. Halde 之中國論 Des Cviption Geographique, histovique, Chronogique Politique de 1 Empirede la chine ......1735 Paries)

中國不特全具他國所有之物。並產出無數他國所無之物。其富裕乃由於土壤之深度。江湖河川溉灌之惠澤。及人民之勤勉。

(二)獎勵農業

歷史上中國爲政者爲欲使人類直接生活所必需之資料產額增大。極力使人民集中勢力於農業。De. Halde 謂『中國農民之刻苦精勵。不特基於統系觀念。並對於農有一種孝敬之心』。斯與起身隴畝之皇帝與治水有功而爲皇帝之歷史實有關。歷代皇帝又舉行所謂『親井田』儀式。以勵農業。農民次於士夫官吏。利用全國土地。產生直接生活必需之資料。故中國素爲模範的重農主義國家。重農主義之結果。乃實現下列政策。

甲皇帝親井田（中國支配者對於被支配者立於家長地位）。

乙農民增加（設定家族同居制獎勵模範農民尊重農民寓兵於農壓抑商工）。

丙農業技術之發達（土壤之混合施肥灌溉設備）。

丁土地利用之普及（道路狹小開墾荒地）。

戊運河普及。

己糧食資料種類繁多。

(三)獎勵結婚

將生活資料爲少數分配。使多數不生怨望。獎勵結婚以達增加人口之目的。以『孝』爲道德之基本觀念。使與忠之觀念聯爲一致。忠孝卽服從之道德也。「孝」之第一義。使子獨立自成一家。子履行結婚義務。爲兩親之名譽。孝之道德。不特對於兩親爲止。尚須延及於祖先。須圖家聲丕振。宗族繁榮。獎勵結婚之結果。卽發生經濟困難。棄兒鬻子之風相因成習。而社會公然承認。反足以促進結婚盛行。

據馬爾薩斯之意見。獎勵結婚之結果與中國之財富分配平均極有關繫。家長死後。其遺產不特長子繼承。所有兄弟皆得分配相當之額。以爲各人獨立結婚之准備。此種風習．貧者亦無例外。其結果。變爲工資低下。成一般之貧窮國。據 Sin. G. Staunton 謂『中國勞動價格。比普通人所需要之食糧猶低。構成大家族之大部分人之生活。通如兵營內之軍人生活。』據 De. Halhe 謂。『中國人雖極勤勉節制。然大多數仍甚貧苦，故其所生之兒女不能得充分營養。因欲減輕兩親負擔。棄兒鬻子不似他國視爲罪惡。』據牧師 A. B. H. abb. 氏謂『中國雖爲世界最富之國。但同時中國人民又生活於極貧困之狀態中。欲支持其居民之生活。尚須中國四倍之土地。』

中國之貧民。實陷於極恐怖之悲慘狀態中。棄兒鬻子習以爲常。以人爲質亦不爲異。一旦遇饑饉。則流爲土匪洗刼鄰村。中國貧民並非怠惰者。且極富於勞作力。其勞作報酬概以彼一人最低之食糧爲標準。其家族之衣食住不能顧及。Marthas 之中國貧困與結婚奬勵之結論云『中國人爲繼續祖先之祭祀。力圖增殖子孫 故對於不結婚者認爲極不名譽。致形成早婚蓄妾之習慣。由均分遺產於兄弟之結果。社會財富漸超於平均化。因此人口大增。食物不足。人民貧困』。

馬氏之中國論。實有極大之錯誤點。中國人民之貧困。非僅因由人口增加。富源不足而來。中國之富源。尙多所埋藏。未經科學之開發。一般人民之財富。亦未趨於平均化。中國奴隸式之貧民之多。實爲世界各國冠。設富力漸趨於平均化。則不至如今日之貧苦。中國貧苦之原因尙有下列三項。

甲未能應用科學開發富源。

乙封建勢力之彌漫與官僚資本支配階級之存在。

丙帝國主義者之壓迫與剝削。

中國近代之大家族制度。已發生支配關繫。卽大家族中大部分子爲被支配者。以各個平等爲原則之古代共產家族制度。已渺焉不可復覩。此種大家族制之支配關繫。與構成現代社會之個人主義。名異而實同。家族之支配者。不過因惰性習慣，爲顧全體而計，不得不設法扶養其家族分子而已。今日封建之紐束既經弛緩。經濟之變化壓迫相逼而來。大家族制之解體。已爲不可避免之趨勢。又何以必復爲所束縛而感受痛苦。

第六章 結論

據以上諸種統計材料之觀察研究。應得以下之結論。

（一）中國全國之土地面積

五種統計。雖各不同。然取F.E.G.E. 所測定折中面積數。必較爲接近事實。其數爲四百二十八萬九千平方里。雖遜於不列顛帝國（一一，四六七，二九四•）蘇俄聯邦（八，六四七，六五七方里•）及併殖民地計之法國（四，九八三，一八〇方里•）所有之土地面積。然爲世界其他各國所不及。則確爲爲事實所證明。以沃野蓋世之國。中國國民黨自當負擔其使命。領導全國民衆。遵守孫中山之遺敎。保持此固有之領土面積。使之金甌無缺。而將東北西北廣大無垠之原野盡力開墾。使能容納東南及本部各省過賸之人口。使中華民族日趨於繁昌。國民生計日增其富裕。以達人『盡其才。地盡其利。物盡其用。貨暢其流』之目的。

(二)中國人口統計

據以上各表之數字觀之。近百年以前。中國人口總數。已達四億三千萬人。(咸豐元年之調查數字。)至最近之調查數字。依然爲四億三千萬人。並無若何之增加。孫中山民族主義講演云。『自乾隆到現在。將及二百年。還是四萬萬人。』與統計上數字之表示。完全一致。又據孫中山民族主義講演云。『我們現在把世界人口的增加率。拏手比較。近百年之內。美國增加十倍。英，日，增加三倍。俄國增加四倍。德國增加二倍半。法國增加四分之一。……如果我們的人口不增加，他們的人口增加到很多。他們便用多數來征服少數。到那時。中國不但失主權。亡國。中國人並且要被他們民族所消化。還要滅種。……』吾人若欲遵守中山之遺教。欲中華民族永適存於世界。欲無滅種之患。則不能不急謀人口之增加。

(三)馬爾薩斯派之謬誤

此等舊學者以中國歷史上之治亂關繫爲根據。以爲中國之治亂、視人口之消長爲轉移。人口增至極度。至社會生產力不能供其生活資料之時。則必發生甚多之失業貧困者。野心者乃從而利用之。因而生極大之擾亂。於是爭地。爭城。殺人盈野。直至人口低減至水平線下。而禍亂始漸平息。此種學說。直認中國人口與地力相比。已達飽和之極度。絕無增加之可能。若强圖增加。因爲地力所限。必起自然淘汰之內亂以消滅之。實屬徒勞無功。此種偏頗之見解。可謂『知其一不知其二』。以前之中國的經濟組織。純爲農業經濟組織。其生產之彈力極其微弱。且因交通阻滯　貨物不能暢其流。盈於此者絀於彼。使交換供給不得其平。故人口之包涵力極小。時至今日。客觀之環境已大有變動。生產之條件旣非昔比。輸運之便利又復大增。中國之地力與工業生產力已不知增進若干倍。而中國之人口涵容力亦當隨之以俱進。馬派等舊學者尙欲以陳舊之歷史定律以說明中國人口問題。徒爲識者所竊笑耳。

(四)中國各省人口密度統計

江蘇每方哩達八百七十五人。浙江亦達六百人之多。高於世界任何國家之人口密度。其他山東，河南，湖北，廣東，江西，湖南，安徽，等省。每方哩人口密度均達三百人以上。復次甘肅，新疆，寧夏，西康，青海，遼寧，吉林，龍江，及北三省。則人口頗稀。故中國之人口可謂集中於長江珠江黃河三大流域。吾人須根據以上所舉出之人口密度不均之原因，極力使之消滅。用毅力征服一切自然之限制，利用鉅額之資本。及最新之生產與運輸方法。以開發西北東北及蒙藏之利源。使人口密度地力生產日趨於平均。以增進人口之包涵力。

(五)結語

吾人既不能確信馬爾塞斯派研究中國人口所得之結論謂中國貧困係由人口增加富源不足而來。則必須遵守孫中山之遺教。中山所昭示吾人者爲何。卽『中國人口近百年來不增加，乃由於中國之貧困。中國之所以貧困。一。因國內富源。未能利用科學方法。盡力開發。一。因國內封建勢力之摧殘。國外帝國主義之剝削。』故吾人若欲解決中國人口問題。使之逐漸增加。以免亡國滅種之禍。必先救目前之貧困。若欲救目前之貧困。必須實行三民主義。一面厚集國家所有資本。努力造產。一面實行打倒帝國主義。防止列强之內侵。使現有之人口，不致減少。同時嚴訂法律。防遏溺兒。墮胎。等惡風。致力於社會治安及公共衛生。以防止土匪猖獗。惡疫橫行之患。至於養老。救貧。卹疾。救災……爲建國大綱所規定之要政。吾人尤應共同努力。以期在最短期間內實現。能如此。吾國之人口。百年之後。必可如中山所預期。增加至十萬萬以上。且人口決無過剩之憂。物質亦決無窮乏之患。國民生計亦不至如今日之艱難。庶幾人類平等的『大同之治』。可基於斯而漸期於實現。

平
均全
國人口
蒙藏建省
以禦帝國主
義的人口侵略

中華民國十八年八月十五初版

【中國人口問題】

版權所有
翻印必究

文公直著
定價三角

上海棋盤街中市三民書店發行

王雲五、李聖五　主編

人口問題

上海：商務印書館，一九三三年鉛印本

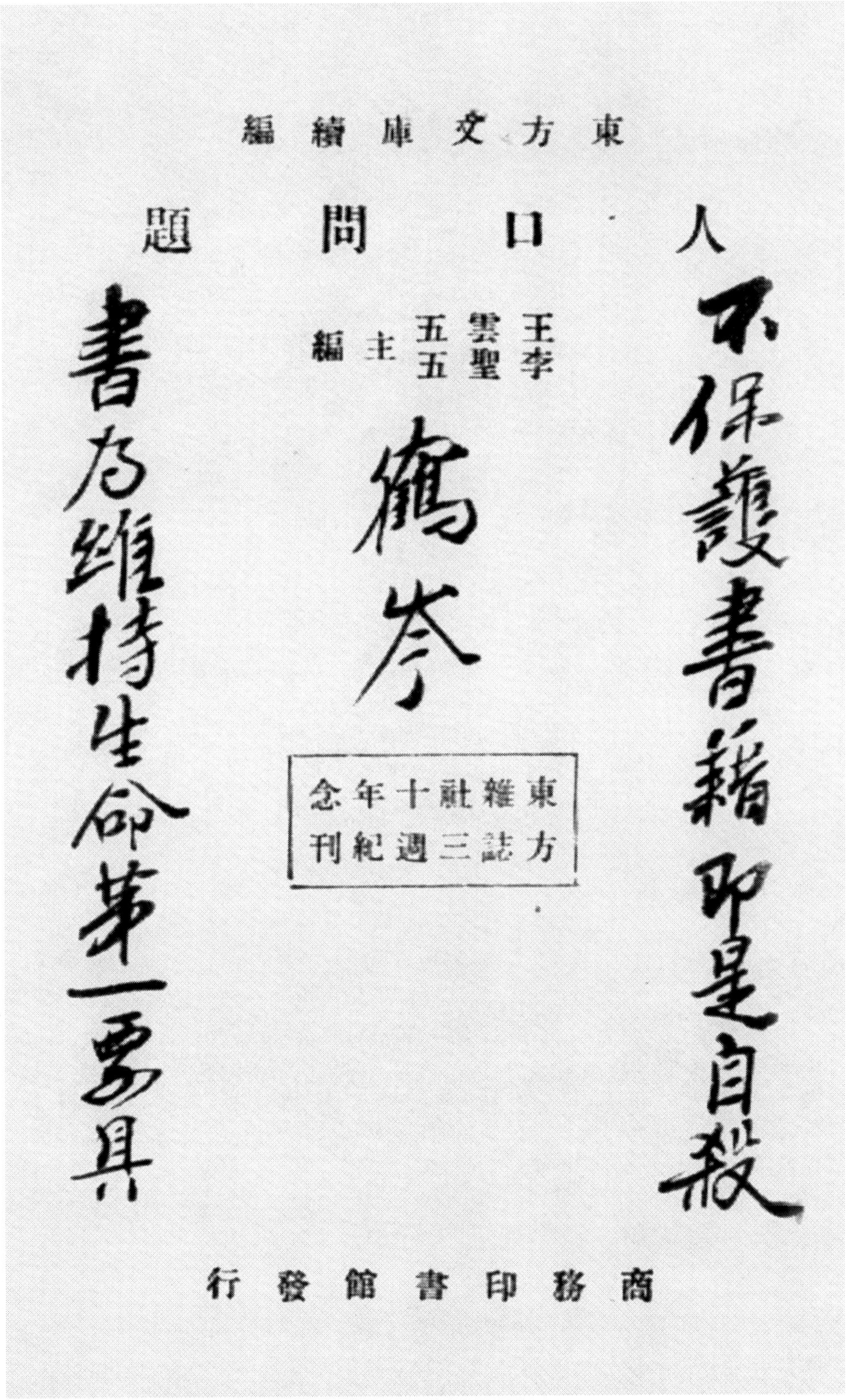
不保護書籍即是自殺

東方文庫續編

人口問題

王雲五 李聖五 主編

鴻岑

東方雜誌社三十週年紀念刊

書為維持生命第一要具

商務印書館發行

人口問題

目次

世界人口的將來……陶孟和（一）
我國人口統計數字之商榷……陳方之（一九）
中國近百八十餘年來人口增加之徐速及今後之調劑方法……陳長蘅（五三）

世界人口的將來

陶孟和

英國的經濟學者鏗斯(J. M. Keynes)在他有名的著作歐洲和議後之經濟第二章裏，說了歐洲在十九世紀的後半是經濟的樂土，經濟的理想國以後，繼續着寫：

『那個幸福的時代忘記了以先使經濟學的建設者深切不忘的悲愁的世界觀。人類在十八世紀之先都懷着美滿的希望。馬爾薩司爲解除那個時代所流行的幻想起見，曾暴露了一個魔鬼。在五十年裏，凡是認眞的經濟的著作都將那個魔鬼看得很淸楚的。到了後五十年裏，這個魔鬼被縛住，不爲人所看見了。我們現在或者又將他放開了。』(第八頁)

這簡單的幾句話可以說是括盡十九世紀人口的情形。十九世紀是人類歷史上物質環境空前的大發展的時期。一方面，因爲各種製造工業的發達，大量的生產可以供給那與日俱增的人口，一方面，因爲新土地的開闢，源源不絕的食料品可以供養那逐漸增加的腹胃。同時各種交通事業的發達完成了一個環球大交通的系統，至少還均平了世界上物品的交換。在這個時期裏，人口的增殖並不成爲問題。人口雖然有巨額的增加，但是生產的增加却仍可供養人口而有餘。所以在十九世紀的後半，所謂人口的壓迫的這個魔鬼便不爲人所見了。

但是物質的發展不是沒有止境的。歐洲自中世紀以來幾世紀間科學研究上所積存的結果，當十九世紀裏，竟得盡量的應用，在改進人類生活上，實在是人類歷史上亘古以來獨一無二的特例。我們不能希望這個物質發展從此以後便繼續不已的演化。況且人類所棲息的地球本來也是有限的。在十九世紀裏，地球上差不多沒有一個地方沒有探險家的足跡，白色人種的膨脹，現在已經充滿了全球的四隅。荒漠無人煙的島嶼不待言，就是除了亞洲以外的幾個大陸現在也都爲白種人所充斥。非洲的土著或者今後還可以維持他們的數目與地位，至於美洲南大陸以及澳大利亞洲，土人日益減少，便已經完全成爲白人的家鄉了。但是白人這種空前的機會豈是可以永遠有的？非白色的人種除非保持人口靜止的狀態，又將向那裏去容納他們的過多的人口呢？

就是在這經濟的豐富時代，有心的科學家便已看出人口前途的可憂。有名的經濟學者耶方斯(Stanley Jevons)曾計算英國煤的產量，預測將來煤脈的枯竭，將影響英國的工商業。著名的物理學者克羅克司(Sir William Crookes)於一八九八年便已預言世界小麥的供給將因土壤中窒素的枯竭而減少。這種駭人聽聞的議論在當時或者引起人的訕笑，在現在雖然還未能證實，但是假使世界上的人，永遠不加制限的增加，終必有土地上或土地下的產品不足供給人口之用的一日。

人類的生殖能力煞是可驚。據抽象的推算，假定世界上只有一百萬人，男女各半。假使這五十萬對夫婦二十歲前都生子女各一，到二十歲時，這五十萬對夫婦都死去，則世界上的人口便仍爲一百萬。如每代的夫婦都能如此，則世界上的人口，便永無增減，保持無變化的狀態。但是假使每對夫婦所生的子女平均爲二人半，卽平均兩對夫婦所生殖的子女爲五人，則一百年後，世界上便當有人口三、〇五〇、〇〇〇人。假使每對夫婦所生的子女爲三人，則一百年後的世界便有人口七、九五四、〇〇〇人。假使每對夫婦所生的子女爲四人，則一百年後的世界便有三二、〇〇〇、〇〇〇的人口。再假使每對夫婦生殖子女五人，則一百年後的世界便應有九七、六五〇、〇〇〇的人口。按這個最末的假定，人口每年約增加一倍。

以上當然只是一種抽象的估計，一種假定的推算，不足據以爲憑。人事界的變化萬千，疫疾戰爭天災地變等等的情形自不待言，就是其他狀況如婚姻年齡生活狀況衛生情形經濟制度，也對於人口有重大的影響。人口的增加絕不能像這樣計算的。我們試看各國人口實際的增加如何呢?例如英格蘭與威爾士自從一八〇一至一九二一年的一百二十年間便曾增加四倍，雖然在這個時期裏移民還不斷的遷向國外。歐洲自一八〇〇至一九二四年間，除了移向他洲的人口四千萬不計外，曾自一七五、〇〇〇、〇〇〇增加到四五〇、〇〇〇、〇〇〇人口。不計移民，歐洲在過去一百二十四年間，每年人口增加的平均速率爲百分之二。這都是老國家的人口增加率。至於新國家的人口增加速度當然更是可驚。例如加拿大在一六八〇年之先，人口不過五八〇〇人。現在他的人口便已達到三百萬以上，這就是在二百四十年間人口增加六百倍。北美合衆國在南北戰爭前的二百年裏，人口增加速度約每二十五年增加一倍，雖然以後他的增加率逐漸降低。我們現在只從這幾個例看來，便知人口增加雖然絕不會與上文所引的抽象的推算正相符合，但是如果得盡量膨脹的機會，也可以達到驚人的速度。

所謂人口問題歸根結底完全是人口與土地的比例問題。現在世界各國因爲國際分工，國際貿易，國際交通或其他情形，人口與土地的關係常不明顯。例如工業發達的國家便可以不受土地的制限，容納大量的人口，因爲他們可依賴農業國家做他們的倉庫。又如雖然土地廣袤的國家，因爲社會的或經濟的情形，一時也常發見人滿之患。但是若就世界全體而言，人口永遠要受土地的制限。人的主要的食品，如穀類，肉類，必須靠着每年土地上的收穫。人的主要的衣服原料，如木棉，羊毛，也必須靠着土地上的出產。人類生活所必不可缺的動植物，完全爲土地所限定。土地可以說是限制人口的最終條件。我們要知道世界上可以有多少人生存，我們便應該注意人口與土地的比例。

可是我們研究人口的第一難關便是不知世界上到底有多少活着的生靈。現在只有西歐與北美的兩大國已經精細的調查了人口，日本與印度的一部分近年來也按期做出人口的統計。但是地球的極大部分却缺乏人口的精確數目。中國，中美南美與非洲諸國，以及印度的大部分，雖然占地極廣，但是對於人口只有估計，並且是極粗糙的估計。估計稍有不同，出入便是數千百萬。例如中國的人口，據一九一〇年前清民政部的調查是三萬二千四百萬。而一九一一年我們政府官報所發表的乃是三萬一千五百萬。兩數相差九百萬。至於一九二二年中國海關所估計的是四萬四千三百萬。同年郵政局的估計便少了一千五百萬。此外還有若干估計的數目也都不能認爲絕對的可靠。但是這些數目却於我們的人口研究有重要的關係，因為人口沒有確數便無從定他與土地的比例。一國沒有確數已經影響全局，何況是地球的極大部分都沒有可靠的數目呢。

但是在各國都推行精細的人口調查前，我們也不妨暫時採用這些估計的數目，使我們得到一種粗淺的概念。這些數目雖然只是估計，我們也可以看出他們的意義。據我所知道的，關於世界的人口，有以下幾種推測的數目：(單位百萬)

年	著者	全球人口總數	原書
一九〇八	勒瓦塞 (E. Levasseur)	一六二六	法國國際統計學院報告一九〇九年
一九一四	尼布司 (Sir G. H. Knibbs)	一六四九	澳大利亞洲人口統計報告附錄一九一七年
一九二〇	法國國際統計學院	一七九一	

一九二一		一六四六	泰晤士地圖 (Times' Atlas)
一九二一	國際農會	一八二〇	國際農業統計年鑑一九二二年
一九二一	曼尼 Sir L. Chiozza Money	一八五二	白人之禍

我們據右列各數目，可以暫定全球人數爲十八億。關於這些人口在各大陸上的分配則有如下各種推測的數目(數目以百萬計)：

著者／大陸	勒瓦塞	國際統計學院	泰晤士地圖	國際農會	曼尼
亞洲	八五一	九九〇	九〇〇	一〇〇六	一〇四九
歐洲	四三七	四五二	四〇〇	四五三	四五三
非洲	一二六	一三三	一八〇	一四一	一二九

北美洲	一一六	一二〇	一四五	二一三
南美洲	四五	二〇八	三八	六七
大洋洲	五一(註)	八	八	八

(註)約共塞將馬來羣島列入大洋洲內，所以這個數目許多與他人所計算的不同。

以上是人口的數目。至於土地面積，地球上除了兩極之外，五大區域共約五千萬方英里。茲據曼尼錄其分配如下：

亞洲	一七、三九七、九五一方英里
歐洲	四、五九六、七六一
非洲	一一、六五九、七二〇
美洲	一六、〇八六、四二九
大洋洲	三、一四三、七九七

共計　五二、八八四、六五八

如按以上所列人口及土地的數目則平均每一方英里只住三十六人。但是我們實際考察起來，這個平均數並不能代表人口分配的眞相。試一覽世界人口分布圖，便知大部分的人口都住在三個區域，而且全在舊世界上。

(一)普通所謂遠東，即中國日本諸國。這個區域約占土地二百萬方英里，人口超過歐洲人口總數之上。

(二)印度沿邊界諸區域及錫蘭。這個區域占土地約一百萬方英里以上，人口約三百萬。

(三)歐洲及地中海南岸。這三百萬方英里裏，住有四萬五千萬以上的人口。

以上三個區域只占全球可用之地八分之一，而人口竟有全球的人口三分之二。此外如南洋的爪哇島，固然也是人口繁密，每方英里住有人口一千二百，非洲的尼哲里亞(Nigeria)每方英里的人口密度也在五十以上，各國的大都會當然也團集了極稠密的人口，但是無論任何區域人口繁密的幅員，都沒有趕得上上述三個區域的。

或者獨有北美洲的東部可以勉強的追蹤這三個區域他豐富的自然產物，廣闊的面積，直可以與遠東及西歐洲相比擬。他的工業區域已發現人口密集的現象，而他的地理情形將來也足可以容納大量的人口。但是這個地方開闢的時期還不過三四百年，所以他的人口現在只有一萬萬。自從美國按種族的比例規定移民律，加拿大勵行選擇移民以後，北美已經不能再爲世界的過剩人口的宣洩場。況且從有色人種的立足點看來，北美也只是白色人種的棲息地，——除非他可以取消黃人移民的禁例——於我們是沒有什麼關係的。

上文所說世界上可用之土地面積五千萬方英里，乃是一種極大量的推算。

因爲土地的生產力，必須靠着許多自然的與社會的要素，如熱度，溼度，土壤之肥沃，乃至勞動能力種植技術及社會狀況等等。就中特以自然要素爲最重要。例如空氣太乾燥則作物不生，天氣太寒或熱的時期太短則作物不熟。據地理學者的研究，所謂可用之地若除去太寒冷的區域三百萬方英里，太乾燥的區域一千五百萬方英里，實際只剩有三千二百萬方英里，爲可生產之地。但是所謂可生產之地又不必全是可耕種之地。世界上果有多少可耕種之地，現在還沒有可靠的計算。據羅馬的萬國農會的研究，在俄國以西，巴爾幹及畋利尼山以北，波羅的海以南，歐洲氣候最良好的十三國家裏，生產之地占百分之九十。就中，其分配情形如下：

實際耕種之地	百分之四十
草地，牧場	百分之三十六

森林	百分之十九
池沼，休閑等地	百分之五

據英屬印度的調查，他的生產地占百分之七十六，就中其分配的比例如下：

耕種地	百分之五十六
草地	百分之二十四
森林	百分之十八
其他	百分之二

從這兩個例看來，耕種地都在生產地半數以上。（中歐西歐有百分之五二．二，英屬印度有百分之五一）。但是其他地方決不容有這樣的樂觀。例如美國農部的計算，謂只有生產地之百分之四十可以生產穀類。加拿大的大部分位在高緯度之內，故可耕之地不過百分之二十。關於非洲最樂觀的推算為百分之五

十，而澳洲大陸則可耕之地只占百分之二十。至若日本則可耕之地約在百分之十五乃至二十一之間。我們據以上這些數目，推測全球可耕之地，最高也不能過百分之五十。這就是只有一千六百萬方英里了。概括的說，全球五千萬方英里之中，有三分之一爲沙漠或冰天雪海之區，三分之一爲有生產而不能種植的土地，另三分之一乃爲實際的耕田。

這個或者還是一種大量的推算。偌大的地球，實在可以供種植的土地，只占他的極小部分。人類當前的最大問題就是如何使今後陸續增加不已的人口在這個小小的面積上尋求舒服的生活。按以上所舉的人口與土地的比例，誠然還沒有到可危懼的程度。兩者的比例還只是每可種植的方英里平均只有一百十二人強。若按近來的研究，即歐美的人口生活上所消耗的生產品，每人每年需要十五畝的土地，則每可耕種的方英里足可以供養二百五十人，即現在人口一倍。

若按中國農民的低陋的生活程度，每人每年只需耕地五畝計算，則每方英里耕地可以供養七百人乃至八百人。按前者計算，世界的耕地可以養活四十萬萬人，按後者，可以養活一百二十八萬萬人。

澳洲的人口統計專家尼布士(Sir George Knibbs)的推測，也大略與此相若。據氏之推算，若按美國農部貝克爾 (O. R. Baker) 關於美國耕地擴張的速度計算，則世界耕地足以維持二、九四二、〇〇〇、〇〇〇人。若每一英畝 (約中國六·五八畝) 的收穫可以供養三人，則世界的耕地足以維持九、七九二、〇〇〇、〇〇〇人。假使全地球的陸地皆可闢爲農田，則世界雖有一三、四四〇、〇〇〇、〇〇〇的人口，仍可以維持平均每人需地十五畝的生活程度。

但是這類的推測，只有理論上的趣味，而缺之實用的價值。凡是推測，都假定若干條件的存在。倘若諸條件中，有一樣不存在，或稍有變動，結果便不能如預期的推測，以上所討論的人口的將來，只可以表示一種可能的趨勢，我們要研究人口變遷的狀況還須注意社會組織，經濟制度，道德觀念，支配自然的知識與能力，及生活程度諸端。所謂人口問題並不是一個單純力的生殖率問題因爲生殖是受當時環境情形支配的。

然而我們中國人對於以上所說人口的情形，更應該得到一個深切的教訓。中國向爲世界上人口最繁密的區域。白種人可以向美洲澳洲或其他可發展的地方宣洩他們過剩的人口的時候，我們除了向南洋一帶白人所不耐居或不能居的地方遷移而外，只有設法擴張我們自己耕地的一法。我們自己的耕地還可以擴充若干畝，我們無從推知。但是我們看了人口膨脹最盛的東鄰不遺餘力的經營東三省與內蒙古，慢慢的將這些肥沃的土壤都變成了他們的殖民地，我們將來的人口再向何處尋疏洩的地方呢？

據現在大約的推測，白色人種每年增加五百萬人，便每年需要新開闢的耕地七千五百萬畝。他們除了採用經濟的侵略政策以外，或者還不至於便立刻直接的占領我們已經人口稠密的土地以解決他們的民食問題。據日本最近的人口調查他在過去的五年（一九二〇至一九二五）間人口曾增加三百七十萬以上。我們試假定他的每年的增加只是七十萬人——一個極低的推測，實在人口的增加是漸進地——他每年所需要的新耕地若按歐美人的生活程度便是一千萬畝，若按中國農民的生活程度，便是三百五十萬畝。已經歎人滿為患的日本，除了用他們的製造品換取食糧以外，更用什麼方法，更向什麼地方去開闢他所需要的新的耕地呢？

這些都是於我們人口前途有切要關係的問題。

（附注）此文當與現代評論第二週年增刊內人口與土地一文參看。

我國人口統計數字之商榷

陳方之

要人口統計精確，不單是統計的問題，第一要政治有力量，第二要教育有程度。因爲這是全國性質的事情而且要不斷的努力方可以有成，決不是急功喜事所能做的。人口的靜態是指戶數人數，性別年齡，配偶關係而言，非憑一時性的調查，所能知道的。人口的動態，是指四種事項而言，卽結婚，離婚，出生，死亡。但這種變動性的事項，是人海中代謝離合的狀態，好像不斷的流水，無時無刻不動的。決非一時性調查可得而知。法治的國家，有周詳的戶籍法，國民之權利義務，與戶籍册息息相關。例如繼承或財產爭執時，若生出漏報，或報告不實，卽與其權利發生障礙。又如徵兵納稅時，若死亡出生誤報，履行義務亦發生障礙。所以人民不敢不報，戶籍監督吏，不敢不認眞，其動態統計，是精確可靠的。現在的中國，併戶籍法的形式的無之。像統計月報中所登載之幾個都市的生死統計，靠公安局的督促，市民對於報告的所以然，還莫明其奧，何能論到數字精確不精確。是以動態統計，在我國姑且莫談。我們只論靜態統計，幷且將年齡性別戶數配偶關係等比較複雜的四事項略去，只就人口數一項，作詳細的討論。

人口數調查，就是要知道國內有幾個人。聽聽非常簡單，做起來也相當複雜。現在文明各國報告國內的人數，大抵分作兩種：

(甲)本籍人口，就是本國有之人的全數。其人無論是住在本國或住在外國，都算入其中，而住在國內的外國人，不在其內。其數於每年年終合算全國戶籍冊，所能得的。

(乙)現在人口，就是現今住在本國國土內的人口數。不問其人的國籍，而本國人之不住在本國者，不算入其中。其數必須指定某年某月某日某時，全國同時調查，方能精確。這種調查法在外國叫做國勢調查，在我國叫做戶口清查。

我國人口號稱四萬萬。這個概數，從那裏來的呢？考我國近代人口數的由來，可分作三個時期。從清順治五年起到道光二十九年止。數字由保甲編查戶口而來。從咸豐以後，到民國十五年止，數字由民政部海關郵局估計而來。從國府成立以後，省與都市的一部分數字，由各省民政廳及各市公安局調查而來。我們現今論這三種數字的確實性，應詳考其調查方法，以作結論。

第一保甲法　考清初處理戶籍，大體沿用明朝里廂坊的制度。據會典編審條目下，（戶部事例卷百五十七）『順治五年題准，三年一次，（十五年改爲五年），編審天下戶口，責成州縣印官，照舊例攢造黃冊，以百有十戶爲里，推丁多者十人爲長，餘百戶爲十甲。城中曰坊，近城曰廂，在鄉曰里，各設以長。每遇造册時，令人民自將本戶人丁，依式開寫，付該管甲長；該管甲長，將本戶並十戶造册，送坊廂里各長；坊廂里各長，將甲長所送文册攢造，送本州縣；該州縣官，將册比照先次原册，攢造類册，用印解送本府；該府依定式别造總册一本，書名畫字，用印申解本省布政司，造册時民年六十歲以上者開除，十六歲以上者增註。十一年覆准，每三年編審之期，逐里逐甲審查均平，詳載原額，新增，開除，實在四柱，每名徵銀若干，造册報部。如有隱匿捏報，依律治罪』看這個紀錄，應知道三個要點：（一）清初編審人口的手續，底册在於甲長，總册在於布政司。（二）丁字之義，是專指男人。其人口數，是十六歲以上六十歲以下的男子，不是全數。（三）其造册目的，是在於按丁徵銀，大約類似於近世的人頭稅。當時政治既未清明，種族又有隔閡，經濟關係又與民衆以切膚之痛。因此虛報，串通，含混諸弊，各地均所不免。順治八年直省（十八省加盛京）的人口數，僅有一千另六十三萬三千人，其實只是一部分的壯丁數。所以清初的人數簡直說完全與中國的人口統計無關。其後康熙五十一年下諭『……嗣後所生人丁，免其增加錢糧，但將實數造報，豈特有益於民，亦一盛事也。直隸各省督撫，自編審人丁時，不將所生實數，開明具報者，特恐加徵錢糧，是以隱匿，不據實奏聞。豈知朕並不爲加賦，止欲知其實數耳。』讀這段文字，覺得康熙求治心切，有要知統計確數的意思了。雍正年間，將丁銀攤入地糧，方纔將戶口與抽稅完全劃分爲兩事。到了乾隆五年，據會典所載，議定每直省督撫，於每歲十一月，將各府州縣戶口增減，繕寫黃册具奏。又題准『造報民數，每歲舉行。爲時既近，而自通都大邑，以及窮鄉僻壤，戶口殷繁，若每年皆照編審造報，誠恐紛煩滋擾。直省各州縣，設立保甲門牌，土著流寓，一切臚列，原有册籍可稽。若除去流寓，將土著造報，即可得其數目。令該督撫於每年仲冬，將戶口實數與穀數，一併造報，以免紛擾。』又據戶部則例（卷三）：『各省州縣編查戶口，每年造具各鄉甲長，保長及各戶姓名若干清册，呈送臬司稽核。如有外來雇工雜項人等，亦將姓名籍貫，於本戶下註明，仍由臬司移行道府抽查，年終覆核具奏。』看這幾段紀錄，應知四個要點：(一)五年一次編審，改作每年十一月編造清册；(二)編造手續，底册仍在於保甲，彙核移交於按察司及督撫；(三)因政治不良，編查戶口，反是擾民之事。朝廷殷殷注意，可見得戶口雖與抽稅分離，而在民衆看來，不過將切膚之痛，改作痛癢無關罷了。(四)對於移作及傭工等，已說明辦法，而對於順治五年上諭六十歲以下十六歲以上男丁之限制，迄無改正明文，其於性別年齡，是否有限制，生死呈報，是否有辦法，毫無紀錄可查。蕭一山先生所著清代通史，陳長蘅先生所著中國近百八十餘年來人口增加之徐速文中，主張乾隆六年以後，將老弱男女，一併編入戶籍，未曾將所根據之典籍註明，只可認爲存疑。我們只能根據東華錄所載，雍正八年的丁口，爲二五、四八〇、〇八〇人。於乾隆六年，改作全國男婦一四三、四一〇、五五九人，驟然增加六倍罷了。在窺測中國的人口，或者可作參考，在討論統計的方法，毫無價值可言。反之統計的不實，隨處可以證明。如乾隆四十年的上諭：『有司視爲具文，大吏忽不加察。穀數尙有倉儲可核，而民數則量爲增減，所報之冊，竟不及什之二三者。』可以證明編審之不實。二十二年的上諭：『乃日久生玩，有司視爲迂闊常談，率以具文從事，各鄉保長甲長，類以市井無賴之徒充之。』可以證明保甲之腐敗。從此看來，統計家所視同拱璧之乾嘉道三朝的人口數字，必有一部分是市井無賴以及頑皮官吏所任意羅列，可以斷言。英人柏氏(Palmaston)曾說：『世間虛言有三種：情急智生之虛言，其罪輕；故意揑造之虛言，已不可恕；虛言而至於隨意陳列統計之數字，可謂罪大惡極。』中國之統計，正是如此。所以乾隆十四年與十八年的數字，多少倒置，（十八年一〇三、〇五〇、〇〇〇，十四年一

七七、四九〇、〇〇〇）傳爲笑柄，更是不可靠的鐵證了。

第二估計法　因爲清史所載的數字不可靠，而且道光三十年後，國家多故，政治愈形腐化，幷這個告朔餼羊的人口報告，也不可得。一部分的中外人士，在或種目的之下，急於要曉得中國人口的概數，於是想出種種估計的方法，以籌成中國人口的人爲數字。然而估計方法，係根據大數觀察的原理，若取材精當，也自有其不可磨滅的價值，不能一概抹殺。玆就世上流傳的幾種數字，排列如左：

甲、海關數字。

一九一八年　四三九、四〇五、〇〇〇

一九二一年　四四三、三八二、〇〇〇

乙、郵局數字。

一九一〇年　四三八、四二五、〇〇〇

一九二三年　四三六、〇九四、九五三

丙、民政部數字。

一九一〇年（卽宣統二年）　三二九、一五〇、〇三六

（甲）海關數字，據陳莘農先生所調查，（社會科學季刊三卷四號）是根據經濟上數字做標準而推算的。例如以農產物的棉麥，大產物的鹽，工業品的布糖等等消費量全體爲本用平均每一中國人消費量若干去除他，其答數就是人口總數。這種推算法，最有關係的，就是平均每人一年的消費量。若這個數字不準確，眞是差以毫釐，謬以千里。有外人某氏，說日本人每人平均一年間用鹽二十三斤，中國人用鹽，日化五六錢，平均不過十斤。而中國鹽的消費量，連私鹽估計在內，不過二千六百萬擔。（每擔百斤）所以中國人口。不過兩億六千萬。但是每人一年間平均數，果是十斤麼？若要這數字精確，最少要就二十三省中可以代表的各地調

查精確，方能爲準。而乃以日化五六錢做標準，眞是荒謬。實在說起來，無論海關以何種貨物的消費量爲標準，要求得這種貨物的全國平均每人一年間消費量，先要有各處代表性地方的人口數與消費數，方纔可以求得。這是現狀所不可能的，不過如食鹽消費量的估計罷了，何能說到精確呢。

（乙）郵局數字的精確與否，抄錄陳華農先生的（同上）批評一段，就可明白：『郵局調查是用詢問法得來的，他的結果，是在各地方詢其熟悉本地方事情的人意見而得的。中國一般人，關於數字的推測，多不正確，特別關於鄉村人口，難於推測。而且據聞被郵局詢問的人，還是以地方官吏占多數，而地方官吏，照例是不知民情的。所以郵局的調查，雖然有外人在中指揮，還是難得好的結果。』

（丙）民政部數字，是宣統二年將全國所查得戶數五九、八四五、四六一，用每戶平均人數五·五乘之而得。但據陳長蘅先生所考查（統計月報一卷三號其）

所查畢之戶數，甚不完備。奉天僅有二十八縣，山西八十九縣，四川五十四縣，江蘇僅有江寧蘇州各屬，江西也不完全，所以不能算作全國。且其每戶平均人數五•五，是單據北平城廂內外之數。（北京內外城戶數一三八五七〇，人數七六四六五七）也不能作標準。

總而言之，估計已是統計中不得已而用之下乘方法。估計人口數，更是煩難。以毫無統計的現狀，難得精當的材料，以作標準。所以世上流傳的估計數字，與從保甲法所得來的人口數，同樣不可靠。

第三近世調查法　民國十五年，國民政府成立以後，勵精圖治，就人口團集的都市，仿照各國，設立市政府。制度既新且備，人才更秀而集，比之省縣政府，管理民事，較有進步。人口調查，多數實行。載在統計月報的，共有七市。此外尚有蘇浙皖三省，也曾清查一次。這個三省七市的實查數字，就全國性而言，雖爲斷片鱗爪；就現實性而言，確是珍重可寶。并且我們若要查考其方法如何，因時日既近，書類具在，評判較易，討論亦明。但要討論各省市調查的方法，應先詳述調查人口的原則。

人口是有生有滅，隨時流動的動物，所以人口調查易生舛誤。其生舛誤之點有三：(一)遺漏，(二)重出，(三)虛增。這三種舛誤的根本來由，應該分作兩大條。第一是由辦事不認眞，第二是由方法不精密。但我們所舉的三點舛誤，都指從方法不精密而來。若說辦事不認眞，憑幾個調查人員，隨意亂造，如乾嘉年間的人口數字，憑市井無賴及頑皮官吏所造成，那是一批糊塗帳，不在批評之列。諒三省七市當局，決不至如此。從方法不精密而來的舛誤，其原因有三：(一)不知性質，(二)不辨目標，(三)不定時間。

人口調查的性質，應分爲永久性與一時性。永久性的調查應永久指定機關，永久設置人員。其調查目標，根據國定的戶籍法，複雜頗多。如出生、死亡、承繼、婚姻、分家、身分、職業等等，一一記入。其記載目的，於各方面法律上政治上，均有關係，非專爲統計，而統計不過是副產物。人口數字，不過爲其副產物的一種。且是本籍人口，流寓或暫住，決不攙入其中。其調查事務，如不斷的長江流水，無年無月，無時獲已。其監督手續，比較的煩難。例如出生漏報，即爲遺漏；死亡漏報，即爲虛增；轉籍不淸，即爲重出。所以政治淸明的國家，其數字確實可靠；政治無能的國家，其數字糊塗難信。一時性的調查，大概五年或十年舉行一次，其調查目標，極爲單簡，多限於人口的靜態，即戶數，人數，性別，年齡，配偶關係。不論其國籍戶籍，不論其流寓暫住，見一個，錄一個，見兩個，錄一雙，不過將其原籍註明而已。其調查，應限定某年，某月，某日，某時，全國同時舉行。如有精明強幹的人員，應比永久性調查，確實較易。然而現在查考三省七市的辦法，對於求久性與一時性的辨別，還在明昧恍惚之間，這是不精確的總根。總理所說的『全縣戶口調查淸楚』是指本籍人口而言。但我國現在尚未議定戶籍法，戶字既無法律上的定義，更何有載戶之籍。無論如何努力，所謂本籍人口，決不能一時實現。現在若要說人口數字除一時性調查的現在人口，別無辦法。其應注意之點如下：

(一)時間上注意　調查必須全國同時，就某月，某日，某時的現在，幷須令填報人特別注意，其家所在的人口，不論其家人與非家人，一概填入，不在者一概不填。

(二)年齡上注意　必須鄭重在票上注意，凡調查，不問其年齡如何幼稚，即生後一二日之赤子，亦須照填。曾記得十七年九月，我在南京，親眼看見南京市戶口調查時，我的房東與鄰居，將一二三歲的幼童，一概不填入表中，他們還以爲理所當然。

(三)目標上注意　目標以簡爲貴，與小兒學書同，以限於戶數，人數，性別，年齡爲妥，最多加以配偶關係。

(四)辦法上注意　必須有預査本査，必須詳細規定其辦法，必須指定監督，必須指示監督方法。調査票必須每人一張，幷限定其大小形式。計數處必須彙集於中樞，不可如江浙二省令各該地各別自個統計。

三省七市中，我們所得到的材料，限於浙江，江蘇，上海，漢口。看此二市二省的調査，我們所最感覺奇異的，是其參差不齊之程度，何以如此之甚。而國民政府尙無政治上法律上的規定，使地方官吏，有所適從，事後亦尙無適宜的審核批評，以定其功過。我們因其參差不齊，不得不分爲甲乙丙丁，以敍述其優劣：

(甲)浙江　就目標之煩簡適宜而論，以此爲最。其第一級之調査原票形式如左：——

村牌者甲調查表式

戶主姓名	人口總數	二十歲以下人數	二十一至四十歲人數	四十一歲以上人數	備考
	男				
	女				

（說明）一、凡住戶船戶寺廟僧道，均應一律調查。

二、凡戶不分正附，一宅住數戶者，以數戶計。父子夫婦，及同父兄弟，雖分炊而仍同居者，以一戶計。異居者各爲一戶。外姻同族相依過度，或友朋隻身寄居者，及傭工人室，均同列一戶。前店後家如係同主者，以一戶計。

三、各戶不論男女，以尊長者一人爲戶主。機關團體學校場廠商店，及其他公共處所，以主管人爲戶主，僧道以住持爲戶主。
四、各戶之男女人數，不論外出與否，均應塡入人口總數欄內。但有外出者，須在附記欄內註明外出人數。

看以上形式，其調查目標，只限於戶數，人數，性別，年齡，可謂最適合於現在政府能力的一時性人口調查。惜乎左記各點，不合於原則，可斷定其報告數字，決不精確。

(一)辦法過簡。辦法與目標不同，貴精密不貴簡單。今觀其調查原票，只有戶主姓名，而無人口姓名。只有村者牌甲報告，而無戶主報告。這兩點，是不精確的第一原因。凡調查人口的原則，以人爲起點的單位，記錄應從人口起。而第一報告義務人，應爲戶主，報告票應每人口一張，每戶加簽，簽上寫總括的記錄，彙集於第一級調查人，如村耆牌甲之處，再憑簽製表，方有準確之可能。今如浙江辦法，苟村耆牌甲盡爲正人君子，熱心公務之人，尚無查核之憑藉。而況現今的自治狀態，牌甲因仍爲市井無賴，村里長亦都有勉強從事的村夫，其中以人口調查爲多事的居大多數。若不按名塡票覆核有據，恐其中必有隨意估計的塡報，試問浙江的當局。能保其必無否。

(二)性質含混。看其第四條說明，凡人口不論外出與否，均塡入總數。再在附記內註外出人數，然無出省與非出省之別。則浙江人而不住於浙江的人口，也在其內。機關商號客棧等，亦算作住戶，則非浙江人而偶然到浙江的人口，也在其內。究竟其性質，是本籍人口或是現在人口含混不清。若算現在人口，則以虛增爲多。又其外出人若在本省營商或服務，則爲重出。

(三)時間不定。其調查期限，爲十七年六七八月，並非限一日一時中完畢。在此三個月中間，生的，死的，婚的，嫁的，旅行的，遷居的，已變化煩多。其發表總數二〇六四七八九六人，究竟是何日的現象莫名其妙，例如杭州市調查爲六月一日，餘杭縣調查爲八月三十一日，在此三個月中間，從杭州市嫁到或遷到餘杭縣的人，必爲重出無疑。又其調查方法，不限定某月某日某時的現在，塡表者必將所有人口，無論其出外做事不做事統統塡入，則其結果，必致普通戶與商戶學校機關等戶，生許多重出。例如某人在某住宅算作一人，在其作教師的學校中，又算作一人，若在某機關兼職，又算作一人，則此一人化而爲三。所以嚴限時間的一點，尤以一時性的調查爲要。且限定時間，多在夜中。例如調查十七年六月一日之夜十二時的現在。倘若在此時間，偶有出外於本市或本鄉的行路人，也塡入其中。若寄宿在他處，或出門在外做事的人口，一概不算，要如此注意周到，其調查方準確。請問浙江的調查數字，有準確可能麼？

（乙）江蘇與浙江相反。其目標繁多，五花八門，令人目眩。窺其用意，似要以一次的調查，成各種統計的大業，其能否精確，姑且漫說，我覺得這一類的統計，單單稱牠爲戶口調查，未免寃枉。爲牠改一個名，稱作民衆雜計，或者還適當。何故呢？因爲他們的統計，除人口動靜態而外，包括教育宗教黨務，治安監獄，一網打盡，這種便宜貨，倘若眞能爲政治舞臺初學步的中國一索而得，誰不馨香禱祝，但是究竟如何呢？

查江蘇戶口調查表式，調查原票爲第一類，共分十一種：鄉鎮統計表爲第二類，共分二種。區統計表爲第三類，共分六種；縣統計表爲第四類，共分九種。總共計四類，二十八種，複雜繁多，已令實行其職務者生厭惡心。而其原票中的調查事項，更覺複雜繁多，今錄其主要之住戶調查表式如左：

縣　區　鎮鄉第　閭第

類別＼事別	戶主	親屬稱謂	同居或雇傭關係
姓名			
性別			
年歲			
出生年月日			
已未嫁娶			
有無子女：子			
有無子女：出嫁女			
有無子女：未嫁女			
籍貫			
住居			

共計　男口　女口　內計

事項數目	男	女
黨員		
已嫁娶者		
未嫁娶者		
職業有無		
識字者		
不識字者		
學童入學　未入學		
壯丁		

鄰第　　戶

原地名

門牌　　號

年數	他往何處	職業	是否識字或已否入學	有無廢疾	信仰何教	是否黨員	家中有無槍械及其他危險品	其他事項

廢疾	現住	他往			信仰宗教					素行不正形迹可疑
		外縣	外省	外國	佛	道	耶	回	天主	
男	男	男	男	男	男	男	男	男	男	男
女	女	女	女	女	女	女	女	女	女	女

此種複雜之表式，有不妥之點二：——

（一）有性質不屬於人口統計，而於人口統計之調查，反生窒礙者。查其表式之事項，共計十六，後六項，完全不屬於人口統計範圍內。若注意周到，人員練達，或未嘗不可附帶調查，然而細考其調查之事項，其有無廢疾與素行不正，無嚴格之定義與解釋，填表者已覺漠然無從着手。且表中明列素行不正一項，又有調查危險品一項，頗易引起被調查者之疑竇與反感，必有含混隱瞞，從此而生。影響所至，反及於調查之主要項目，易生舛誤。考漢口市第二次戶口大清查辦法第七條有云：『查我國民衆，多以爲戶口清查，卽爲抽丁或徵兵之初步，甚至有謂爲徵收人口稅之張本者，故每遇戶口清查時，必多方隱瞞，欲得精確之數目，至爲困難，於未查之先，不得不作擴大之宣傳。』中國之人民心理，豈獨漢口爲然，著者曾爲調查血蛭蟲病，帶警士到杭州留下村及靑浦縣城附近檢查農民之體格，一般人民多誤會爲勸募壯丁，逃避一空。對於此種心理之人民，再加足以招其疑竇與反感之項目，必爲調查之窒礙無疑。

（二）有性質雖屬人口統計，而方法不良，足以引起舛誤者。查表中已未嫁娶一項，其目的，大概爲欲知其配偶關係的現狀而來，但已嫁已娶包括有配偶及無配偶之鰥寡而言。就時間性說，包括既往，非盡爲現實的狀態。有無子女一項，分出嫁女與未嫁女，則塡表者引起誤會，必有將出嫁女姓名塡入親屬稱謂項下，以致人口重出。他往何處一項，往縣外，省外，國外者，雖有辦法，但往縣內之外鄉外區者，必爲重出無疑。

除右列住戶調查表外，尚有船戶，商戶，寺廟，教堂，慈善機關五種，其式與住戶表同樣複雜，都歸鄉鎮負責。此外尚有學校工廠公共處所三種，式雖簡單，亦歸鄉鎮負責調查，而於調查以外，更使其負計數責任二種，即住戶與商戶。其餘船戶寺廟等七種計數，則歸區負責，而區倘負調查遊民及僑居外人的責任。縣與省，不過用加法合算其人數，責任之輕，遠過於鄉鎮與區，這叫做中國式自下而上的統計。查統計原則，計數工作，應全完歸於中樞。將百千萬億的調查原票，彙集於一處，用種種器械計數，無非求其精確而已。至調查工作，亦應由中樞計劃詳盡，如填表者應如何注意，調查者應如何分票，如何準備，如何收票，如何訂正，監督者應如何查票，如何集合原票彙寄中樞，一一由中樞指導無遺。其責任，上重於下；適與中國相反。中國政府，以一紙嚴厲的空文電報，督率各省，省長以不完備的規則，令行各縣；縣長以疏漏的手續，要各區各鄉鎮施行，到了區鄉鎮，水盡山窮，無可推諉，只得勉強而行。浙江當局，恐已洞悉癥結，故以最簡單的標目行之。若江蘇之複雜，苟牌甲村耆，而非聖人者，誰不敷衍搪塞，以了其事。所以與其像江蘇之複雜，無寧取浙江之簡單。照浙江的目標，苟能辦法稍精，就姓名性別年齡三項，限定時間，見人填票，極有精確之可能。照江蘇的目標，縱使地方上的自治力與警察力，進步程度，與先進各國相仿，亦絕對不能精確，可以斷言。

最後我們查閱其全省戶口總表，下註民國十七年調查，其時間性，還比浙江長九個月，可知時間不定之弊與浙江相同，而合算其現住數和他往數，適爲男女總數。可知在省外的人，也算入其中。公共處所的人口數，亦入全省人口數之中，其數且佔五十餘萬。由此種種，可知其性質含混之弊，亦完全與浙江相同。

（丙）上海　查上海市十七年七月所編製的公安局業務紀要，曾述辦理戶口調查之緣起，內云：『戶口調查，爲公安行政主要業務之一，關係至爲重要。緣國家庶政之設施，胥賴有精詳之戶籍以爲標準。他如稽查奸宄，維護善良，亦莫不與戶口息息相關。本市戶籍稽之過去歷史，於民國十五年，由淞滬警廳，始行調查一次。方將核計丁口，適值收復上海之際，秩序紊亂，底册散佚，以致無所憑依。爰重新纂擬規章，共成四種，編製表票簿册，都七十一種，選召長警一百七十四人，作短期之訓練，復經籌備與宣傳，然後開始調查。』又查其調查章程，都七十六條，分十一章，曰通則，曰職員，曰區域，曰查戶，曰查口，曰調查要則，曰異動呈報，曰異動處理，曰調查期限，曰表票簿册種類，曰附則。又查簿册中有登記簿，有活簽簿，有各戶所在地之地圖。其辦法第三十條云：『口數册編訂完畢後，各區所應照册內所列，謄抄活簽兩份。』第三十一條云：『活簽編齊後，應將各戶所報年齡，分別學童壯丁，查計總數，附載該册之後。』看以上三種記錄，我們可知道上海市的調查人口與江浙二省有如左的區別：

上海市

一、其辦法除各種調查統計表而外，有活簽簿，有登記簿，可知其工作，不僅到填表計數而終。

	江浙二省
二、調查統計以後，再有異動呈報與處理。 三、是永久性。	一、其辦法，始於調查，終於計數，別無簿册。 二、調查統計而終，別無關於戶口之處理。 三、是一時性。

故上海市的調查事項，雖與江蘇省同樣煩瑣，而比較的有意義，比較的能精確。惟上海市之所謂永久性調查，其目的，決不是爲各戶各口之本身，是爲要稽查奸宄，不能不知各戶的實狀。其根本的意義與根據於戶籍法的調查完全不同。二者之區別如左：

（一）戶籍法的戶口記錄，完全載各戶人口動靜態的實狀，對於同居關係，僱工關係，可以不管。而對於本戶的生死婚嫁承繼分家等，極端嚴密。公安行政的戶口記錄，只要達其稽查的目的，所以要將其財產、宗教素行等等記入，而對於各戶本身的動靜態，反可以疏漏而無妨。所以上海市的出生數，婚姻數，承繼數，決以遺漏爲多。

(二)戶籍册是永久性，決不是用活簽所能了事。上海市的活簽式記載，若其戶口出了上海，即爲記載的終了。所以戶籍法能全國嚴密實行，可將全國戶口的實狀，明白無遺。上海市的方法，即使全國能完全做行，而對於全國人口的動靜態實狀，絲毫不能明瞭。

(三)若照戶籍法辦理，其發表人口數，應完全是上海本籍人口，就是上海籍的人而不在於上海的，都在其內。非上海籍的人而偶然到上海的，不掩入其中，但照現今公安局的戶口數，大半爲不完全之現在人口，而偶有本籍人口之在外埠的，亦混雜其間。

總而言之，上海市的戶口調查，為達其公安行政目的，在中國之內，要算上乘，較之江蘇省的調查，已勝過萬倍。然苟視為實行戶籍法的初步，則南轅北轍，大謬不然。即就我們所討論的本題之人口數字而言，因其辦理比較的認眞，比江浙兩省，因為確實性較多，但仍有性質含混之點，決不能完全精確。

(丁)漢口　查漢口市的戶口大清查，其目的完全與上海市相同，為公安行政之稽查奸宄而記載，非為戶口本身之家族的生滅離合而記載。我們的批評，亦別無歧異之必要。其辦法比上海市略簡，表票簿册形式，共四十七種。但其調查方法，有幾點優於上海市，具此幾種優點，對於一時性調查的現在人口，更有精確之可能(閱新漢口第一卷十一十二號及第二卷一號)：

(一)其清查辦法第六條，戶口清查，應分為三個時期，第三期為實行動員清查，卽收表時期，最多不得過一日，則對於人口移動而來之舛誤可以減少。

(二)其公共處所之調查表，有每人之姓名，非如上海市之漠然徒有人數，致無從稽考。

(三)其公共處所調查表的後部，有記載如左：——

職員	住本市區內另有住所者	男丁 女口	住本市區內別無住所者	男丁 女口	共計	男丁 女口
傭役	,,	,,	,,	,,	,,	,,

此項記載，若能再加以精密查核而統計，可以免除人口的重出不少。

以上三點，爲免除本市本區內的重出，確比上海市爲進步。然而再進一步說。全國若倣照漢口市辦法，果能將戶口調查淸楚麼？我敢對曰，不能不能。今試說其理由如左：——

(甲)重出　閱其塡法個別說明，其關於住戶者，『本表凡住戶所屬人口，均應塡入。已未婚嫁欄，如已婚嫁者，卽塡已字。稱謂欄，自戶主以下，應依戶主之關係；首親屬，次戚屬，次寄居人。再次傭役。』照以上塡法，譬如有某甲家有妻一人，子二人，女二人，媳一人，男女傭役各一人；戶主某甲在武昌經商；妻武昌人，在家；長子在武昌學業；次子在武昌求學，朝出晚歸；長女出嫁到武昌；媳武昌人，傭役均武昌人。此八口，在漢口市已全有其名，而在武昌城內之戶口册，戶主與長女長子，商戶調查票上有其名，次子，學校調查票上有其名，妻媳爲已嫁女，普通住戶票上有其名，傭役本家在武昌，更有其名。則這家八口，有七口與武昌城內相重出。

(乙)遺漏　凡各國人口之年齡別千分比例，大概年愈小比例愈大，逐漸遞降，到百歲而近於零。其一歲至五歲級，大概爲千分之一百三十；到了二十一歲至四十歲，大概爲千分之七十五；乃漢口市之數，與上海市相仿，一歲至五歲幼童，爲千分之一百而二十一歲至四十歲壯丁，反爲最高數，到千分之二百五十。其幼童之中，必有多數遺漏無疑，

以上所述兩種舛誤，甲種是從方法不精密而來，乙種是從查察不周到而來，其所以生此甲乙兩種舛誤的總根因，其調查的目的，大半在於公安行政的稽查奸宄，而不在於戶口本身，不在於核實數字。

總而言之，三省七市的人口報告數字，就以上甲乙丙丁的觀察例來推計，市比省爲精確，但其精確的程度，亦不甚高，不過爲一種近似數，可以斷言。

中國近百八十餘年來人口增加之徐速及今後之調劑方法

陳長蘅

此文在日本武力侵占我東北以前發表，除移民東三省一節外，餘尚合用。　編者識。

中國人口現時究有多少？每年之生產與死亡各爲若干？以及每年人口增加之速率如何？凡此皆極關重要而爲人人所欲知道之問題。惜我國迄今尚無定期人口調查，亦無常年生死註册，遂致如此重要之問題竟無人能切實答復。無怪全國人丁之多寡，人口之疏密，滋生之徐速，及民勢之消長，皆無人過問，無人研究。政府極端放棄責任之結果有如此者。吾國民族之消沉，豈無故哉。

著者憶二十餘年前在中小學校肄業時所閱之書報，或所唱之詩歌，即常言「吾四萬萬同胞。」但現在出版之書報，或流行之詩歌，無論文言白話，仍稱「吾四萬萬同胞」；或「我們四萬萬同胞。」足見國人對於民數問題大都信口說出，并不十分注意。著者近來搜閱「吾四萬萬同胞」近百八十餘年殘缺不全之家譜，始粗知我國人口之增加甚有徐速差別，而民勢之消長亦有甚大之變遷。故不揣淺陋，將所得之結果略爲分述如下：

一　民數之取材

本文對於中國近百八十餘年之人口增加，都以官書之記載與政府機關之估計或調查爲根據。至於個人估計，大都意見各殊，漫無標準。又外國人之估計，亦不外隨意增減，甚或預抱成見，不足爲信。譬如欲在中國殖民之國家便謂中國人口並不算多。又希望他國在中國殖民之國家亦謂中國人口並不算多。甚至有謂我國近年以來人口曾減少一萬萬者尤屬駭人聽聞。凡此皆爲外人主觀的武斷，罕有合人注意之價值。不過外國學者有時對於我國人口現狀亦有甚爲精細之觀察與甚爲正當之批評，自不能一概抹殺。民數之取材既以官書爲標準，茲將前清至現在之人口編查辦法先行略爲說明。按前清調查戶口，當初祇以徵收丁稅爲目的。每五年編審人丁一次。惟丁稅既按人丁徵收，而稅則復多寡懸殊，按貧富爲等差，遂致人民不肯據實報告。故康熙五十一年諭旨云：『朕覽各省督撫奏編審人丁數目，幷未將加增之數盡行開報。今海內承平已久，戶口日繁。人丁雖增，地畝並未加廣。……自後所生人丁，不必徵收錢糧。編審時止將增出實數查明，另造册題報。朕凡巡幸地方，所至詢問。一戶或有五六人，止一人交納錢糧，或有九丁十丁，亦止一二人交納錢糧。……由此觀之民之生齒日繁。朕故欲知人丁之實數，不在加徵錢糧也。』此種詔令雖申言編查人口之宗旨，在於周知民數，而不僅爲徵收錢糧，但一時亦無若何效果。又當時所謂丁者，乃指「十六歲以上至六十歲之男子而言」，「老弱及婦女皆不在內。」故康熙一朝之人丁最高數目僅二千七百三十五萬餘人大約祇等於實數四五分之一。因戶籍編造祇計十六歲以上至六十歲之男丁，而男丁之中又復少報甚多也。(按一國人口各年級之人數分配，大都相差不甚懸殊。(註一)據奧斯達利亞統計學者尼布士(G. H. Knibbs)與威根士(G. H. Wickens)兩君所造歐洲十一國人口各年級之人數分配表，計不滿一歲至十六歲與六十歲以上至一百歲之人數約佔人口總數百分之四十三。現若以此爲標準，則知康熙時代之人口編查除婦女不計外，幷除去老弱約百分之四十有奇；而所餘十六歲以上至六十歲之男丁又復少報甚多。故造報之數大約僅佔四五分之一。)雍正年間復將丁銀攤入地畝，從此戶口編查更爲廢弛。故雍正時代之人口理應較康熙時代爲多，乃最高之數僅爲二千五百餘萬。譬如雍正二年人口最多省份祇報三百餘萬人，中等省份祇報一二百萬人，最少省份祇報二萬餘人，實屬不近情理。是以雍正以前之人口數目大都僅爲納稅之家長數目。離事實甚遠，不足爲信。乾隆六年以後，乃利用保甲編查戶口，幷諭令將老弱男女一併編入戶籍，更合近世人口編查之原則，是以人口驟增。按照乾隆六年第一次保甲編查，全國遂有人口一萬四千三百四十一萬餘人。保甲之制，原以稽往來，防竊盜。十戶爲牌，設牌長；十牌爲甲，設甲長；十甲爲保，設保正。保正限年更換，以均勞逸。士民公舉，以專責成。凡編保甲每戶給以門牌，書其家長姓名生業及丁口名數。出註所往，入稽所來。有不遵照編掛者治罪。保甲册之編造，大概分循環兩册，交互循環對照。其編查順序，先由各州縣官交付循環册及門牌紙於保正。保正交牌長，牌長散各戶塡註之。並造牌册呈於甲長。甲長合十牌牌册造循環二册，送保正。保正送縣。由縣對照後，循册存於縣，環册皆發回。門牌則懸於各戶門首，環册歸甲長保存。倘遇戶口變更，由牌長報告添改。然後按期（三月六月九月及十二月之朔）由保正送縣，攜還循册。再遇變更，亦照此辦理。如是則兩册循環改註，至字體磨滅難於辨識，始重新編製。各州縣則根據此項保甲册每年造具人口清册，呈送按察使司稽核。然後由按察使司於年終編造總册呈由督撫具奏。此由保甲編審戶籍之大概情形也。（註二）乾隆嘉慶及道光三朝之戶口編查，皆全賴保甲制度。惜自咸豐以至清末，數十年間，國家多故，保甲廢弛，戶籍編審遂完全中斷。間有一二次戶口調查，亦不過聊勝於無。民國以來，亦尚未舉辦定期戶口調查。內務部所頒人口統計，雖分列戶數，人口，婚別，出生，死亡等項；（註三）然缺漏頗多，甚不完全。故關於人口總數，或以郵政海關之調查估計爲比較可靠。而郵政局所復遠較海關爲多，或訪查較周，而所得結果更爲確切，亦未可知。故本文對於最近之人口總數，係採用郵政局之調查。茲參合各種紀載，將乾隆六年至民國十二年共百八十二年間之人口總數列表如左：

年度	人口數目	備考
乾隆六年（西曆一七四一年）	一四三、四一〇、五五九	東華錄
十四年	一七七、四九五、〇三九	同前
二十二年	一九〇、三四八、三二八	清通典
二十四年	一九四、七九一、八五九	清通考
二十七年	二〇〇、四七二、四六一	清通典
二十九年	二〇五、五九一、〇一七	同前
三十二年	二〇九、八三九、五四六	同前
三十六年	二一四、六〇〇、三五六	清通考

四十一年	二六八、二三八、一八一	同前
四十五年	二七七、五五四、四三一	同前
四十六年	二七九、八一六、〇七〇	東華續錄以下皆同
四十八年	二八三、〇九四、〇〇〇	
五十年	二八八、八六三、九七四	
五十三年	二九四、八五二、〇八九	
五十五年	三〇一、四八七、一一五	
五十八年	三一三、二八一、七九五	
六十年（西曆一七九五年）	二九六、九六八、九六八	
嘉慶元年（西曆一七九六年）	二七五、六六二、〇四四	
三年	二九〇、九八二、九八〇	

四年	二九三、二八三、一七九
五年	二九五、二三七、三一一
八年	三〇二、二五〇、六七三
十年	三三二、一八一、四〇三
十三年	三五〇、二九一、七二四
十六年	三五八、六一〇、〇三九
十七年	三六一、六九〇、七九一
十九年	三一六、五七四、八九五
二十二年	三三一、三四〇、四三三
二十四年（西曆一八一九年）	三〇一、二六〇、五四五
道光元年（西曆一八二一年）	三五五、五四〇、二五八

二年	三七二、四五七、五三九
三年	三七五、一五三、一二二
五年	三七九、八八五、三四〇
七年	三八三、六九六、〇九五
八年	三八六、五三一、五一三
九年	三九五、〇〇〇、六五〇
十年	三九四、七八四、六八一
十二年	三九七、一三二、六五九
十三年	三九八、九四二、〇三六
十五年	四〇一、七六七、〇五三
十六年	四〇四、九〇一、四四八

十七年	四〇五、九二三、一七四
十八年	四〇九、〇三九、九九九
十九年	四一八、一五〇、六三九
二十年	四一二、八一四、八二八
二十一年	四一三、四五七、三一一
二十二年	四一三、〇二一、四五二
二十三年	四一七、二三九、九一七
二十四年	四一九、四四一、三三六
二十五年	四二一、三四二、七三〇
二十六年	四二一、一二一、一二九
二十七年	四二四、九三八、九〇〇

二十八年	四二六、七三七、〇一六	
二十九年（西曆一八四九年）	四一二、九八六、六四九	
三十年	無調查	
咸豐元年至十一年	無調查	
同治元年至十三年	無調查	
光緒元年至十一年	無調查	
十一年（西曆一八八五年）	三七七、六三六、〇〇〇	十八省 社會科學季刊第三卷第四號
二十年（中日戰後）	四二一、〇〇〇、〇〇〇	十八省 同前
二十八年（庚子役後）	四三九、九四七、二七一	全國 同前
三十二年（日俄戰後）	四三八、二一四、〇〇〇	全國 同前
宣統二年（西曆一九一〇年）	四三八、四二五、〇〇〇	十八省海關調查

民國十二年（西曆一九二三年）　四三八、三七三、六八〇　廿二省（內二十一行省爲郵政局調查新疆爲內務部民國五年調查）

十二年　※四四三、三七三、六八〇（全國）

※即郵局調查之二十一行省人口數目，外加新疆人口二、二七八、七二七人，蒙古二、〇〇〇、〇〇〇人及西藏三、〇〇〇、〇〇〇人，新疆人口係根據民國五年內務部人口統計，蒙藏人口則根據英文中國年鑑。

以上所舉各項人口總數雖不能視爲十分精確，然實爲研究近百八十餘年人口增加徐速之主要材料焉。

二　人口增加之數學分析

現用半對數格紙將上開近百八十二年每十年之人口總數畫成曲線圖，則所有歷年人口增加之徐速更能一目了然，幷可據以尋求各期民勢消長之原因。

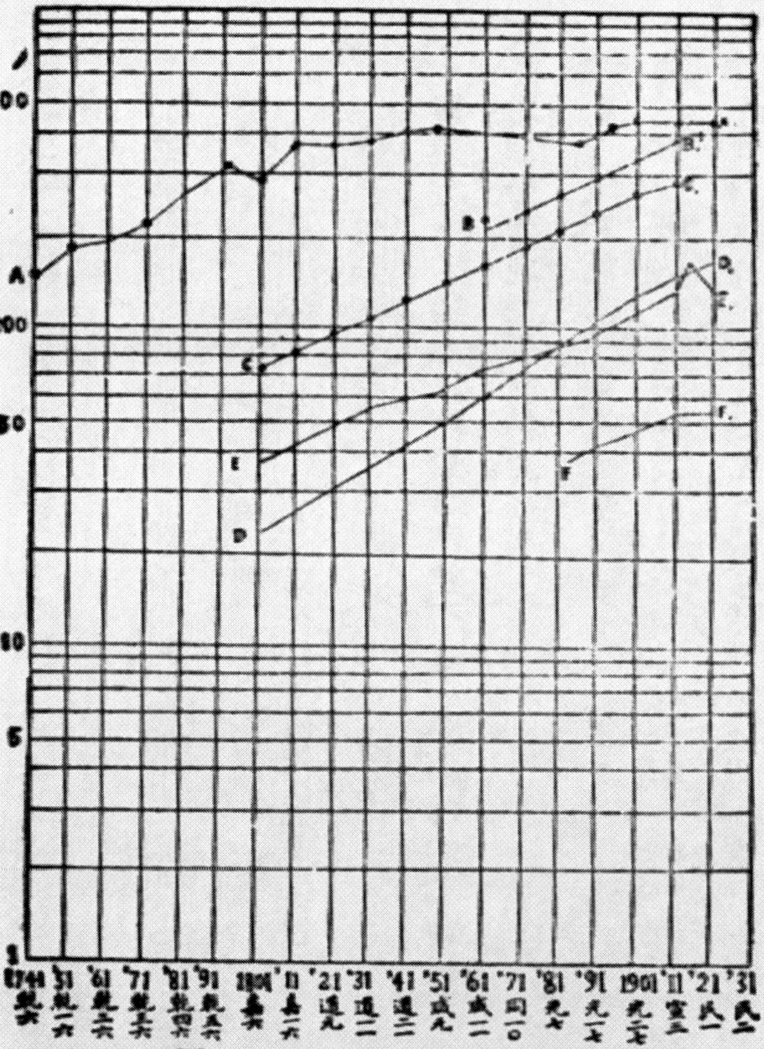

AA_1——中國
BB_1——英·美·德·法·意·奧·匈·瑞典·挪威·丹麥·芬蘭·西班牙·葡萄牙·比利時·澳洲·加拿大·
CC_1——英·美·德·法·瑞典·挪威·丹麥·芬蘭·澳洲。
DD_1——英美民族
EE_1——俄國
FF_1——日本

內無每隔十年之數時，則以最近一年之數充之，或用最近前一年及後一年之平均速率推得之。又表內無人口調查之各年份，則畫成虛線，以示闕疑。此外並繪入東西諸國近世人口增加之曲線，以供參考。在此曲線圖內可將中國近百八十二年之人口增加分爲三期：由乾隆六年至乾隆五十八年爲人口增加最速時期。由乾隆五十八年至道光二十九年爲人口增加暫緩時期。由道光二十九年至現在爲人口增加更緩時期。此三期之外幷可分次要時期若干。今用幾何的人口增加之公式將各期人口增加之平均速率分別計得如下：

按幾何的人口增加之公式與計算複利息之公式相彷彿，通常書爲

$$P_n = P_c (1+r)^n。$$

在此公式之中，P_c爲某年度已知之人口，P_1爲n年後之人口，1爲人口之單位，r爲每年增加之速率。按照對數寫法，上開公式復可書爲

$$\log P_n = \log P_c + n \log(1+r),$$

或 $$n \log(1+r) = \log P_n - \log P_c。$$

或 $$\log(1+r) = \frac{\log P_n - \log P_c}{n}。$$

在此公式之中，若 P_n P_c 及 n 皆爲已知之數，祇 r 爲未知之數，則參用對數表即可求得 r 之數值。以下各項人口增加之速率，即係用此公式分別求得之。

（一）乾隆六年至乾隆五十八年（即西曆一七四一年至一七九三年）五十二年之間人口曾由一四三、四一〇、〇〇〇增至三一三、二八〇、〇〇〇。用上開公式，得

$$\log(1+r) = \frac{\log 313,280,000 - \log 143,410,000}{52}$$

由對數表查得

$$\log(1+r)=\frac{8.4959397-8.1565794}{52}=\frac{0.3393533}{52}=0.006526,$$

再用對數表查得對數0.006526之基數爲1.01514,

故　$1+r=1.01514$,

故　$r=1.01514-1=0.01514$。

故第一期人口增加之平均速率爲千分之一五・一四，即每年每千人中增加十五人有奇。

(二)乾隆五十八年至道光二十九年(即西曆一七九三年至一八四九年)五十六年之間人口曾由三一三、二八〇、〇〇〇增至四一二、九八〇、〇〇〇、用上

開公式，得

$$\log(1+r)=\frac{\log 412{,}950{,}000-\log 313{,}280{,}000}{56}$$

$$=\frac{8.6159290-8.4959327}{56}$$

$$=\frac{0.1199963}{56}=0.0021428;$$

由對數表查得

$$1+r=1.00495,$$

故　$r=1.00495-1=0.00495$。

故第二期人口增加之平均速率爲千分之四・九五，即每年每千人中約增加五人。

(三)道光二十九年至民國十二年(即西曆一八四九年至一九二三年)七十四年之間人口曾由四一二、九八〇、〇〇〇，增至四八三、三七〇、〇〇〇。(蒙藏人數不在內按前清人口調查，「腹民計以丁口，邊民計以戶」。詳見前清會典。故各朝所列人口總數，大都爲各行省人數。對於邊民如有調查，大都將戶數另行列明，故本段之數學分析祇爲內地人口總數）用上開公式得

$$\log(1+r)=\frac{\log 438,370,000-\log 412,980,000}{74}$$

$$=\frac{8.64\ 8408-8.6159290}{74}$$

$$=\frac{0.0259118}{74}=0.0003502;$$

由對數表查得

$$1+r=1.00081,$$

故 $$r=1.00081-1=0.00081。$$

故第三期人口增加之平均速率僅爲千分之·八一，或每年每萬人中僅增加八人有奇。此數除法國外，（法國一九一〇年，至一九一四年之平均增加速率爲千分之·四，即每年每萬人中僅增加四人）較諸其他歐美諸邦皆不如遠甚。

又下開各項數學分析，亦極堪注意。

（四）由乾隆六年至民國十二年（即西曆一七四一年至一九二三年）共一百八十二年之間人口曾由一四三、四一〇、〇〇〇增至四三八、三七〇、〇〇〇，用上開公式，得

$$\log(1+r)=\frac{\log 438,370,000-\log 143,410,000}{182}$$

$$=\frac{8.6418408-8.1565794}{182}$$

$$=\frac{0.4842614}{182}=0.0026608;$$

由對數表查得

$$1+r=1.006165,$$

故 $r=1.00615-1=0.0015$。

故全期人口增加之平均速率爲千分之六・一五，卽每年每千人中僅增加六人有奇。足見全期人口增加先速後徐，而平均增加則並不甚速。

（五）由嘉慶五年至民國十二年（卽西曆一八〇〇年至一九二三年）一百二十三年之間人口曾由二九五、二四〇、〇〇〇增至四三八、三七〇、〇〇〇用上開公式得

$$\log(1+r)=\frac{\log 438{,}370{,}000-\log 295{,}240{,}000}{123}$$

$$=\frac{8.6418408-8.4701752}{123}$$

$$=\frac{0.1716656}{123}=0.0013957;$$

由對數表查得

$$1+r=1.00322,$$

故　$r=1.00322-1=0.00322$。

故由嘉慶五年以來近一百二十三年間人口增加之平均速率僅爲千分之三·二二。在此時期中歐美白種諸國人口總數之平均增加率爲百分之一·一或千分之十一。(註四)又日本自一八八〇年至一九一〇年之平均增加率亦爲千分之十一。故中國在此期間內人口增加之平均速率，尚不及歐美日本諸國人口增加速率三分之一。

(六)由乾隆六年至道光二十九年(即西歷一七四一年至一八四九年)一百零八年之間人口曾由一四三、四一〇、〇〇〇增至四一二、九八〇、〇〇〇。用上開公式，得

$$\log(1+r)=\frac{\log 412,980,000-\log 143,410,000}{108}$$

$$=\frac{8.6159290-8.1565794}{108}$$

$$=\frac{0.4593496}{108}=0.0041606;$$

由對數表查得

$$1+r=1.00963,$$

故 $$r=1.00963-1=0.00963$$

故乾隆六年至道光二十九年一百零八年間人口增加之平均速率爲千分之九・六三。較諸白種諸國近一百二十年間人口增加之平均速率仍少千分之一・三七。

（七）由道光十五年人口初次超過四萬萬之年起至民國十二年止共八十八年之間，人口曾由四〇一、七七〇、〇〇〇增至四三八、三七〇、〇〇〇。用上開公式得

$$\log(1+r)=\frac{\log 438,370,000-\log 401,770,000}{88}$$

$$=\frac{8.6418408-8.6039775}{88}$$

由對數表查得

$$= \frac{0.0378633}{88} = 0.0004308;$$

$$1+r=1.00099,$$

故 $r=1.00099-1=0.00099$

故此期人口增加之平均速率爲千分之·九九，或每千人中祇增加一人。足見此期人口罕有健全之增加，僅較道光二十九以後之平均增加稍速而已。

(八)由光緒十一年至民國十二年(即西曆一八八五年至一九二三年)共三十八年之間本部十八省人口曾由三七七、六四〇、〇〇〇增至四一四、〇一〇、〇〇〇。用上開公式，得

$$\log(1+r) = \frac{\log 414,010,000 - \log 377,640,000}{38}$$

$$= \frac{8.6170199 - 8.5770734}{38}$$

$$= \frac{0.0399395}{38} = 0.0001510;$$

由對數表查得

$$1 + r = 1.00242;$$

故　$r = 1.00242 - 1 = 0.00242$。

故由光緒十一年至民國十二年最近三十八年間本部十八省人口之平均增加速率僅爲千分之二·四二，即每年每萬人中約增加二四人有奇。足見我國自洪楊以後仍然禍患頻仍，民生多艱，人口幷無健全之增加。茲將各期人口增加之速率列表如左：

時期	年數	每年每千人中之平均增加速率
乾隆六年至乾隆五十八年（西歷一七四一年至一七九三年）	五二	一五·一四
乾隆六年至道光二十九年（西歷一七四一年至一八四九年）	一〇八	九·六三
乾隆五十八年至道光二十九年（西歷一七九三年至一八四九年）	五六	四·九五
嘉慶五年至民國十二年（西歷一八〇〇年至一九二三年）	一二三	三·二二
道光十五年至民國十二年（西歷一八三五年至一九二三年）	八八	·九九
道光二十九年至民國十二年（西歷一八四九年至一九二三年）	七四	·八一
光緒十一年至民國十二年（西歷一八八五年至一九二三年）	三八	※二·四二
乾隆六年至民國十二年（西歷一七四一年至一九二三年）	一八二	六·一五

※此項係爲本部十八省人口之增加速率●

據澳斯達利亞統計院長尼布士君一九一六年之估計，(註五)世界各種族之人口總數及增加速率大概如下：

種族	現有人數	每年每千人中之增加速率	每年增加之總數	人口加倍年數
白種發源歐洲者	六萬五千萬	一二·〇人	七百八十萬	五八年
白種非發源歐洲者	六千萬	八·〇人	四十八萬	八七年
黃種	五萬一千萬	三·〇人	一百五十三萬	二三二年
棕種	四萬二千萬	二·五人	一百零五萬	二七八年
黑種	一萬一千萬	五·〇人	五十五萬	一三九年
總計	十七萬五千萬		一千一百四十一萬	

據右表觀之，現時世界每年增加之人口有三分之二以上爲白種，卽每年約增八百二十八萬人。其餘各種族增加之人口尚不及總數三分之一，卽每年共計只增加三百十三萬人。黃種諸族每年僅增加一百五十三萬人，卽僅佔總數七分之一。據尼氏之意見，白種諸族所以能增加若是之速，皆因白種人在政治上擁有地球面積十分之九，並善於利用其擁有之土地之故。尼氏所估黃種每年增加之速率爲千分之三。黃種之中既以中國人佔最大多數，而尼氏之估計又與上述嘉慶五年至民國十二年一百二十三年間中國人口之平均增加速率（卽千分之三·二二）相差無幾。足見尼氏之估計似非任意杜撰，毫無根據也。今以中國近百二十三年人口增加之平均速率爲標準，計得我國此後人口加倍所需年數如下：

設P爲現有人口總數，P_1爲加倍時之人口總數，n爲加倍所需之年數，則按照人口增加之公式，得

$$P_1=p(1+r)^n,$$

即 $$(1+r)^n=\frac{P_1}{P}=\frac{2P}{P}=2$$

按照對數寫法，變爲

$$n\log(1+r)=\log 2;$$

代入已知之速率，得

$$n\log(1+0.00322)=\log 2,$$

故 $$n=\frac{\log 2}{\log 1.00322};$$

用對數表查得

$$n=\frac{0.30103}{0.0013957}=216\text{年};$$

故所需加倍年數爲二百十六年。

由此可見我國人口今後之加倍年數較白種諸族實瞠乎其後，不如遠甚。除乾隆六年至乾隆五十八年共五十二年之間增加甚速，及由乾隆六年至道光二十九年之平均增加亦尚屬健全而外，其餘莫不相形見絀。若以道光二十九年至民國十二年共七十四年間之平均速率爲標準，則需八百五十九年始能加倍，其方程式如下：

$$n=\frac{\log 2}{\log(1+0.00081)}=\frac{0.30103}{0.0003502}=859\text{年。}$$

若以乾隆六年至民國十二年全期人口增加之平均速率爲標準，則需一百十三年卽可加倍。但仍不如歐美日本人口加倍之迅速。其方程式如下：

$$n=\frac{\log 2}{\log(1+0.00615)}=\frac{0.30103}{0.0026608}=113\text{年}$$

又以光緒十一年至民國十二年十八省人口增加之平均速率爲標準，則全國人口需二百八十七年始能加倍。其方程式如下；

$$n=\frac{\log 2}{\log(1+r)}=\frac{0.30103}{\log(1+0.00242)}=\frac{0.30103}{0.0010488}=287\text{年}$$

三　各期人口增加徐速之原因

（一）乾隆六年至五十八年人口增加特別迅速之原因　此期人口增加特別迅速之原因，由於當時承平未久，本部人口尚不甚稠密。而乾隆一朝復爲前清鼎盛時期。文治武功皆稱極盛。海內清平，物阜民康，疆域之廣，幾佔亞洲之半。如伊犂回疆及大小金川之平定，如安南臺灣之征服，如廓爾喀之歸降，如暹羅緬甸，阿富汗及中央亞細亞諸國之入貢，乃其武功之最著者也。此時代所以能開疆拓土，征服異族，藩部之外更有屬國七八。皆爲國富民殷，內力充實之確證。足見內地人口實有最速之增加，不五十年而一倍。惟乾隆六年初次由保甲編造之人口報告或不甚完備，遂使隨後各年之人口增加假格外迅速，亦未可知。但全期每年平均增加速率爲千分之一五，在健全環境之下亦不能視爲過高。譬如英國人口當一八〇一年至一八三一年之間卽係每年增加千分之一五。自一八三一年至一九一一年之間因殖民地逐年擴張，移民出境日多一日，平均人口增加速率始減至千分之一二。又德國當一九〇〇年至一九一〇年之間之人口增加速率亦爲千分之一四。(註六) 惟德人是時已多知生育限制，並爭向海外殖民，猶有如此迅速之增加。足見處治平及殷富情形之下，人口之增加實能不五十年而一倍也。

(二)嘉道兩朝人口增加漸緩之原因　乾隆時雖有極盛之武功，而所得領土大都不善經營，不謀獎勵殖民。對於藩屬僅藉區區宗教能力分封制度，貴族聯婚，與派兵駐防數者以資駕馭。而攤眷屯戍之兵又必數年更代，不能久居邊境居民太少。一旦內政腐敗，兵備廢弛，強鄰窺伺，遂使廣大領土一再淪墟。內地人民旣不享移殖之利，人口增加自不能如前此之迅速，此一因也。乾隆末年，政治逐漸腐敗。如和珅之濫用，吏治之敗壞，帝室之奢侈，國帑之虛耗，民財之剝削，皆使國計民生，日感困難。致召嘉慶初年川楚陝豫直等省教匪之變亂，及湖南貴州苗民之背叛。人口消滅，此又一因也。又嘉慶年間河工腐敗，河患頻仍，人民死於水災者亦頗不少。道光初政，似有可觀。無如材智昏庸，權倖用事，國勢日頹，清運日衰。且是時內地已人滿爲患。在道光十五年人口即已超過四萬萬。是以生計日困，民俗日壞。卒之內釀太平天國之大亂，外開鴉片戰爭之奇辱。此雖由於政治不良，措置乖謬；而士風不競，民智劣陋，亦爲其最大之一原因焉。

(三)咸同以來人口增加更形迂緩之原因　咸同以來本部人口增加更形

迂緩之第一最大原因，乃由內地愈患人滿，政府復劣弱無能，不能激發人民向外發展。遂致生計日窮，財力日竭。是以天災人禍愈演愈烈。其最著者如咸同年間太平天國與捻匪及回教徒之亂，蹂躪及十七八省，用兵至二十餘年。未幾光緒四年山陝直豫等省復有饑饉。光緒二十六年山陝甘肅亦有災荒。故前後損失人口不下數千萬焉。至此期人口增加更形迂緩之第二最大原因則為外患。蓋有道光鴉片之役以後，外人鑒於我國政府之昏聵腐敗，與國民之萎弱不競；遂肆行其侵略政策。而咸同光宣各朝之外患，遂如水愈深，如火愈烈。我國屢戰屢敗，屬國盡失，藩籬盡撤。內地亦受各種不平等條約之束縛，而牽制吾國之死命。中國既無可以對外之海陸軍以鞏固國防，復無關稅自主權以保護本國工商業，而民智民力民德又異常薄弱。遂使強鄰得以次第完成其政治侵略與經濟侵略。國家疆土日削，人民生計日艱。故生育雖未減少，而死亡則逐年增多。此又我國近七十餘年來人口增加更形迂緩之一大原因。至於民國以來，兵禍天災無歲不有。人民生計日窮，死亡愈多。人口增加亦不得不更形迂緩。凡此皆其彰明較著者也。

四　今後調劑內地人口過度之基本政策

綜觀以上所述各期人口增加之徐速，便知一國人口增加之速率恆與其人口密度成反例。人口密度愈小，增加亦愈速。人口密度愈大，增加亦愈緩。蓋緣人口密度愈大，人民供養愈薄，供養愈薄，死亡亦愈多。人口之增加自然迂緩也。今後欲維持國家民族之生存發達，與增進人民之樂利福康，皆非有根本的政治改造，經濟改造與社會改造，無以應時代之要求。救國事業甚多，就人口方面言之，至少應有下列兩大基本政策。請分述之：

(一)實行移民於東三省，蒙古，新疆，青海，西藏，以厚全國人民之生計　我國本部人口已極爲稠密，毫無疑義。我國現時全國人口約與歐戰以前全歐洲之人口相埒。但歐洲諸國共據有地球面積十之八九以爲其殖民地。凡有殖民地之諸國，近二三百年間殆無時不移民分布於其各屬地。而居住歐洲之人民亦得享受殖民地各種供給之利益。是以歐洲人民之生活實遠較我國人民爲優厚。至於我國人民則百分之九十三以上皆居於十八省。我國可以殖民之領土既屬無多，又不知獎勵大規模之移民實邊。前清時代一切舉措尤爲荒謬絕倫。如東三省則視爲發祥之地，禁止漢人前往開墾，而八旗子弟復慵惰成性，不肯前往開墾。甚至由政府出資遣送旗人前往授地耕種，亦多私自逃回。對於蒙古亦禁止漢人移住。有時蒙人不甘游牧，招納漢人開墾，以期徵收租稅，多得利益，亦被政府禁阻。蒙人又不知耕種，故土地大半拋荒。對於新疆則當初既不准漢人移住，隨後亦禁漢回雜居。凡此種種取締，不一而足。迨至咸同以降，外患日亟，疆土日削，加以內地生齒太繁，內亂時作。各種禁令始逐漸廢弛。光宣之末，外侮愈甚。乃次第實行開放改省，准人民移居墾殖，然爲時已晚。民國以來，復戰亂頻仍，兵爭匪擾。農工商賈多裹足不前。故東北與西北之開發迄今尚無多大成績。今後欲消弭全國兵禍亂源，其治本方法莫如從事大規模之移民實邊，以安插內地過庶之人口。欲實行大規模之移民實邊，開發富源，至少有應具之條件數端：（一）須使人民在殖民區域享受生命財產之安全，毫無兵匪騷擾。（二）須有良好土地政策，以防豪強專佔投機，致他人不能從事開發享用。（三）須敷設交通，使人民得享自由往來之便利。（四）須就地設立移民機關，多用專門人才辦理設治事宜，幷調查山川土宜，刊印各種報告圖說以供人民之指導。（五）政府可籌定款項若干，以供移民借本之用，並規定辦法限年攤還。（六）政府應振興殖民區域之水利，俾移民更爲踴躍，開墾更爲迅速。（七）政府對於新招移民，應酌免一二年之納稅義務，以資鼓勵。對於居住已久之移民，亦不得橫征暴斂，竭澤而漁。（八）對於新招移民應設立學校，施以訓練，教以自治。(九)須嚴定國籍法，以防外國移民隨意侵入。凡此數端皆爲殖民政策之犖犖大者。

總之現時內地人口過庶。非積極移民無以厚內地人民之生計，亦無以保滿蒙回藏廣大之領土。即如東三省今日所以尚未完全斷送，皆賴近數十年來山東及直隸等省農工商賈不厭艱辛，不避險阻，不畏苛政，前往開發之力爲多。而山東人尤尚團結，守秩序，重條理，能吃苦，能合作。彼等雖無政府之獎勵指導，亦肯前往拓地啓土，苦心經營。其富於冒險進取之精神，可謂未失偉大民族之本色。(註七)今後仍望國人繼續格外一致努力前往開發。計東三省面積共有三十六萬四千英方里。疆土之廣殆與直隸山東河南安徽江蘇浙江六省之面積相埒。有中國第二之最大平原。據日本最近估計，三省共有可耕之地約六千四百五十萬英畝，即約合三萬八千七百萬華畝(每英畝合六華畝)已耕者僅三千零五十萬英畝，尚不及全數之半。(註八)現時三省共有農人約三百萬戶。其中奉天一省約佔三分之二，吉黑兩省共佔三分之一。據民國十年大連商會估計，三省共有農民一千九百四十六萬一千一百人。其地可以產麥米大豆高粱玉蜀黍，黃蔴，土絲，葉菸，棉花，及各種蔬菜水菓。又森林之富，亦爲全國之冠。據日本專家估計東三省現時共有森林地約四千五百萬英畝，有樹約六十四萬萬株，可出木料一千五百萬萬立方英尺。礦產則有極富之煤鐵五金。故日人尤經營開採，不遺餘力。即以南滿鐵路公司言之，現時非特擁有數千里之鐵路，並在撫順開有極大之煤礦，在鞍山開有極大之鐵礦。此外更經營他項事業不下數十種。該公司共有資本四萬四千萬圓，其資產共值十四萬萬圓約等於我國國債三分之二。該公司每年能獲淨利六七千萬元。其所辦之鐵工廠現時已能製造重五十噸之電氣機關車。日人在東三省所營各種事業進步之猛速，實屬令人可驚。又移民亦日多一日。鵲巢鳩營。反主爲客。我國人民倘不急起直追，而有守土保民之責者，復如醉如夢，麻木不仁。恐數年之後南滿卽非我有。況北滿亦有俄人爭逐侵略，幾與日人相伯仲，可不畏哉？他如蒙古，西藏，新疆，青海，亦有俄英之眈逐窺伺，皆非努力移民前往開墾，不足以鞏固國防而安插過庶之人口。裕國富民，莫要於此。

至於內地實業縱能竭力振興改良，亦難維持更多之人口。中國現時本部人口實較歐洲尤密。歐洲諸國實業不可謂不發達，地利不可謂不盡，猶全恃數倍於歐洲面積之殖民地以容納其過剩之人口。足見中國本部人口之過度問題，非恃大規模之移民實邊，不足以資調劑。卽以農業言之，現時本部十八省之農人因平均所耕地畝太少，大部異常貧苦。據民國十一年華洋義賑會調查直魯江浙等省二百四十八村（直隸最多）共六千四百八十二農戶之結果，每戶平均人口爲五·二八人，在江蘇平均每戶種地十九畝半，卽每人平均僅攤三畝六有奇。直隸平均每戶種地二十三畝，即每人僅攤四畝三有奇。又據民國十三年淸華學校農業試驗場場長陳雋人君調查該校附近七村一百零四農戶之農業情形，查得每戶平均所耕之地爲三六·二畝，每戶平均家口爲七·五六人，即每人僅攤四·八畝。（註九）又據農商部民國六年之調查，全國二十二行省共有農戶五九、二二三、九八四家，所耕之地共爲一、六一七、三一八、四五八畝。（註十）平均每戶所耕之地僅二七·三畝，每戶以五·五人計算，每人僅得五畝，以每戶六人計算，每人僅得四畝半有奇。若將東三省及新疆除外，則本部十八省共有農戶五六、二二二、五四七家，所耕之地共爲一、四三七、一六八、六三六畝，即平均每戶所耕之地僅爲二五·六畝，每戶以五·五人計算，每人僅得四·七畝，以六人計算，每人僅得四·三畝。而東三省及新疆之農戶則平均所耕之地爲六十畝，即每人約十畝有奇。可見本部十八省農人所耕地畝實屬太少。此外按照農商部調查全國雖尙有可耕之地九六三、二八○、四二五畝，然其中東三省卽估去八四四、七三八、七四三畝。（按農部所報東三省未耕地畝約等於本部十八省已耕及未耕地畝總數百分之五十四有奇，爲數似嫌過鉅。卽減去東三省之森林地畝約二七○、○○○、○○○畝，亦尙餘未耕之地五七四、七三八、七四三畝，似仍嫌過鉅。蓋有鹼質過多不宜耕種之地頗多，亦須除去也。據日人安達估計東三省尙有可耕之地約三四、○○○、○○○英畝，卽二○四、○○○、○○○華畝，約等於本部十八省未耕之地之二倍。姑誌之以備參考。）又新疆估去七、六五九、九三四畝。故本部十八省未耕之地僅有一一○、八八一、七四八畝。按照十八省現有農戶計算，每戶平均祇能再攤一·九畝，卽共計每戶僅攤二七·五畝，或每人僅攤四·六畝乃至五畝。本部農人之窮，可以想見。據美國哈佛大學教授伊士特（E. M. East）估計人類每人須有二英畝半（約合十五華畝）之地，方足以維持相當之生活。我國古時孟子亦言『百畝之田，一夫耕之，八口之家，可以無飢。』即每口當有田約十二畝半，方可無飢。現若以此為標準，則我國本部農人應有二倍半乃至三倍之地方足以維持相當之生活。無怪一般農人皆惡衣粗食，樂歲終身苦，凶年不免於死亡也。將來縱能將農業次第改良，亦不過使一般農人境遇稍佳。對於以後新添人口之生計問題，仍不能解決。故救濟本部人口過庶之第一根本政策，莫如一致努力向東三省，蒙古，新疆，青海，及西藏移民開墾，慘淡經營，竭全力以赴之，庶乎有濟。

（二）實行相當的遲婚與節育以提高國民程度　調劑人口過度第二根本政策，莫如實行相當之遲婚節育以提高國民程度。在今日人口已害人民程度甚低之中國，此項政策較諸移民實邊為尤要。蓋移殖政策祇能調劑人口過庶於一時，決不能將全國人口問題完全解決也。故為國家社會之長治久安與個人之福利康樂計，相當的遲婚減育萬不可少。歐西諸國在十八世紀之末及十九世紀之初，遂有人口學鼻祖馬爾薩斯(T. R. Malthus)著書立說，詳言人口增加與食物增加之關係。其大旨略謂人口之增加恆速於食物之增加。二者一速一徐，則人類常患食物缺乏。但人類既非食物不能生活，故欲保持二者之均勢，人口之增加遂不得不受限制。限制人口之方法有二：一爲天然的限制，即藉天災人禍，饑饉戰爭，貧窮困苦及疾病罪惡等以增多人類之死亡是也。一爲人爲的限制，即利用遲婚減育以和緩人口之增加是也。天然的限制，係裁減人滿於已然，故酷而不仁。人爲的限制，係預防人滿於未然，故利而無害。天然的限制最不經濟，人爲的限制遠較經濟。下等生物之孳生，純受天然的限制，惟人最靈能自爲限制。是以爲人類福利計，莫如實行人爲的限制。馬氏之說，迄今已成爲社會科學中之一最重要之公例。即在無論何種理想的大同世界之中，亦不能逃此公例。譬如現時世界多數國家之人口增加，平均約六十餘年而一倍。而食物或財富則決難久遠繼續比照增加。

故歐美人口統計學家多謂世界人口若按照現時多數國家之平均速率每年每千人中增加十一人有奇，則二三百年後卽全世界皆必人滿爲患。屆時無論農業如何改良，亦難供給更多之人口，其他財物亦必皆嫌不足。故除減少生育之外別無他法。又上述奧斯達利亞統計院長尼布士君並按照此項平均增加速率計得世界人口一萬年之後，能增至二二、一八四外加四十六個零之巨數（卽22,184×10^{46}。）假定每人僅佔地球面積一英方尺半，則全地球之面積亦祗能容納36,625×10^{11}人。卽人類大家站立所需之面積，約比地球全面積大60,570×10^{45}倍。

是以世界人口增加之速率終必次第減低。否則必有恆河沙數或無量數之衆生皆毫無立足地。（註十二）故今後世界之文化與前此之文化有無極大差別，全視人類多用人爲的人口限制抑任聽天然自爲裁制而定。卽如我國近百八十餘年人口增加之徐速，可謂完全不受遲婚節育之影響，亦不受移民出境之影響。我國人民在此期間內皆不知遲婚減育，而移居海外者亦極屬有限，卽在民國十一年亦僅有海外僑民八、一七九、五八二人。尚不及全國人口百分之二。(註十二)故我國人口增加之日見迂緩，完全係由於人滿爲患，又不知向外發展，遂致死亡率次第增高。換言之，卽備受馬爾薩斯所謂天然的限制。人口密度愈大，天災人禍亦愈烈。不過『野火燒不盡，春風吹又生。』故在此惡劣殘酷的環境之中，尚有如此稠密之人口，維持其貧苦愚昧之低生活而已。孟子云：『天下之生久矣，一治一亂。』吾人詳考我國近百八十餘年國家之治亂及民勢之消長，便知與人口密度有大關係。語云：『國以民爲本，民以食爲天。』又云：『無三年之食，國非其國。』韓非子亦云：『古者人民少而財有餘；故民不爭。是以厚賞不行，重罰不用，而民自治。今人有五子不爲多，子又有五子，大父未死而有二十五孫；是以人民衆而貨財寡，事力勞而供養薄；故民爭。雖倍賞累罰而不免於亂。』又云：『饑歲之春，幼弟不饟。穰歲之秋，疏客不食。非疏骨肉愛過客也，多少之實異也。是以古之易財，非仁也；財多也。今之爭奪，非鄙也；財寡也。』又云：『父母之於子女也，產男則相賀，產女則殺之。同出父母之懷衽，然男子受賀，女子殺之者，慮其後便計之長利也。』又云：『古者人寡而相親，物多而輕利易讓。故有揖讓而傳天下者。』又云：『存亡在虛實而不在衆寡。』其對於民數多寡與財富厚薄及治亂安危之關係，均有縝密之觀察。故不惜反覆言之。是以一國一民族治亂興亡存滅繼絕之最後原因，不得不徵諸其土地與人民有無適當比例，而能否維持此兩者之適當比例，則又視其國民與政府有無遠大之眼光與毅力。若地不加廣，民日增多，則人民生計困乏，教育不興。民數雖衆，非弱即貧，非貧即昧。一旦與他族接觸，遂毫無抵抗之力。致已有之領土及已有之生計，亦不能自保。雖欲不亡，必不可得。今日欲謀救國救種，首在提高國民程度。欲提高國民程度，應大家努力於民智之啓發，民德之培養，民品之陶淑，民力之節省，與民財之富厚，而少從事於人口之增多。故相當的遲婚節育實爲提高國民程度之一最要法門。今日之中國民族，無論從何方面觀察，相當的遲婚節育皆不可少。遲婚節育愈普遍，中國之進步亦愈速。遲婚節育之利益甚多，簡切言之，約有以下數端：

一、就政治方面言之，中國今日政治不良及內亂不已，外侮紛乘之根本原因，不得不歸咎於國民程度太低。全國人民倘能遲婚節育，實使人人均更有提高自己程度之機會。且爲國家長治久安計，亦應酌量遲婚減育，以維持人口與領土之均衡。

二、就個人經濟方面言之，早婚多育，加重負擔，甚不經濟。遲婚節育，減輕負擔，遠較經濟。就社會經濟方面言之，人口滋生太繁，社會之資產耗費太大，國富增加必緩，人民之經濟生活必甚劣陋低賤。人口滋生較少，社會之資產耗費較少，國富增加較速，人民之經濟生活，亦遠較豐裕高美。

三、就人口增加方面言之，國人如能將生育率減少一半或一小半；同時復注重個人衛生，家庭衛生，及公共衛生，幷改良各種風俗，掃除各種迷信，消滅各種亂源，則死亡率必比照減低，不患人口不繁。且早婚多育之國家，人民無富無教，程度太低，毛羽不豐，不知向外發展，人口決難有健全之增加。遲婚節育之國家，人民有富有教，程度甚高，毛羽豐滿，皆知向外發展，人口反有健全之增加。

參觀下列前此號稱「模範省份」之民國五年山西人口增加速率與歐美諸國人口增加速率比較表，便知高生育之國家，不必卽爲人口增加最速之國家也。

中國山西省人口暨各國人口生產率死亡率及自然增加比較表

國別	年度	生產率	死亡率	自然增加率
英格蘭	一九一三	二四・一	一三・八	一〇・三
蘇格蘭	一九一三	二五・五	一五・五	一〇・〇
愛爾蘭	一九一三	二二・八	一七・一	五・七
美國麻奢秋色池省	一九一三	二五・六	一四・九	一〇・七
法國	一九一三	一九・〇	一七・七	一・三
意大利	一九一三	三一・七	一八・七	一三・〇
丹麥	一九一三	二五・六	一二・五	一三・一
荷蘭	一九一三	二八・一	一二・三	一五・八
瑞典	一九一三	二三・一	一三・六	九・五
挪威	一九一三	二五・三	一三・二	一二・一

羅馬尼亞	一九一三	四二・一	二五・九	一六・二
南美智利	一九一四	三七・〇	二七・八	九・二
印度錫蘭	一九一四	三八・一	三二・二	五・九
中國山西	民國五年	四八・二	四〇・一	八・一

（註）生產率死亡率及自然增加率皆按每千人計算

四、就淑種方面言之，早婚多育之國家，人民結婚不知愼重選擇，且養育過多，子女先天後天皆不健全，種族祇有退化而無進化。遲婚節育之國家，人民結婚多知愼重選擇，且養育較少，子女先天後天遠較健全，種族得以繼續進化。

五、就人文方面言之，早婚多育之國家，人民壯歲豪華，大半虛耗，罕能發達其文化創造力。人民智識淺陋，是以學術凌夷，人文進化甚爲迂緩。遲婚節育之國家，人民壯歲精力，虛耗較少，更能發達其文化創造力，人民智識甚高，是以學術昌明，人文進化，亦遠較迅速。

六、就婦女解放方面言之，早婚多育之國家，女子難享健康文明之生活。其對於家庭社會及文化之貢獻較少。遲婚節育之國家，女子得享健康文明之生活。其對於家庭社會及文化之貢獻亦較多。

七、就減少嬰兒死亡方面言之，早婚多育之國家，嬰兒死亡率必高，遲婚節育之國家嬰兒死亡率恆低。與其多生育而多死亡，不如少生育而少死亡。

八、就廢除貧窮及增加勞工幸福方面言之，早婚多育，恆使貧者愈貧，無由振拔，遲婚節育，可使貧者日富，得以上達。早婚多育，恆使勞力之供給過多，工資甚低而失業者亦衆；遲婚節育，恆使勞力之供給較少，工資較高而失業者亦寡。

九、就人道方面言之，遲婚多育，無法供養，芻狗兒女，最不人道；遲婚節育，防患未然，寶貴兒女，最爲人道。又早婚多育之社會，生齒太繁，生存競爭過於酷烈，人民飢寒交迫，罪惡較多，甚不人道；遲婚節育之社會生齒較少，生存競爭遠較和緩，人民不飢不寒，罪惡較少，更爲人道。

以上數端皆爲相當的遲婚節育之利益。歐美諸邦多已行之有效。吾國今後欲調劑人口過度之弊害及增進人民之福利，不可不制定婚律，規定最低結婚之年齡。（譬如男子未滿二十一歲女子未滿二十歲不許結婚。）婚禮亦應於官廳行之，必雙方均有結婚資格，方給結婚證書。又相當的生育節制亦不可少。至於節育方法之指導，則爲醫生與看護婦之責。一國理想的人口增加，莫如「量入爲出」。生活富裕之人可酌量多養子女。生活困難之人可酌量少養子女，自無生計之累矣。此外並望國內之醫學校及其他負有高等教育使命之學校，多培植辦理公衆衛生與生命統計及人口統計之人才，以備將來辦理此種政務或事業之用。幷可增多統計材料，以供學者之研究及引起國人之注意。須知一國或一民族之退化大都異常迅速。少則數十年，多則數百年，遂呈極大變化。是以『無眼光者國族覆亡』現時歐美日本皆強。『不盡力子孫將弱。』吾人鑒於東西先進諸國人口增加之猛速及其積極向外發展，不能不爲吾族前途危。世界任何國家民族均須努力改善其族類，乃能綿延其族類。吾民族約佔世界人類三分之一，而領土則僅佔地球面積十二分之一。人口與幅員已無適當之比例，倘不力謀民族之自衛與民族之優強，將見退化淩夷，衰弱不競。是以欲維持國家種族之生存發達，欲增進人民之幸福健康，欲扶助社會之長期進化，欲創造更爲美善與更爲高尚之文明生活，皆不可不將政治方面，經濟方面，淑種方面，社會方面，及文化方面之人口問題加以縝密研究。吾民族對於亞洲之文化與世界之文化，均負有重大之使命與重大之天職。是以甚望國人努力提高自己程度，努力提高家庭程度，努力提高社會程度，努力提高全民族之文明程度，安內攘外，領袖文化，皆於焉是賴。國民程度提高之後，一切內憂外患，自然冰消瓦解。國乃福，民乃利，一國一民族之強弱盛衰興滅繼絕，皆在人爲。是以凡事應反求諸己。所謂『禹湯罪己，興也勃焉。桀紂罪人，亡也忽焉』。存亡禍福，在我而已。邦之滅，惟我民衆，邦之不滅，亦惟我民衆，望國人共圖利之。

（註一）參閱G. C. Whipple, Vital Statistics, p. 193

（註二）參閱大清會典戶部則例及稻葉君山著清代全史卷中第二篇第五十一章。

（註三）參閱內務部民國五年各省人口統計。

（註四）參閱G. C. Whipple: Vital Statistics, pp. 207-212。

（註五）參閱E. M. East: Mankind at the Crossroad

（註六）G. C. Whipple: Vital Statistics, pp 210-2120

（註七）參閱但燾譯訂日人稻葉君山原著清朝全史下卷第六十八章。中華書局印行。

(註八)參閱日人安達(Adachi Kinnosuke)所著Manchuria, a Survey, ch. VII.

(註九)參閱清華學報第三卷第一期。

(註十)閱參農商部統計報告。

(註十一)參閱G. H. Kuibbs: The Mathematical Theory of Population p. 32

(註十二)參閱陳達著Chinese Migration, With Special Reference to Labor Conditions, p. 161

中華民國二十二年十二月初版

（一一七四四）

東方文庫續編 人口問題一冊

每冊定價大洋壹角

外埠酌加運費匯費

主編者 王雲五 李聖五

發行人 王雲五 上海河南路

印刷所 商務印書館 上海河南路

發行所 商務印書館 上海及各埠

版權所有 翻印必究

八三二〇上 商

社會部研究室　編

人口政策綱領研究報告（初稿）

社會部研究室，一九四二年鉛印本

研究報告之二

人口政策綱領研究報告

初稿

社會部研究室編印

三十一年九月

社會部人口政策研究委員會委員名單（以姓氏筆劃多少爲序）

李景漢　李樹青　言心哲　吳文藻　吳澤霖　柯象峯　陳長蘅　陳　達

陳　言　孫本文　許世瑾　黃友郘　喬啓明　傅尚霖　趙晚屏　潘光旦

戴世光　龐京周

召集人　陳長蘅（重慶）　陳　達（昆明）

秘　書　劉崇齡

人口政策綱領草案

一、人口政策之遠大目的

人口爲立國要素之一，我國今後之人口政策，應本乎主義，順乎人情，適乎國家需要，合乎世界潮流，以期永延國家生命，確保民族生存，提高文化水準，充實社會力量，改進人民生活。其遠大目的，在維持適當之數量與培育優良之品質，使國家得以文明進步，長治久安，民族得以繁衍盛大，實躋康樂。

二、人口政策之基本原則

（一）數量方面：

應注重提倡適當生育，增進民族健康，減少疾病死亡，延長人生壽命，以求人口之合理增加。

（二）品質方面：

人口政策綱領研究報告

應注重獎勵身心健全分子之蕃殖，節制愚劣顛痴分子之生育，革新社會環境，改進保養教育，以提高人口之本質。

(三)分配方面：

應注重調整人口分佈，保持兩性均衡，消弭社會階級，調整職業分配，以期各盡其才，各得其所。

三、人口政策之主要內容

(一)提倡及時婚姻：

子、提高法定許婚結婚年齡。

丑、提倡兩性間正當社交。

寅、實施婚姻介紹與諮詢。

卯、實施職業介紹與諮詢。

辰、設置公共宿舍及公共食堂等，以便利婚後生活。

巳、舉辦戰時及戰後五年內婚姻貸款。

午、改善婚姻之締結。

(1)除依民法規定外，得由戶籍機關及其他合法官署證婚。

(2)提倡集團結婚儀式。

(3)結婚證書由政府主管機關統一製印發售。

未、婚姻之指導

(1)正當性教育之傳授。

(2)婚前體格之檢驗。

(3)性生活之指導。

(4)鼓勵健全男女之結婚。

(5)婚姻選擇之注重。

(二)健全家庭之組織。

子、獎勵家庭觀念之培養。

丑、厲行一夫一妻制。

寅、離婚之防止與限制。

卯、遺棄之制裁與禁止。

辰、家庭生活之諮詢。

巳、家庭教育之提倡。

（三）促進適當生育：

子、獎勵健全父母之生育。

丑、適當孕育之指導。

寅、孕婦及產婦之保護與扶助。

卯、生理缺陷之補救。

辰、性病之防治。

己、愚劣頹廢分子之隔離與絕育。

（四）增進民族健康：

子、普及親職教育。

丑、實施婦嬰保健。

寅、實施兒童保育。

卯、普設護嬰園與幼稚園。

辰、普及育嬰智識。

巳、提倡營養改進。

午、普及醫藥衛生。

未、普及國民體育。

申、厲行禁止墮胎。

酉、防止災害疫癘。

戌、革除迷信惡習。

亥、提高生活標準。

（五）調劑兩性比例：

子、矯正重男輕女之風俗。

丑、嚴禁溺女殺嬰。

寅、鼓勵移民帶眷。

卯、調劑區域間兩性之均衡。

（六）管制人口移殖：

子、市鄉生活平衡改進，以保持市鄉人口之適當比例。

丑、獎助稠密區域之人口，移殖稀疏或邊疆區域。

寅、獎助并保護人口向外移殖。

卯、外僑入境之合理管制。

（七）調整人口之合理分配：

子、促進工業化。

丑、擴充適于女性之職業。

寅、實施計劃教育，以培養適應各種建設需要之人才。

（八）扶植邊區人口：

子、提倡雜居及通婚。

丑、促進邊民之繁殖。

寅、推進邊民醫藥衛生。

卯、促進邊民教育。

辰、發展邊民生產事業。

巳、增進邊民福利事業。

午、改善邊民生活。

（九）取締人口販賣：

子、妓館之取締與娼妓之救濟。

丑、奴婢之解放與禁蓄。

寅、人口拐帶及租賣之嚴禁。

（十）舉辦人口統計：

子、迅速舉辦戶口普查。

丑、積極辦理戶籍及人事登記。

國民政府主計處統計局　編

中國人口問題之統計分析

重慶：正中書局，一九四四年鉛印本

内國問題統計叢書

中國人口問題之統計分析

國民政府主計處統計局編

正中書局印行

編輯凡例

一 本叢書之宗旨，在應用統計方法與統計數字，以期明瞭國內政治社會經濟各方面問題之所在，並探討解決之途徑。

二 本叢書之目的，在供下列三種用途。

(一)國勢之探討，

(二)施政之參考，

(三)學術之研究。

三 本叢書之內容，在依問題之特性，參照學理，根據統計數字，運用... 以聯貫闡釋，利用圖表與文字互相引證，使讀者對於每個問題，可... 斷正確之觀念。

四 本叢書之體制，以應用統計數字爲重心，關於統計數字之選擇，除... 其正確性外，並將數字之來源，分別註明。各章之末附列參考書，... 探討。

序

從政與爲學，端賴統計方法之運用，而運，統計方法之能否奏有效，則以記載完確與分析合理爲其先決條件。緣記載完確，則舉凡政治社會經濟等問題之眞相，固不難洞悉，而分析合理，則各種問題之因果關係，自易探討也。惟欲求記載完確，首宜參證學理，衡量事實，提供問題之綱目，再從事於材料之搜集；欲求分析合理，則在根據數字，尋繹特徵，斷定問題之癥結，再進而求其解決之方策。

我國統計事業之發展，實近十餘年間事，以發軔伊始，基礎未固，從政與爲學者，多感資料之有欠完確。但以已往對於各類之統計資料，未有統系之整理與分析，因此僅知材料之缺乏，而未悉其缺乏之程度，確信統計之需要，而未能爲合理之運用，致統計在政治及學術兩方面，均未能發揮其切要之功效。

本局有鑒於此，乃從事於內國問題統計叢書之編纂，研求當前重要之內國問題，搜集有關之統計加以分析，文字數字，相輔爲用，以闡釋問題癥結之所在，與提供解決之途徑，使國人對於各項問題，能有精確之認識，因而感覺統計數字之重要，而從事於統計工作者，亦知所注意焉。惟斯類叢書，種類繁多，編纂費時，決非本局人手所能竟其全功。爰先就本局所編「中國土地問題之統計分析」「中國人口問題之統計分析」「中國租佃制度之統計分析」等三篇，先行付印，擬再敦聘海內專家，通力合作，以期其成。本篇編述工作，由科長曾昭承曹鼎明任之。書成，承立法委員人口學專家陳伯修先生校閱指正，並賜序言。爰述數語，以弁卷首，藉表謝忱，尚希海內學者，有以賜教焉。

統計局局長吳大鈞副局長朱君毅謹識

序

吾國向來談人口問題者，大都祇注重數量之增多。其能兼重品質之改良與種族之健康者，可謂絕無僅有。推厥原因，固由於我國社會俗制之特殊，亦由於我國人口統計之極感欠缺，人口學理之太不發達，與遺傳優生學術之太不講求。孰知僅重數量而不重品質，不啻假定人類天賦之聰明才力爲平等。故多生一人，即多一人之用，而且假定「天生一條蟲，地生一片葉，天生一隻鳥，地生一條蟲」。故人口無論如何加多，總可以有食有衣，不飢不寒，但實際上殊不盡然。是以　國父一面固憂我國人口之增加或不如世界各國之速，有時亦謂「今日之中國，已大有人滿之患，其勢岌岌不可終日」。方今伏莽時聞，災荒頻見。完善之地，已形覓食之艱，凶歲之區，難免流離之禍。是豐年不免於凍餒，而荒歲必至於死亡。由斯以往，其勢必至日甚一日。不急挽救，豈能無憂。又言：「我們中國人現在的痛苦，每日生活，至少總有三萬萬人，朝不保夕，愁了早餐愁晚餐」。一面更明白詔示吾人謂：「欲造成神聖莊嚴之國，必有優美高尚之民，以無良民質，則無良政治，無良政治，則無良國家」。此次我國空前的全面抗戰，雖確切證明地大民衆爲抗敵制勝之基本條件，但同時亦確切證明地大民衆之絕對不可專恃。舉凡人民之組織訓練，教育之突飛猛進，科學之研究提倡，與夫國民經濟之積極改善，文化水準之普徧提高，及淑種優生之注意講求，尤爲今後自力更生致富圖強之重要原素。不然，何以吾國雖擁有數倍於日本之人口與土地，而竟被敵人欺侮凌虐，侵略蹂躪，至於此極乎？吾人本此次抗戰之慘痛經驗，應知今後全國人民之善保、善養、善教、善生，務須同時注重，切實作到，方能使國家民族富強盛大，長治久安。此爲鄙人近二十餘年所殫精竭思致力研究之一大問題。可惜直到現在我國人口之量的研究尚嫌粗疏，質的改善，更未開始。我國現時人口總數究爲若干？其兩性比例如何？年齡組合如何？民族組合如何？地理分布如何？職業分配如何？每年之結婚率如何？兩性結婚年齡之分布如何？生育率如何？疾病率如何？死亡率如何？嬰兒死亡率如何？自然增加率如何？人口之淨繁殖率如何？人口之平均餘命壽數如何？凡此等等，大部尙爲未知數。因此時常影響吾人對於我國人口問題之態度與主張。譬如就全國的人口總數而論，美國前駐華公使樂克里耳按每戶平均四人計算，推得清末中國人口約爲二萬萬七千萬。美國統計學者威爾柯克斯教授根據清末宣統二年民政部調查之戶數最初按美國每戶四.三人之小家庭人口計算，求得中國人口爲二萬萬九千餘萬。後因接受鄙人及金陵大學前農業經濟教授卜凱先生之批評，復改按每戶四.九人計算，求得中國人口爲三萬萬四千餘萬。鄙人將清末民政部調查重新整理之結果，求得清末中國人口約爲三萬萬七千萬。民國以來，內政部及郵政海關，均有簡易之調查或估計，其最高總數有達四萬萬八千數百萬者。鄙人從穩健估計，推定全國人口約爲四萬萬五千萬。又卜凱教授根據多年的中國農村調查，假定農村人口佔全國總人口百分之七十五，則除去東三省及其他密度不高之邊遠省區外，全國八大農業區之人口當約爲四萬萬。若假定農村人口佔全國總人口百分之八十乃至八十五，則全國八大農業區之人口當超過六萬萬。卜凱氏並謂依其意見，後項數字實嫌過高，前項數字則又或嫌過低云（參閱 Land Utilization in China by J. L. Buck pp. 361—363）。故據卜凱之估計，再加上東三省及其他邊遠省區之人口，則全中國人口總數至少約爲四萬萬四五千萬，至多則約爲六萬萬四五千萬。今卽採用卜凱最低之估計，則中國人口總數當比樂克里耳之估計約多一萬萬七八千萬，比威爾柯克斯之估計亦約多一萬萬。吾人相信卜凱之估計較諸樂威二氏之估計，當更爲確切。一則卜凱之估計，比樂威二氏約遲二十餘年，二則卜凱對於吾國人口，比樂威二氏更多實際的考查。至於中國人口今後之增加，大半繫於死亡率之減低，非若法英美諸國人口之增加，大半須賴生育率之增高。換言之，假使我國人口之死亡率，今後能因國家人民之進步而逐年減低，則我國人口之增加，當與蘇聯人口之增加甚為類似。緣我國與蘇聯之人口生育率，均比法英美諸國為高。即比德意日三國亦屬較高。故我國今後祇要努力減低人口死亡率，則人口之增加，當非世界其他任何國家所能比擬。據人口統計專家庫辛斯基(R. R. Kuczynski)計算，全世界之白種人口自一七七〇年迄今，曾由一萬萬五千五百萬增至七萬萬三千萬。白種以外之其他各民族在同一期間，則其由六萬萬增至十四萬萬。即在此期中，白種人口曾由世界總人口五分之一增至世界總人口三分之一。或為原有白種人口之四．二倍。其他各民族則曾由世界總人口五分之四變為世界總人口三分之二。或為原有其他各民族人口之二．三倍。白種人口在近一百七十年間所以能有較速之增加，大半由於其死亡率之減低，而非由於其生育率之增高。實則多數白種國家之人口生育率自十九世紀中葉以來，均已有顯著減低，法國則遠在十八世紀之下半，生育率即開始減低（參閱The Population Problem, by T.H Marshall, A.M. Carr Saunders, H.D. Henderson, R.R. Kuczynski. Ornold Plant. ch 5, World Population）。至白種諸國死亡率普偏減低之主要原因約有三端：一為白種諸國政治國防之進步與經濟資源之增多，二為其國民經濟之進步與平均國富之增加，三為科學之發達，醫藥衛生之講求及教育文化水準之提高。所以我國今後欲維持優強盛大之人口，亦應從政治、國防、經濟、教育、科學、文化、衛生、優生等方面盡最大之努力。一國人口之統計分析所以示吾人對於人口問題應有之努力方向。並可與他國人口作科學的比較，而知彼此特殊之優點或弱點之所在。否則不知己亦不知彼。必無從決定在一個時代應行採取之健全人口政策。本計畫所編之作，乃就各方面抽樣調查或簡易普查所得關於我國人口之統計資料，加以綜合整理及初步分析，足供研究或留心我國人口問題者之參考。至於精密的人口統計，尚有待於科學的人口普查與戶籍及人事登記。是則吾人所特別希望其早日實現與不斷努力者也。

民國二十九年八月中旬陳長蘅序於四川巴縣銅石橋立法院

目　次

第一章　總述……………………………………一
第二章　人口分布……………………………三
第三章　人口組合……………………………二〇
第四章　人口增減……………………………五七

第一章 總述

地球爲人類活動之場所，土地資源爲人類所利用，國家政治爲人類所建設，社會文化爲人類所創造。將欲探尋人類社會之實情，當先推究人口質量之現狀。顧人事之變動，千端萬緒，兒童之教養，成人之服務，與男女之婚配，無時無刻，不影響品質之變化。嬰兒之出生，老弱之死亡，與戶口之移動，無時無刻，不發生數量之增減。舉凡各個人事之變遷與質量之演化，逐一記載而研究之，雖窮畢生之精力，將不能得其梗概。必也集合個別之情狀，作整體之觀察，鑒已往之途徑，卜未來之指針，此人口研究之所由倣也。

全球居民，共有二十餘萬萬之多，分布於五大洲一萬三千二百餘萬方公里之地，其中土壤之腴瘠，水利之暢塞，氣候之良窳，交通之便否，莫不直接影響生活資料之豐嗇，而牽制人口之盛衰與疏密。茲就最近世界人口土地分配之狀況列表如下(見表一)：

表1　全球各洲人口土地分配

洲別	面積(千方公里)	人口(千人)	密度(每方公里之人口數)	各洲面積佔全球百分數	各洲人口佔全球百分數
全球	132,554	2,115,830	15.96	100.00	100.00
非洲	29,900	151,200	5.06	22.57	7.15
美洲	40,703	267,840	6.58	30.70	12.66
亞洲	41,978	1,153,300	27.47	31.66	54.51
歐洲	11,424	533,020	46.66	8.62	25.19
澳洲	8,550	10,470	1.22	6.45	0.49

材料來源：根據一九三七至一九三八年國際聯盟統計年鑑第一四——二三頁之材料編製

土地面積與人口分配不能調適，亦足以影響世界之安寧秩序。[illegible]

澳三洲面積之比率大，而人口之比率小，土地之需要常覺有餘，亞、歐二洲面積之比率小，而人口之比率大，資料之供求，常感不足。因不足而生覬覦之心，遂形成帝國主義與殖民地之對立狀況。就國別言，其人口與所佔土地面積，亦不調適，茲比較觀之（見表二）。

表 2　各重要國家人口與土地佔全球之百分數

國別	本國及殖民地面積佔全球百分數	本國及殖民地人口佔全球百分數
中華民國	7,6	25.0
英帝國	23,4	25.3
蘇聯	14,5	7.6
法國	10,2	5,7
美國	6,5	7.2
巴西	5,7	1,6
義國	1,3	2,8
德國	0,3	3,4
日本	0,5	4,6

材料來源：根據英文年鑑及一九三一年國際農業研究所統計之材料

人口與土地所佔百分數，英美兩國，大略相當，故對其原有版圖，趨向保守。蘇、法、巴西三國，土地比數，大於人口比數，均不感覺人口之壓迫，與土地資料之缺乏。德、義、日及中國，人口比數大於土地比數，故皆感受困難，急求出路。本文就國內各區域，按人口之分布組合及增減之情狀，分項敍述，以備國人之觀覽及施政之參考焉。

第二章　人口分布

人口分布之狀況，因地因人而異。大概生活適宜之處，常爲聚居之所。蓋地形氣候，關係人體之健康。土壤物產，影響生活之難易。苟非人力爲之改造，則自然環境對於人口分布之限制力殊巨。自然環境影響人口分布之主要因素，可大別爲地積、物產、氣候、交通諸端。地積之大小及性質，爲人類居住之基礎；物產之種類與數量，爲人類衣食生活之所資；氣候爲人類健康延續之保障；交通爲人類經濟文化發展之工具。故人口分布之狀況，有形無形中均受此諸要素之支配。

一、地積要素　國家由個人結合而成，個人爲國家成立之基礎，國家與個人之生存，必須在地面上佔據一定之空間。無地面則國家無以成立，個人亦無所立足，故地積實爲人口集團成立及其分布之基本要素。我國全國面積，歷來均泛稱廣袤若干里，既未經過精確之測量，各種數字，頗不易確定其可靠之程度。茲將各方面發表全國總面積之數字彙列如下（見表三）：

表3　　全國面積數字

	全國面積方市里數	全國面積方里數	全國面積方公里數	全國面積方英里數
參謀本部陸地測量總局	46,4[illegible]5,123	3[illegible],[illegible]9[illegible],[illegible]46		
北平地質調查所	41,[illegible]18,484			
曾世英氏測算	44,[illegible]4,256	23,[illegible]73,[illegible]13	11,173,558	4,314,[illegible]91
[illegible]地學社地圖說明		3[illegible],024,[illegible]35		
[illegible]用亞新地學社地圖推算				4,[illegible]

材料來源：根據民國二二年申報年鑑土地[illegible]資料

暨其他各機關調查審定之數目，大都以前述數字爲謬誤，揣得實情，量爲損益，不無私人見解，實難作爲政府報告之資料。至該數字之意義，大概包括海疆國界以內之水陸全部境域。惟人類之生存，除居住之地面外，生活資料更有待土地之生產，故耕地面積及可耕而荒廢面積之大小與人口分配之疏密，有重要關係。茲列各省人口多寡與面積關係如下表(見表四)：

就各類地形言，水面利於交通，山嶺影響氣候，蘊藏礦產，對於人口之分布，均有關係，茲就山岳、平原、沙漠、河流、海洋對於人生之影響，述之如次：

(甲)山岳對於人生之影響　山岳之地，岐嶺起伏，川谷雜錯，對於人類生活，影響極顯。常住高山之居民，肺量特別發達，若使移居於平原上生活，不久即患肺病。反之，生活於平原之人，一到山地，亦感不甚適應，此山岳對於生理之影響也。山脈較多地方，交通不便，一般居民，不易與外界接觸，社會文化，難以發展，結果往往養成閉關自守之風氣，缺乏進步，此山岳對於文化之影響也。多山地方土質磽瘠，耕作困難，食料既不豐富，人口自不易蕃殖，故山中居民，常極稀少，動植物之分布，亦有限制。反之，平曠之地，密度加大，如黃河、長江下游之三角洲是，此山岳對於居住之影響也。

(乙)平原對於人生之影響　平原對於人生最大之影響，在交通便利，凡交通便利之地，與外界接觸較多，人民常相往來，故進步亦速。次爲河流深長，土壤肥沃，氣候溫和，種植最爲相宜，故農業易於發達。且因交通便利，人民往來，貨物運輸，均通行無阻，商業易於發達，故人口稠密。世界人口三分之二，居於平原，而文化發達之國家，亦以平原爲多，此平原之所以可貴也。

(丙)沙漠對於人生之影響　沙漠對於人類最大之障礙，在乎雨量稀少不能生產。蓋人類非有食料，不能生存，故人類密集之地，決非沙漠，且沙漠近區境內，空氣乾燥，寒暑劇變，不適於人類生活，故沙漠近區之人口，僅需極少。

表 4　　各省人口與土地之分配

地域別	農戶數[1]	農民佔總戶數之百分數[1]	耕地面積（千畝）	宅地面積（千畝）內政部估計數[2]	土地委員會調查數[3]	陳長蘅氏修正估計數[4]
總計	78,568,245	74.5	1,356,237	847,100	221,869	1,436,437
江蘇	6,436,036	78.5	91,569	1,500	14,559	
浙江	4,559,540	69.4	41,209	5,355	22,559	
安徽	3,768,764	70.3	53,511	7,686	2,722	
江西	4,942,349	66.6	41,630	1,469	37,568	
湖北	6,771,373	68.5	61,010	6,818	7,070	
湖南	6,537,680	70.4	45,612	76,273	9,457	
四川	7,203,538	68.5	96,272	112,425	23,724	
河北	4,983,695	85.5	103,432	7,689	2,417	
山東	6,659,658	89.9	110,682	27,678	15,356	
山西	2,263,408	82.9	60,560	31,280	3,452	585,360
河南	6,329,066	81.0	112,981	13,066	10,480	
陝西	1,896,926	73.0	23,426	33,630	5,602	
甘肅	1,076,889	73.1	22,510	6,036	3,401	
福建	2,257,546	74.1	23,290	771	23,661	
廣東	5,459,998	63.7	42,452	59,747	629	
廣西	...	...	43,623	64,612	2,089	
雲南	1,947,921	71.1	29,913	19,119	20,368	
貴州	1,789,023	67.6	23,274	16,946	5,061	
遼寧	2,167,703	62.3	78,640	74,297	...	27,998
吉林	1,960,307	74.7	83,784	46,[illegible]	...	91,083
黑龍江	631,[illegible]	76.6	6[illegible],882	146,581	...	141,[illegible]
熱河	847,473	79.9	27,544	48,357	...	27,317
察哈爾	334,087	76.4	13,8[illegible]9	14,059	...	35,2[illegible]6
綏遠	367,452	66.0	23,980	...	...	54,210
寧夏	76,059	71.3	2,127	...	1,717	34,003
西康	...	...	...	...	...	55,088
青海	...	...	2,110	...	4,237	27,972
新疆	612,316	67.[illegible]	18,329	20,020	...	197,776
蒙古	...	...	...	...	...	184,294
西藏	...	...	...	...	...	29,073

材料來源：1，根據國民政府主計處統計局統計月報民國二十一年一二月合刊農業專號及民國二十四年陳長蘅著我國土地與人口之相互比較研究之材料編製

2，民國二十二年內政部根據其近年調查結果之估計，見內政年鑑土地篇第八章下第197、4?頁，其中江蘇省之數係估計補充。

3，民國二十三年土地委員會調查之結果。

4，陳長蘅氏參照卜凱氏之統計加以修正之估計數。

（丁）河流對於人生之影響　河流便利運輸，凡河流較多之地，不僅

內地往來便利，即海洋交通，亦可與大陸銜接。故商業發達，有賴於河流者至大。近來鐵路運輸發達之國家，河流功用，似或稍減，惟水運費用較廉，河流仍佔重要之地位。又河流經過之區域，土地肥沃，利於種植，更有助於農業之發達，故河流兩岸，居民較密，其關係亦至顯也。

（戊）海洋對於人生之影響　海洋之主要功用，亦在便利交通與運輸。河流之作用，在聯絡內地，海洋之作用，在聯絡海外。沿海各地，利用海洋，與外界文化接觸之機會較多，社會亦易進步。故海岸線之長短，常可影響於一國文化、發展之徐速，其人口之疏密，亦因之而有不同。

人口之分布與地位之關係，亦極密切，蓋人類必須住居陸地，但陸地之分布，以北半球為多，故人口亦大多數在北半球上居住。北半球人口大多分布於北極圈與北迴歸線間之溫帶地方，其面積不及全球陸地四分之一，而所住人口佔全世界人口百分之六十五。可知人口之分布，北溫帶最多，熱帶次之，寒帶又次之。其所以有此區別，實由地位不同。蓋地位不同，則氣候地形土壤物產俱異，因而影響人數之多寡。就人文方面言之，腦力之運用以溫帶為最相宜，寒帶次之，熱帶又次之。故溫帶為最高文化國家所必爭之地帶。又地勢之高低，亦影響氣候甚大。譬如西藏、青海、西康、雖在溫帶，而其氣候則頗似寒帶。

二、物產要素　人類生活有賴於物品之供給。故生活必需品之生產，亦係影響人口分配之主要因素。雖食衣住行同屬生活所必需，究以食糧最為急切，茲將各省食糧生產狀況列如下表（見表五），以便與人口數作比較觀察。

三、氣候要素　氣候乃溫度、雨量、風向等之總稱，其影響農產質量與人類生活，俱至顯著而密切。內地與東三省均為季風區域，雨澤調適，農產豐富，故為人口集中之區。西北地方，秋冬苦寒，烈風向東南吹送，雨量絕少，春夏風力猛烈，沙石飛舞，晝晦日冥，故不適農耕，居民稀少。西藏為世界第一高原，空氣稀薄，氣壓頗低，呼吸急促，故居民尤少，按氣候區域分布之人口數字，尚鮮確聚，茲舉氣候對於社會生活及人口分布影響之大者，犖犖數端，列之如下。

表 5　各省食糧生產量

單位：　千市擔

地域別	米	小麥	大麥	高粱	玉米	小米	黍子	甘薯
全國	659,291	470,535	168,563	223,615	167,334	192,138	31,922	368,506
江蘇	64,307	59,823	57,347	10,605	12,216	2,833	870	40,136
浙江	60,116	10,232	6,875	225	1,569	481	80	15,294
安徽	28,248	28,965	10,807	7,415	2,138	379	99	7,832
江西	43,969	7,663	3,390	80	95	1,245	21	11,115
湖北	52,008	25,838	21,500	4,588	1,939	2,967	62	8,321
湖南	70,502	5,247	2,535	617	963	209	87	24,464
四川	118,836	37,630	29,038	12,098	27,847	1,514	526	45,013
西康	…	…	…	…	…	…	…	…
河北	2,005	41,934	7,451	19,810	23,879	51,252	5,294	31,235
山東	189	74,045	7,218	36,923	13,811	37,131	5,210	45,180
山西	73	18,343	2,962	9,956	5,858	15,465	4,327	3,461
河南	3,388	86,237	15,536	23,275	14,197	31,777	2,034	51,054
陝西	2,235	16,779	3,814	1,392	3,864	4,391	3,073	2,357
甘肅	84	7,535	1,259	2,212	2,473	4,165	4,645	[illegible]
青海	…	4,307	2,557	…	16	188	276	…
福建	31,014	5,113	2,684	23	21	856	15	21,655
廣東	120,483	2,306	2,134	95	314	333	112	[illegible]
廣西	37,860	445	…	74	4,050	135	…	[illegible]
雲南	25,432	6,061	3,104	903	6,321	649	128	3,551
貴州	17,814	4,742	4,233	764	4,612	399	200	1,914
遼寧								
吉林	4,568	[illegible]	8,228	[illegible]	32,180	31,863	…	[illegible]
黑龍江								
熱河	[illegible]	1,330	608	11,619	687	13,035	…	…
察哈爾	…	2,710	3,434	5,190	438	4,008	1,660	55
綏遠	…	2,523	974	1,491	141	2,017	2,478	…
寧夏	93	350	184	109	78	373	775	…
新疆	2,597	7,376	913	1,307	4,648	430	…	…
蒙古	…	…	…	…	…	…	…	…
西藏	…	…	…	…	…	…	…	…

材料來源： 根據[illegible]中國人口與食糧問題[illegible]之材料。

（甲）對於食料之影響　人口之集合與分散，一視食料之[illegible]。食料豐富地方，人口易於集合，食料欠缺地方，人口易於離散。故一地方食料之豐富與否，當視土壤之性質，雨量之供給，與氣候寒暖之調勻與否爲標準。如地方土質磽瘠，雨量不勻，寒暖不時，則植物類食料之供給不豐，而動物類之食料亦不能充分發育。在此種環境之下，人口自不能密集。反之，土壤肥沃，雨量調勻，寒暖適宜，則動植物食料均豐，而人口亦易聚集。

（乙）對於衣住之影響　生活於熱帶之人，以氣候炎熱，不需多量衣服，又無霜雪之苦，住屋亦可簡單。生活於寒帶之人，以氣候寒冷，必須多量衣服，與完備堅實之居宅。同是衣住之事，熱帶易而寒帶難，人口因之而有聚散之異。

（丙）對於職業之影響　一地方居民之職業，常爲氣候所限制。土壤之磽瘠或肥沃，種植能否發達，有時竟完全隨氣候雨量而定。寒帶地方，終年冰雪，植物不易生長，動物亦極稀少，僅海中富有魚類。熱帶地方，雨量豐富，動植物均極繁盛，兩帶居民生產狀況不同，故職業亦隨之而異。

（丁）對於風俗制度之影響　風俗制度，乃社會中各個人共同行爲之標準，此種行爲之標準，不能與生活狀況毫無關係，故風俗制度亦不能避免氣候之影響。如熱帶人成熟較早，生活容易，故盛行早婚制度，習於多生子女。寒帶人生活困難，不易維持家庭，往往實行遲婚。又奴隸制度盛於熱帶，體育運動源於寒帶，皆氣候影響之顯徵也。

四、交通要素　人性不甘獨居，樂於羣衆生活，交通便利之地，人口易於密集，故古代河流爲文化發源之地。現在新式交通工具尙未發達之內地，河流仍居重要，除水利有助生產，裨益人民生活之外，其主要功用，即在便利交通。國內各大都市俱在交通便利地方，尤爲顯明，茲將超過二十五萬人口之都市與河流鐵路之關係列表如下（見表六）：

表6　　中國都市與交通

	據二路以上之交會點者	據二路以上之交會點者	鐵路幹線及起訖點者	不近鐵路者
沿海者	上海、廣州	天津	寧波、香港、佛山	福州
沿長江者	武漢、南京		南昌、鎮江	成都、重慶、瀘州
沿黃河者		濟南	開封	
沿運河者	北平、杭州	蘇州	紹興	

材料來源：根據張其昀本國地理上冊之材料編製。

我國自古以人丁為兵財之本源，稽考常有定制。唐、宋以後，歷採募兵制度，兵民因之分立。自清康熙五十一年，詔以盛世滋生人丁永不加賦，財源與人口關係遂疏。乾隆末年之人口約為三萬萬。嘉慶以降，官吏視冊報為具文，戶口增減，遂無確數可稽。據東華錄記載，咸豐十五年，全國人口總數即已達四萬萬，但不無浮報。洪楊時代人口頗有耗減，至清末宣統元年曾有一次調查，所得結果約為三萬萬七千萬。連同未調查省區之估計，則約為三萬萬八九千萬。民國以來，各級政府，亦循例舉辦冊報。國民政府統一全國，於民國十七年舉行各省市戶口調查統計。其後各省，亦紛紛繼辦。惟以民智之閉塞，技術之粗簡，完善報告，尚非最近期內所可望及。目前政府正從事於技術之改良，與方法之試驗，俾為全國戶口普查之準備焉。

季清以降，主要戶口統計報告，約有三種。一為上述宣統元年民政部舉辦之戶口統計，曾經奏定戶口調查章程，分期查報，近年已整理刊布。二為民國元年內務部舉辦之戶口統計，當時亦經頒發章程，近年亦已將結果編製。三為民國十七年內政部舉辦之各省市戶口調查統計，先期制定法規，亦曾刊印報告，以供施政之參考。除上述三次戶口查報規模較大，範圍較廣以外，各年分省舉行查報者，正復不少，其結果報告，俱散見於各種典籍案卷。十七年以後至二十二年之資料，業已編入中華民國統計提要（二十四年輯）

之內。茲更就二十二年以後，各省市縣辦戶口查報及編組保甲之資料，彙得各省市區域人口分布概況如下表（見表七），以觀行政區域人口分布之大概。

表7　　各省戶口之分布

地域別	戶數	口數	每戶平均口數	面積（方公里）	每方公里平均之人口數
全國	85,827,345	4[illegible]9,084,6[illegible]4	5.38	11,[illegible]	[illegible]
江蘇	8,491,816	41,[illegible]1[illegible],226	4.85	110,285	[illegible]78.[illegible]2
浙江	4,854,897	21,230,749	4.37	104,937	2[illegible]4.07
安徽	3,456,206	23,3[illegible]4,188	6.74	14[illegible],687	166.03
江西	3,055,219	16,80[illegible],623	5.17	173,089	91.31
湖北	4,751,814	25,[illegible]1[illegible],356	5.37	185,354	135.91
湖南	5,008,125	28,29[illegible],735	6.06	203,591	138.80
四川	9,727,174	52,70[illegible],210	5.42	431,309	122.20
西康	249,782	958,187	3.88	371,600	2.61
河北	5,[illegible]61,144	31,412,644	5.65	141,020	222.75
山東	7,185,208	38,836,757	5.41	147,486	263.[illegible]9
山西	2,170,606	11,601,623	5.34	156,420	74.17
河南	5,838,896	34,28[illegible],848	5.87	162,390	211.16
陝西	1,901,638	9,956,818	5.25	187,424	53.28
甘肅	[illegible],131,315	6,710,405	5.93	391,[illegible]06	17.16
青海	229,010	1,196,054	5.21	[illegible]97,194	
福建	2,264,611	11,755,625	5.19	118,738	99.00
廣東	6,312,138	32,452,811	5.14	221,307	146.64
廣西	2,638,087	13,385,215	5.07	218,924	61.14
雲南	2,350,477	12,042,157	5.04	408,560	29.83
貴州	2,001,679	9,918,794	4.96	179,478	55.26
遼寧	2,311,815	15,2[illegible]3,694	6.60	321,823	47.40
吉林	1,[illegible]00,923	8,034,132	6.69	28[illegible],380	28.[illegible]5
黑龍江	607,[illegible]78	3,751,109	6.18	442,623	8.34
熱河	554,724	2,184,723	3.94	192,490	11.35
察哈爾	409,934	2,03[illegible],957	4.97	2[illegible]8,957	7.30
綏遠	401,903	2,[illegible]83,[illegible]93	5.18	[illegible]7,[illegible]79	6.00
寧夏	113,873	978,391	8.59	274,910	3.56
新疆	902,448	4,360,020	4.83	[illegible],828,418	2.[illegible]
蒙古		6,160,106		1,621,201	3.80
西藏		3,722,011		1,2[illegible]5,[illegible]65	3.06

材料來源：根據統計局第二次全國統計總報告之材料。

附　　註：全國口數包括未列之旅外僑民七，八三八，八八八人，每戶平均口數係除去蒙藏及僑民之二十八省人口計算，各市區戶口面積均併入所在省內計算。

中華民國統計提要（二十四年輯）刊載全國各省市區合計人口總數爲四四四，四八六，五三七人，平均每戶五．三八人，推算戶數約共八三，九六〇，四四三戶。近數年中各省戶口查報及編組保甲之結果，俱有刊布，茲將各次總數，比較如次表(見表八)：

表 8　　三十年來全國戶口數之變遷

年　次	主辦機關	戶　數	口　數	每戶平均口數
宣統元年	民政部調查戶口統計	71,268,651	368,146,520	5.17
民國元年	內務部戶口統計	76,385,074	405,81[illegible],967	5.31
民國十七年	內政部各省市戶口統計	83,865,901	441,849,148	5.27
民國廿二年	中華民國統計提要編列	83,960,443	444,48[illegible],537	5.29
民國廿五年	內政部根據各省市區報告編列	85,827,345 (1)	479,084,651	5.38 (1)

材料來源：根據實業部民國二十三年經濟年鑑(上冊)第三章人口，統計局中華民國統計提要(二十四年份)及第二次全國統計總報告之材料編製。

說　明：(1)除蒙古西藏及國外僑民之數字。

人口之分布，係指人口居住集散之狀況而言，故分布之主要原素，係表示人數與地面之關係。最近全國人口之分布，以行政區畫言，四川一省，在五千萬人以上，江蘇、山東、河南、廣東四省，均在三千萬人以上，湖南一省，近三千萬人，浙江、安徽、湖北、河北四省，均在二千萬人以上，江西、山西、福建、廣西、雲南、遼寧六省，均在一千萬人以上，寧夏人數最少，僅近百萬人，其他西康等十省及京、滬均約數百萬人。大抵行政區域人口之分布，實依地域之廣狹，地質之肥瘠而異。江、浙幅員相彷，面積相若，而人口之數，竟為三與五之比；斯地質地形有以致之也。江西、湖南，地形相似，而人口為一與二之比，斯面積之大小有以致之也。茲就前述歷年人口數字，編製各省人口總數分組表(見表九)，雖地境或有更畫，人口數目隨有變遷，要亦聊備行政區域人口分配參考之一助耳。

表 9　三十年來各省人口變遷之分配

人口分組（以百萬爲單位）	宣統元年按人口分布之地域		民國元年按人口分布之地域		民國十七年按人口分布之地域		民國廿二年按人口分布之地域		民國廿五年按人口分布之地域	
總計		29		29		29		30		30
0—1 以內	察哈爾，綏遠，川邊，青海，外蒙古，	5	察哈爾，綏遠，川邊，青海，外蒙古，	5	西藏，青海，外蒙古，	3	西康，寧夏，	2	西康，寧夏，	2
1—5 以內	甘肅，黑龍江，新疆，熱河，西藏，	5	甘肅，黑龍江，新疆，熱河，西藏	5	黑龍江，新疆，熱河，察哈爾，綏遠，西藏，	6	青海，新疆，黑龍江，熱河，綏遠，蒙古，察哈爾，西藏	8	青海，熱河，綏遠，新疆，遼寧，黑龍江，察哈爾，	7
5—10 以內	陝西，貴州，雲南，廣西，吉林，	5	陝西，貴州，雲南，廣西，吉林	5	甘肅，福建，廣西，吉林，	4	福建，貴州，甘肅，陝西，吉林	5	陝西，甘肅，貴州，吉林，蒙古，	5
10—20 以內	山西，安徽，浙江，福建，江西，奉天，	6	山西，安徽，福建，奉天，	4	山西，陝西，江西，貴州，雲南，遼寧，	6	江西，廣西，雲南，山西，遼寧，	5	江西，山西，福建，廣西，雲南，遼寧，	6
20—30 以內	直隸，山東，江蘇，河南，湖北，湖南，廣東，	7	直隸，河南，湖北，浙江，江西，湖南，廣東，	7	安徽，湖北，河南，浙江，	4	浙江，安徽，湖北，河北，	4	浙江，安徽，湖北，湖南，河北，	5
30—40 以內			山東，江蘇，	2	河北，山東，江蘇，湖南，廣東，	5	江蘇，廣東，湖南，河南，山東，	5	江蘇，山東，河南，廣東，	4
40—50 以內	四川，	1	四川，	1						
50—60 以內					四川，	1	四川	1	四川	1

材料來源：根據實業部民國廿三年經濟年鑑第三章人口，中華民國統計提要（二十四年版）及第二次全國統計總報告之材料編製。

以自然區域言，平原之人口最多，盆地次之，邱陵地較少，山地及高原尤少。又同爲盆地亦有甚大之差別，如新疆之塔里木盆地則與四川之成都盆地卻相懸殊。故人口之分布，恆因環境而不同。我國人口，因地區差別甚大，是以分布至爲不均。東南沿海各省，因土地平曠，生活舒適，爲人口集中之地。西南各省雖雨量頗豐，雖山地或邱陵地較多，故所容人口較大於東南。西北內陸各地，因高山大漠，農作不易，生活艱苦，人口稀少。至於東北繼為最有希望之新農區，惜一厄於前清之封鎖，復遭受暴日之侵略，否則尚可殖民。從數字上觀察，東三省及內地各省面積，不及全國之半，而人口佔百分之九十五以上。茲按下列粗簡區域，分列各地區人口之分布，以見其梗概（見表十）：

表 10　全國自然區域人口面積之分配

區域		行政區域	人口百分數	土地百分數	人口分布指數
二十一省合計			100.0	100.0	1.0
長江流域			41.2	25.8	1.6
	下游	江蘇.	8.2	2.2	3.7
	中游	安徽.江西.湖北.湖南.	22.0	15.4	1.4
	上游	四川.	11.0	8.1	1.4
黃河流域			27.7	25.1	1.1
	沿海	山東.河北.	14.1	5.9	2.4
	內地	山西.河南.陝西.甘肅.	13.6	19.3	0.7
珠江流域			24.4	25.5	1.0
	沿海	浙江.福建.廣東.	14.6	9.3	1.6
	內地	廣西.雲南.貴州.	9.7	16.2	0.6
東三省		遼寧.吉林.黑龍江.	6.7	23.5	0.3

材料來源：根據實業部民國二十四年經濟年鑑第二章人口之材料。

就前表言，長江三角洲人口為最密，黃河三角洲次之，珠江三角洲又次之，東北、西南、西北各地為最疏，此為自然環境所限制也。

我國自古，以農立國，人口之分布，因土地經營方式之便利，向極分散。自海通以來，都市之工商業日繁，農民離村之人口日衆，都市與鄉村，俱因人口之移動，而發生不易解決之問題，斯人口城鄉分配之研究，實為今日人口問題主要關鍵之一。惟因統計資料之殘缺，實地調查之困難，致使研究參考，無所取材。良以過去政府既未完成全國人口清查，而學者之估計，相差懸遠，亦僅及於數量之一端，至人口內部之結構，如年齡、性別、婚姻、職業之狀況，俱不易作可靠之估計。多數學者研究之報告，以農村人口大都從事農業，故就農民人口情形，以觀鄉村人口之概況。

我國各省農戶數，前據國民政府主計處統計局民國十九年估計，除西康、青海、廣西、蒙古、西藏、五地方外之二十五省，約共五千八百餘萬戶，佔總戶數百分之七十四、五。各地實際調查之結果，農家每戶平均約五、五人。就此推算，二十五省農民約計三萬二千二百餘萬人，再加未計入之五地方及各省漏列之數，則全國農民將近三萬萬四千萬人。全國總人口據中華民國統計提要（二十四年輯）所載，二十二年約為四萬四千四百餘萬口，則農民佔總人口百分之七十六、六。夫經營農業者，因技術之便利，自必住居鄉村，而鄉村內之居民，又非僅以農民為限。若地主，若手工業織布製器之工匠，若農產製造業之經營人，若駕舟趕車之交通工人，必多有住居鄉村者。誠前項人口中，不乏兼營農事之人，然不兼營農事者，自不能謂為必無。職是之故，村居人口，當較三萬萬四千萬為多，亦即通常引用村居人口約佔總數百分之八十之所由仿也。茲將二十五省農戶人口，分列如下表（見表十一）。

人口城鎮鄉村之分布，與城鎮人口之多寡，關係施政方針計畫者頗巨。美國人口普查局，以二千五百人以上之聚居地方為城鎮，二千五百人以下散居地方為鄉村。其一九三〇年戶口報告，城鄉人口為五六·二與四三·八之比，英格蘭及威爾士一九三一年城鄉人口之比為八〇與二〇。法國為四九與五一，意大利為七〇與三〇。瑞典為三〇與七〇。德國一九二一年城鄉人口之比為六四·四與三五·六。近年各國城鎮人口均有逐漸增加之趨勢，以致鄉村人口，日漸減少。日本於一九二五年調查居住在五千人以下之鄉村人口，約百分之四四·二一，住居在五千人以上之城鎮人口，約百分之五五·七九。我國城鄉人口分配狀況，頗鮮調查統計。舊時統計局雖有城鄉人口分布規定之報告，然以來源缺乏，成績殊不足觀。據許仕廉氏之估計，中

表 11　　各省農戶數及農戶人口數

區域別	農戶數	農戶人口數
全國	58,560,181 (60,045,581)	332,130,499 (331,130,699)
江蘇	5,056,536	27,810,948
浙江	3,164,857	17,406,713
安徽	2,6 2,248	14,752,364
江西	3,292,310	18,107,705
湖北	3,959,690	21,773,295
湖南	3,895,715	21,488,432
四川	4,975,252	27,363,886
西康	………	………
河北	4,223,704	23,230,372
山東	5,918,280	32,550,540
山西	1,874,082	10,307,451
河南	5,061,700	57,839,350
陝西	1,384,577	7,615,184
甘肅	793,160	4,362,380
青海	………	………
福建	1,625,684	8,941,262
廣東	3,479,103	19,135,066
廣西	(1,476,400)	(9,000,200)
雲南	1,383,924	7,611,582
貴州	1,193,488	6,564,184
遼寧	1,775,150	9,763,325
吉林	941,454	5,177,997
黑龍江	489,927	2,694,598
熱河	437,232	2,404,776
察哈爾	309,109	1,700,099
綏遠	249,727	1,373,498
寧夏	54,159	297,874
新疆	334,111	1,892,610
蒙古	………	………
西藏	………	………

材料來源：根據國民政府主計處統計局統計月報二十一年一二月合刊農業專號及中華民國統計提要(二十四年編)之材料。

附　註：括弧內指示包括廣西省數字之意，廣西省數字，係據廣西年鑑廿二年數字編入。表內雲南缺四縣，貴州缺一縣，黑龍江缺一縣，新疆缺十縣，俱不完備。

國人口住居之分布，約如下表(見表十二)：

表 12 中國人口住居集散程度之分配

住居人口分組	百分數
總計	100
二千五百人以下	66
二千五百人至一萬人以下	22
一萬人至五萬人以下	6
五萬人以上	6

材料來源：根據許仕廉人口論綱要第三五三至三五四頁之材料。

人口之密度，係指在一定單位面積內所居之人口數量而言。普通用以計算人口密度之單位，為一方公里。計算密度，一方面須知一定地域內之人口數，他方面又須知同區域內之土地面積數，惟土地面積之涵義，有指總面積，有指陸地面積，有指耕地面積。近來數字報告，既無永久可靠之來源，測丈陳舊，復不易普徧於各處，形式上之數字，既已難期獲得，至性質之相同，事實上或更感困難。各省區之密度，已見前表。茲更就其分配情形，比較如次(見表十三)：

表 13 各省人口密度之分配

每方公里平均人口數	二十二年各省區密度分配	二十五年各省區密度分配
總計	30	30
五人以下	西康，青海，新疆，寧夏，蒙古，西藏	西康，青海，新疆，寧夏，蒙古，西藏，
五人至十人以下	黑龍江，察哈爾，綏遠，	黑龍江，察哈爾，綏遠，
十人至五十人以下	廣西，雲南，貴州，甘肅，遼寧，吉林，熱河，	甘肅，雲南，遼寧，吉林，熱河，
五十人至一百人以下	福建，江西，陝西，山西，	江西，山西，陝西，福建，廣西，貴州，
一百人至二百人以下	安徽，浙江，廣東，湖南，湖北，四川，河北，	安徽，湖北，湖南，四川，廣東，
二百人至三百人以下	河南，山東，	浙江，河北，山東，河南，
三百人至四百人以下	江蘇	江蘇，

材料來源：根據中華民國統計提要(二十四年輯)及第二次全國統計總報告之材料。

我國人口自西北向東南，漸趨緊密，平均每方公里一二人至三百餘人，以青海、甘肅爲最疏，黃河大三角洲之江蘇北部、山東、河南、河北諸省爲最密。至各省區內之分布，大概以河流沿岸爲較密，蓋本於交通之便否，與生活資料取得之難易而定也。沿水道幹綫者，其人口常密，反是常疏。且水道有巨細，而密度因有高低。茲以湖北省爲例說明之，全省河流以長江爲最大，漢水次之，其支流淸江、溳水、堵水又次之。故長江沿線各縣，其密度最高，漢水次之，淸江、堵水分處西南西北山中，最爲稀疏。茲將全省各縣按密度及流域分配列之，以觀人口疏密與水利交通之梗概（見表十四）：

表 14　　湖北省各縣人口密度與河流

每方公里平均人口數	共計	長江幹流沿線	漢水幹流沿線	溳水幹流沿線	淸江幹流沿線	堵水幹流沿線	不沿水道各縣
總計	70	23	10	5	3	2	27
五十人以下	5						鶴峯，保康，五峯，鄖西，房縣
五十人至一百人以下	18	巴東，	鄖縣，鍾祥，均縣，		長陽，恩施，利川，	竹谿，竹山，	遠安，興山，宣恩，建始，咸豐，來鳳，崇陽，通山，羅田，
一百人至一百五十人以下	16	嘉魚，陽新，秭歸，石首，	宜城，	隨縣，			蒲圻，荊門，南漳，當陽，咸寧，黃安，麻城，應山，京山，棗陽，
一百五十人至二百人以下	[illegible]	松滋，宜昌，沔陽，監利，蘄春，公安，黃梅，宜都，江陵，	襄陽，穀城				通城，英山，禮山，
二百人至二百五十人以下	5	枝江，鄂城，廣濟，	光化，	安陸，			
二百五十人至三百人以下	8	武昌，大冶，浠水，漢陽，	漢川，潛江，	孝感，應城，			
三百人至三百五十人以下	3	黃岡，黃陂，	天門，				
三百五十人至四百人以下	1			雲夢，			

材料來源：根據民國二十五年湖北省年鑑之材料。

人口之戶量，係指每個人口單位組織之內所包括之人數言。我國各省區戶內人口之多寡，平均自每戶三人以上至平均每戶九人以下。全國二十八省二地方，歷年查報結果，最普通者爲平均五人至六人之戶。大概人口疏密與每戶平均人數，不無關係。全國總平均約爲每戶五.三人。惟此種統計是否正確尚不能無疑，姑列其分配如下表(見表十五)：

表15　　各省每戶平均人口數

平均每戶人口數	省區名稱	
總計		30
三人至四人以下	西康，	1
四人至五人以下	江蘇　浙江、寧夏，察哈爾、新疆，	5
五人至六人以下	安徽　江西　湖北，湖南　四川，河北　山東　山西，陝西，青海　福建　廣東　廣西　雲南，貴州，綏遠，西藏，	17
六人至七人以下	河南，甘肅，黑龍江，熱河，	4
七人至八人以下	吉林，	1
八人至九人以下	寧夏，	1
未詳	蒙古，	1

材料來源：　根據第二次全國統計總報告之材料編製。

查戶之涵義，廣狹不一，有以血統爲準，稱自然家庭或生理家庭；有以生活爲準，稱經濟家庭；有以合法登記爲準，稱法律家庭。理論之觀念，既已紛歧，而各級調查登記之人員，其認識又或未必一致　謂全國平均每戶五、三人者，其明確定義，雖不易探究，要亦不無偏於經濟家庭之義也。

世界各國鄉村人口之平均戶量恆大於城市人口之平均戶量，中國亦然。我國鄉村人口，既佔全國四分之三以上，鄉村家庭每家之平均約五.五人，頗足影響全國平均戶量之大小。前述戶量之紀錄，多屬地方政府自行查報，容有未盡符合實際之處。茲更將最近（一九二八——一九三三）鄉村實際抽樣調查之戶量數，列如次表，以備參考(見表十六)：

表 16　　1928 至 1933 年鄉村實際抽樣人口之平均人口數

調查區別	區內省別	全體家庭	大家庭	小家庭
全國		5,3	4,1	7,5
1	福建,廣東,	5,8	4,4	7,8
2	浙江(東南大半部),江西,	4,6	3,9	7,0
3	雲南,貴州,	5,0	4,0	6,9
4	四川,	5.4	4,1	7,6
5	江蘇 安徽 浙江(西北小半部),湖北,	4,9	4,2	7,0
6	河北 山西(東南部) 陝西(南半部),山東 河南 安徽、淮北,	5,4	4,1	7,7
7	綏遠,山西,陝西(北半部),	5,6	4,1	7,8
8	四川(西部),雲南(西北部),	5,0	4,2	6,4

材料來源：　根據實業部民國二十五年經濟年鑑第三編第二章人口之材料，

第三章　人口組合

人口之組合，通常指組成人口集團內之性質而言，如性別、年齡、婚姻狀況、語言、宗教、教育、職業、經濟狀況等是。性別、年齡、婚姻狀況，屬人之自然性質；語言、宗教、教育、屬人之社會性質；職業、經濟狀況、屬人之經濟性質。諸種性質之研究，係就某時期某區域內之人口，橫截的分析其成分，主要目的爲表現該區域內某一瞬間人口組合之實際形態。蓋人口因生死增減，移入、移出、隨時變動，從其變動率之大小（例如出生率、死亡率、嬰兒出生率、嬰兒死亡率，移入率、移出率、增加率等），可以推測某定期內人口之大概。惟計算變動率，必先明瞭人口組合之情狀，乃有基礎可循，故人口組合之研究，當先於人口增減之敍述。

各地域人口集團，在數量方面，固有差別，在組合內容，變異更多，即使數量或相近似，組合之內容，極難一致。例如英吉利本國人口約四千七百萬，義大利人口約四千三百萬，兩國人口數量雖極相近，但其數字組合之內容，實未盡相契合。有時甲國男子比女子多，而乙國則女子比男子多。或者，甲國壯年人百分數甚高，而乙國則幼年人百分數較大，在甲國從事工商業者較多，而在乙國從事於農業者較衆。凡此種種差異，對於該人口集團之社會組織、社會活動、人民生活、與政治設施，俱有極密切之關係，人口組合問題之重要，於此可見。

人口組合中各種性質之資料，通常由人口調查之結果得來，即各國之定期戶口普查也。在統計事業發達之國家，每十年或每五年舉行一次，戶口普查表格內，通常包括人口之分配、人口之組合、與人口之增減各種問題，如美國一九三〇年戶口普查表包括近二十項之多。我國民衆不識字者在百分之八十以上，戶籍人員及一般民衆俱缺乏戶口調查之訓練與習慣，將來草擬戶口普查表格，愈簡愈好。表格愈簡單，則易引起興趣，減少錯誤之機會，逐漸養成戶口普查之良好基礎。

一、性別 人口之男女分配，通常計算之方法有三種：第一種爲性比例(Sex Ratio)，指每百女子所當之男子數，例如性比例爲一一五，即指某地方每有一〇〇個女子，即有一一五個男子。第二種係男女百分數，指男女各佔全人口中之成數，例如男子百分數爲五十二，女子百分數爲四十八，即百人中男子佔五十二人，女子佔四十八人。第三種爲男子率（Masculinity rate)，指每千女子所當之男子數。依生物學者之研究，一切動物之雌雄比例，大約趨於相等。人類中各種族之性比例，雖略有小差，但大體仍屬相近。一般情形，出生時男多於女，但因生理關係，男孩之死亡率稍高，故自嬰孩以至成人，其比例又趨於平衡。

世界各國人口之性比例，多在一〇〇至一〇六之間，戰爭、饑荒及移民常侵犯男女人口之通常比例。大戰以後，歐洲諸國女子常多於男子，英、法、德諸國之人口性比例竟降至九四以下。長途移民，以男子佔大多數，其結果移出國之女多男少，移入國之女少男多，故歐洲各國與美洲各國性比例相差甚遠。又人口過庶產業落後之國家，每遇饑荒之年，常犧牲女性嬰孩或出賣女兒，亦足影響性比例。我國各省人口男女性別之資料缺乏，不易作精確之比較。就大體言，男多於女，性比例較他國爲高，考其原因頗與重男輕女及生活艱難有大關係，茲將分區數字，列如下表（見表十七）：

總觀下表，我國各地方人口大概男多於女，邊遠省區開拓未久，前往墾殖者多係男子，復以宗教、教育、風俗、習慣之關係，故性比例數字特高。都市人口叢集，前往謀生者衆，歷來社會及家庭習慣，多係男子外出，故都市之性比例數字亦大。歐西各國人口之男女分配，大率趨於相等，或有女多於

表17　　三十年來各省人口性比例

地域別	民國元年內務部調查	民國十七年內政部調查	中華民國統計提要二十四年輯所載	民國二十六年內政部編製
江蘇	119.1	113.7	…	113.16
浙江	118.7	128.4	122.54	123.53
安徽	123.1	128.5	123.25	121.37
江西	126.5	124.9	…	121.24
湖北	118.3	123.9	118.73	116.73
湖南	127.3	125.8	…	122.19
四川	131.2	131.5	130.50	117.51
西康	123.3	123.8	…	95.23
河北	123.6	128.8	115.78	117.38
山東	117.4	117.1	136.32	115.57
山西	135.5	137.1	133.89	130.01
河南	112.8	112.0	116.27	114.10
陝西	110.0	116.5	118.06	118.61
甘肅	109.8	120.0	…	119.58
青海	108.6	103.3	…	106.67
福建	123.1	116.5	136.18	135.37
廣東	119.2	110.2	…	117.88
廣西	119.3	119.3	126.52	126.75
雲南	115.4	110.7	106.94	107.04
貴州	114.0	111.6	103.23	107.73
遼寧	123.7	120.3	124.43	124.43
吉林	132.0	131.8	129.55	122.51
黑龍江	120.8	132.8	132.83	129.93
熱河	120.8	120.3	128.57	122.32
察哈爾	100.1	148.3	118.91	116.58
綏遠	99.1	155.9	168.73	136.67
寧夏	97.8	97.8	127.08	116.23
新疆	115.3	124.3	124.33	124.89
蒙古	83.7	…	…	…
西藏	119.4	112.4	…	…
南京			152.41	150.29
上海			137.16	132.97
北平			150.27	160.18
天津			…	141.53
青島			154.90	142.90
西京			168.35	223.13
東省特別區			…	165.81
威海衛行政區			112.23	110.97

材料來源：根據實業部民國二十三年中國經濟年鑑第三章16–18頁中華民國統計提要（二十四年輯）227頁，內政部編戶口統計5–6頁之材料。

男之趨勢，大概生活程度較高之國，其性比例數字常小於生活程度較低之國，新興國家因移民入境男子佔多數之故，其性比例數字常較歷史久遠之國家爲高。受戰爭打擊最深之國，男子因戰爭死亡較多，故性比例數字常低，此蓋一般之現象也。

人口性比例可分三方面研究：第一出生性比例（Sex ratio at birth），指嬰兒初生時之男女分配；第二指定人口團體內普通性比例（General sex ratio in specific population groups），如各地域之男女分配；第三依年齡組分別之性比例（Sex ratio according to age groups），如零至四歲，五至九歲等組之性比例。出生性比例，可視作年齡性比例中特殊之一例。

依醫學家推測，懷孕時男多女少，其比率大概是一百二三十男孩與一百女孩之比，但男胎之死亡較易，故生產時之性比例不出一百一十，常在一〇四至一一〇之間。歐戰前歐西各國人口出生性比例及嬰兒死亡性比例列如下表（見表十八）：

表 18　歐戰前西歐各國人口出生性比例及嬰兒死亡性比例

1906-1915	出生性比例（對每百女孩之男孩數）	一年內嬰兒死亡性比例（對每百女孩之男孩數）
英格蘭	[illegible]	[illegible]
蘇格蘭	10[illegible],3	[illegible]25,1
法蘭西	104,4	12[illegible],3
義大利	105,4	110,9
德意志	105,9	119,1
西班牙	100,8	112,[illegible]
奥大利	10[illegible],7	115,2

材料來源：　根據柯象峯現代人口問題102頁之材料。

上表表示歐洲各國人口之出生性比例甚高，其男嬰孩死亡率比女嬰孩死亡率高，結果使男女比例較爲平均。關於中國人口出生性比例之各種研究，現在資料頗爲殘缺，茲錄中華民國統計提要（二十四年編）所載民國二十二年各市嬰兒出生性比例如下表（見表十九）：

表 19　　民國二十二年各市嬰兒出生性比例

市	別	出生嬰兒總數	男	女	每百女嬰所當男嬰數
南	京	12 262	6,654	5,608	118.6[illegible]
上	海	28,115	15,267	12,8[illegible]8	118.83
北	平	21,299	11,092	10,207	108.67
天	津	2,592	1,512	1,080	140.00
青	島	3,925	2,078	1,847	112.51
杭	州	8,023	4,412	3,611	122.18
廣	州	14,215	7,528	6,687	112.58
漢	口	11,530	6,456	5,074	127.24

材料來源：　根據中華民國統計提要(二十四年輯)之材料。

大概而論，中國人口出生性比例約在一一〇至一二〇左右。又依吳澤霖等之調查，中國人口女孩死亡數較男孩死亡數爲高，其主因有二：第一社會習慣重男輕女，女孩因待遇不良，與溺女惡習，使女孩死亡率增高。第二在調查時，被問者對於女孩之生產死亡，多略而不報，男孩之隨家長出外者，常兩地同時報告出生耳。

按團體分別之性比例，除前述之政治區域外，尚可按都市市鎮鄉村分別。我國城市人口，甚少精審之普查與統計，下表係就民國二十六年八大城市人口性比例報告，舉例說明(見表二十)：

表 20　　民國二十六年八大城市人口性比例

市	別	性比例
南	京	150.29
上	海	132.93
北	平	109.18
天	津	141.47
青	島	145.90
杭	州	147.29
漢	口	133.14
廣	州	127.41

材料來源：　根據內政部編戶口統計第5,6,9,15及44各頁之材料。

上列八大城市，或爲工商區域，或爲文化政治中心。社會習慣，在外經商作官者，多不帶眷屬，青年學生，亦男子十居八九。又在城市作工或尋覓工作之人，亦係男子多於女子，故大都市人口之性比例甚高。至於城市家庭之性比例，固屬較低，下列數例爲各種工人家庭之性比例，其中因無錫工業以絲紗爲盛，絲廠，紗廠，多用女工，故無錫工人家庭之性比例偏低，其數字如下表（見表二十一）：

表21 各市工人家庭人口性比例

市別	被調查人口	報告人	性比例
南京	工人家庭700戶，共含男女人口4,881人	陳華寅	113.8
無錫	工人家庭332戶，共含男女人口2,239人	宗家琨	100.3
漢口	工人家庭125戶，共含男女人口3,450人	陳華寅	110.0

材料來源：根據實業部民國二十三年中國經濟年鑑第3章第32頁之材料。

不獨大都市人口之性比例甚高，小市鎮人口之性比例亦甚高。如燕京大學社會學系在附近清河與成府兩市鎮調查得人口性比例如下（見表二十二）：

表22 市鎮人口性比例

地域別	性比例
清河鎮總人口	164.6
清河鎮家庭人口	111.5
成府總人口	153.1

材料來源：根據實業部民國二十三年中國經濟年鑑第3章第32頁之材料。

市鎮多係數十農村之商業中心點，其中居民從事商業者極多，店夥學徒，多不帶家眷，故依調査所得，市鎮人口之性比例與大都市人口之性比例，相差無幾。大都市與小市鎮人口之性比例，旣均甚高，則鄉村之性比例自當較低。

我國都市市鎮鄉村之範圍，向無定說，在統計方面，亦無通用之標準。下列各例(見表二十三)所包括之人口殊不一致，有數個鄉村人口，包括一部分市鎮人口在內，但所得人口性比例，鈞不甚高，更有不及一百者。可見附近城市之農村男子，頗多往城市謀生，有使城市性比例加高，鄉村性比例減低之趨勢。就大體言，鄉村人口性比例，遠不及市城人口性比例之高，則可斷言也。

表 23　　鄉村人口性比例

報告人	調査地點	男女共計	男	女	性比例
卜　克	七省十六處2,640農戶	14,952	7,684	7,268	105.7
喬啓明	十一省二十二處12,456農戶				109.0
陳華寅	上海縣所屬八鄉	115,611	58,034	57,577	100.1
陳華寅	崑山縣所屬十七鄉	215,692	110,204	105,488	100.4
許仕廉	清河南鎮	746	387	367	108.0
許仕廉	黃土北店村	1,373	676	697	97.0
喬啓明	安徽等四省十一處	15,401	8,193	7,208	113.6
喬啓明	山西清源縣	920	468	452	119.0
李景漢	河北定縣515家	3,571	1,835	1,736	105.7
李景漢	河北定縣5,255家	30,642	15,780	14,863	106.2
李景漢	北平掛甲屯村	406	217	189	114.8
李景漢	北平黑山扈等村	387	197	190	103.7
張履鸞	江蘇江寧縣[illegible]村	2,634	1,411	1,223	115.3
張折桂	河北定縣大王耨村	2,188	1,165	1,023	113.9
馬倫等	河北等省二百餘村莊	37,191	19,593	17,598	111.3
克爾伯	廣東潮州鳳凰村	650	338	312	108.3

材料來源：根據實業部民國二十三年中國經濟年鑑第3章22-33頁及民國二十四年中國經濟年鑑續編第3章10頁之材料。

關於各年齡組之性比例，通常在四十五歲以後，女子多於男子，性比例卽在一〇〇以下，茲舉一九二一年英格蘭及威爾士之性比例如表二十四（每千男子所當之女子數）：

表 24　一九二一年英格蘭及威爾士人口性比例

年齡分組	性比例
0—4	976
5—9	992
10—14	983
15—19	1,027
20—24	1,176
25—29	1,209
30—34	1.186
35—39	1,156
40—44	1,127
45—49	1,070
50—54	1,074
55—59	1,085
60—64	1,132
65—69	1,191
70—74	1,342
75—79	1,476
80—84	1,685
85以上	2,062
平均	1,096

材料來源：根據柯象峯現代人口問題163頁之材料，原數字見 Carr-Saunders and Jones A Surany of Social Structrs of England and Wales PP. 3-4。

觀上表各年齡組之性比例，大概在十五歲以下，男子較女子爲多，十五歲以後，男子數量漸較女子爲低，雖然在女子生育期間，女子死亡率較高，但仍較男子爲多。此後則愈至晚年，女子較男子之數量超過愈多，英國此種現象，雖不能完全代表各國，至少可以代表歐西諸邦。通常男子生活不若女子之安定，須常至宅外作奮鬥生活，冒險之機會較多，故死亡較高也。我國各年齡組之性比例，凡從下表之抽樣調查結果見之（見表二十五）：

表 25　　各年齡組之人口性比例

年齡組	警察明11省 2?縣12,4?6 鄉區資料	卜凱7省76縣2,640 農家資料		燕京大學社會學系北平清河鎮調查	定縣五一五農村	金陵大學社會學系南京大王府巷調查 棚戶	普通人家
0—1	11?		—	—	—	—	—
0—4	1?9	106.?	123.4	142.3	84.7	95.9	104.8
5—9	116	14?.?		142.1	118.5	113.7	91.9
10—14	?18	?19.5	118.3	119.0		117.5	111.1
15—19	118	?17.1		124.0	130.2	?28.5	123.5
20—24	108	93.8	91.8	111.9		98.5	91.1
25—29	107	9?.1		140.0	106.9	135.4	145.5
30—34	114	12?.5	100.0	118.0		129.8	118.5
35—39	?13	97.7		10?.0	108.3	107.6	117.1
40—44	1?7	?14.?	101.7	10?.?		143.3	159.3
45—49	10?	?0.0		10?.0	95.9	93.5	118.8
50—54	107	?24.2	?8.1	71.1		133.3	155.9
55—59	8?	73.8		?8.4	100.9	102.8	90.9
60—64	91	8?.8	75.1	72.5		109.6	88.0
65—69	78	?9.8		92.3	70.5	88.2	106.3
70—74	66	60.7	58.0	83.3		9?.9	71.4
75—79	66	51.9		40.0	80.0	50.0	16.6
80—84	64	50.0	46.7	33.3		100.0	—
85—89	25	42.9			—	—	100.0
平均	1?9	105.7		111.5	105.7	113.6	114.1

材料來源：根據陳長蘅現代人口問題170—172頁之材料。

根據上表之各種調查，我國人口在少壯時期男子多於女子，五十歲以上之老年人，則女子常多於男子，與其他國家大概相似。

性比例對於社會之發展，關係重要，凡一地方，若性別分配均勻，即性比例在一〇〇左右，其家庭人口必多，家庭生活固定，則社會生活亦較安定。在大都市及特種地域，如礦山、鐵路、市鎮及邊地等，性比例高，單身男子多，家庭人數少，於是狎妓、酗酒、犯罪、爭鬥、賭博之事多，風俗淫亂，社會不安。反之，在任何國家地域社會，性比例較低，女多於男，女子不結婚者多，鄉村社會組織譁毀，風俗尚屬純厚，若大都市女子過多，難免生活浪漫，風俗淫靡。中國納妾之風，固係習俗所許，其原因有關於經濟方面者，有關於道德方面者，有關於文化方面者，而男女之不平衡，或亦為原因之一。前表列載中國人口性比例極高，或係戶口調查時女性遺漏男性預算所致，不能代表中國人口之真實狀態。蓋中國之社會研究，尚在粗率寬泛時期，遺漏較多，所得結論，雖已有事實上之根據，未必即屬真確。將來調查研究愈進精密，當有更可靠之資料也。

二、年齡　年齡分配之標準，普通引用者約有四式：

第一、孫巴克氏(Sündbarg)進定退人口年齡百分數表，其目的在以人口年齡之百分數，測定人口之增減，分人口為增進、穩定、與退減三種，其標準如下表(見表二十六)：

表 26　孫巴克氏進定退人口年齡分配百分數

年齡	增進的人口之年齡分配	穩定的人口之年齡分配	退減的人口之年齡分配
十四歲以下	40%	33%	20%
十五至四十九歲	50%	50%	50%
五十歲以上	10%	17%	30%
總數	100%	100%	100%

材料來源：根據許仕廉人口論綱要308頁之材料。

又惠布爾(Whipple)認壯年人口在百分之五十以上者，表示移入人口甚多，定名為接收人口；壯年人口在百分之五十以下者，表示移出人口不少，定名為離出人口。又孫巴克氏認瑞典人口，為穩定人口最好之標準，從一七五一年至一九〇〇年，該國人口百分之三十三在十四歲以下，百分之五十在十五歲至五十歲之間，百分之十七在五十歲以上。

第二、一八九〇年瑞典人口之年齡分配(見表二十七)，當時瑞典人口甚為固定，移民影響不大，故作為分配之標準最為適宜。

表 27　瑞典人口年齡分配百分數

年齡分組	百分數
0—1	2.55
1—19	39.80
20—39	26.96
40—59	19.23
60以上	11.46
共計	100.00

材料來源：根據許仕廉人口論綱要309頁之材料。

第三、標準百萬人口，指一九〇一年英格蘭及威爾士人口，統計家多用此人口，作爲改正生產率與死亡率之標準，其分配數如下表(見表廿八)：

表 28　英格蘭及威爾士標準百萬人口

年齡組	男 實數	男 百分數	女 實數	女 百分數	男女合計 實數	男女合計 百分數
0—4	57,039	5.70	57,223	5.72	114,262	11.42
5—9	53,462	5.35	53,747	5.37	107,209	10.72
10—14	51,370	5.14	51,365	5.14	102,735	10.28
15—19	49,420	4.94	50,373	5.04	99,793	9.98
20—24	45,273	4.53	50,673	5.07	95,946	9.60
25—34	76,425	7.64	85,154	8.52	161,579	16.16
35—44	59,364	6.34	63,455	6.34	122,819	12.28
45—54	42,927	4.29	46,295	4.63	89,222	8.92
55—64	27,913	2.79	31,828	3.18	59,741	5.97
65—74	14,691	1.47	18,389	1.84	33,080	3.31
75以上	5,633	0.56	7,9[illegible]9	0.80	13,581	1.36

材料來源：根據許仕廉人口論綱要309—310頁之材料。

第四、澳洲人口統計家尼布斯(Gnibbs)氏及威根斯(Wickens)氏曾將歐洲十一國人口年齡分配精密推算，亦可供研究之參考，茲錄其分配如下表(見表二十九)：

表 29　　歐洲十一國人口年齡分配百分數(甲)

年齡	百分數	年齡	百分數	年齡	百分數	年齡	百分數	年齡	百分數
0	2.45	19	1.90	38	1.25	57	0.67	76	0.20
1	2.43	20	1.83	39	1.21	58	0.64	77	0.18
2	2.41	21	1.83	40	1.18	59	0.62	78	0.16
3	2.38	22	1.80	41	1.15	60	0.59	79	0.13
4	2.35	23	1.76	42	1.11	61	0.57	80	0.11
5	2.33	24	1.73	43	1.08	62	0.54	81	0.10
6	2.30	25	1.69	44	1.05	63	0.51	82	0.08
7	2.27	26	1.66	45	1.02	64	0.49	83	0.07
8	2.24	27	1.62	46	0.99	65	0.46	84	0.05
9	2.21	28	1.59	47	0.95	66	0.44	85	0.04
10	2.19	29	1.55	48	0.93	67	0.42	86	0.03
11	2.15	30	1.52	49	0.89	68	0.39	87	0.02
12	2.12	31	1.49	50	0.85	69	0.37	88	0.02
13	2.09	32	1.45	51	0.84	70	0.34	89	0.01
14	2.06	33	1.41	52	0.81	71	0.32	90	-
15	2.03	34	1.38	53	0.78	72	0.29	91	
16	2.00	35	1.35	54	0.75	73	0.27	92	0.02 (90—94)
17	1.96	36	1.31	55	0.73	74	0.24	93	
18	1.93	37	1.28	56	0.70	75	0.22	94	

材料來源：根據許仕廉人口論綱要310—311頁之材料。

為計算便利計，可將前表各年齡合併成爲種種年齡組，再觀察其百分數之分配如下表(見表三十)：

年齡分配之標準，略如上述。歐戰以前，各國人口大概有三分之一在十五歲以下，二分之一在十五歲至五十歲之間，六分之一在五十歲以上。若依四分法推算，十五歲以下人口約佔三分之一，十五歲至四十歲之人口約佔

表 30　　歐洲十一國人口年齡分配百分數(乙)

<table>
<tr><th>年齡組</th><th>百分數</th><th>年齡組</th><th>百分數</th><th>年齡組</th><th>百分數</th><th>年齡組</th><th>百分數</th></tr>
<tr><td>1—4</td><td>[illegible]</td><td rowspan="2">0—9</td><td rowspan="2">23,[illegible]8</td><td rowspan="4">0—19</td><td rowspan="4">43,61</td><td rowspan="3">0—14</td><td rowspan="3">33,99</td></tr>
<tr><td>5—9</td><td>11,35</td></tr>
<tr><td>10—14</td><td>10,61</td><td rowspan="2">10—19</td><td rowspan="2">20,43</td></tr>
<tr><td>15—19</td><td>9,62</td><td rowspan="7">15—19</td><td rowspan="7">50,93</td></tr>
<tr><td>20—24</td><td>8.98</td><td rowspan="2">20—29</td><td rowspan="2">17,10</td><td rowspan="4">20—39</td><td rowspan="4">3[illegible],75</td></tr>
<tr><td>25—29</td><td>8,12</td></tr>
<tr><td>30—34</td><td>7,25</td><td rowspan="2">30—39</td><td rowspan="2">13,65</td></tr>
<tr><td>35—39</td><td>6,40</td></tr>
<tr><td>40—44</td><td>5,57</td><td rowspan="2">40—49</td><td rowspan="2">10,36</td><td rowspan="4">40—59</td><td rowspan="4">17,76</td></tr>
<tr><td>45—49</td><td>4,79</td></tr>
<tr><td>50—54</td><td>4,40</td><td rowspan="2">50—59</td><td rowspan="2">7,40</td><td rowspan="7">50以上</td><td rowspan="7">1[illegible],[illegible]8</td></tr>
<tr><td>55—59</td><td>3,36</td></tr>
<tr><td>60—64</td><td>2,70</td><td rowspan="5">60以上</td><td rowspan="5">7,68</td><td rowspan="5">60以上</td><td rowspan="5">7,68</td></tr>
<tr><td>65—69</td><td>2,[illegible]8</td></tr>
<tr><td>70—74</td><td>1,46</td></tr>
<tr><td>75—79</td><td>0,80</td></tr>
<tr><td>80以上</td><td>0,55</td></tr>
</table>

材料來源：　根據許仕廉人口論綱要312頁313頁之材料。

五分之二，四十歲至六十歲之人口約佔五分之一，六十歲以上人口約佔十三分之一。歐戰以後，歐美澳三洲資本主義高度化之各國，其人口增加率已漸遲緩。其主要原因爲生育率之普徧減低，而生育率減低之主要原因，則由於人爲的孕育節制底無疑義。此種國家之人口在一百年內驟增一倍或一倍以上之希望，似將成爲過去之陳跡。此種工業發達生活優裕之資本主義國家，其人口年齡分配，在近三十年來，將形成一種趨勢，卽幼年壯年各年齡組之百分數將減低，中年及老年各年齡組之百分數將加高。故此種國家之人口的平均壽命雖增至六十乃至六十以上，但其未來之人口增加則將日見迂緩。此爲個人主義極端發達之結果。惟就種族未來之安全言之，則未免矯枉過正耳。

中國人口統計，對於年齡報告常有許多錯誤，其錯誤之最普徧者，約有數端：(一)生日計算方法之不一致——有以最後生日計算者，有以最近生日計算者，更有多數以習慣計算者，嬰孩初生之年，不論何月出生均算一歲，過一新年便算兩歲。計算年齡方法，旣各地不同，統計結果，亦難有正確之標準。(二)整數年歲之浮報——譬如四十九歲或五十一歲之人，有時俱報五十歲，又五十九歲或六十一歲之人，則俱報六十歲。(三)青年及中年女子之少報年歲——如二十歲或三十歲以上至四十五歲之女子，往往有減報年歲情事。(四)老年人年歲之多報——如五十八或五十九歲之人常有報六十歲者。目前兵役法施行以後，接近除役年齡，更多虛報，列入除役年齡，而正達兵役及齡者，亦多少報，列入尙未及齡期中。(五)五歲以下嬰孩之遺漏——有時爲調查員之疏忽，有時因國人習慣，多不願以兒童之數目名字年歲相告，尤以一歲以下之嬰兒，易於遺漏。有上列種種原因，中國人口統計所得年齡分配，常不正確。下列所舉各例，僅表示中國人口年齡分配大概情形。其精確程度，殊難斷定。玆附選各類資料如下(見表三十一、三十二)：

我國鄉村人口調查，其中年齡分組方法，殊不一致，故頗不便於比較，玆就下列各處抽查之結果列後(見表三十三、三十四)，以見中國鄉村人口年齡分配之大概：

表31 民國元年各省人口年齡分配百分數

區域	一歲至未滿十六歲	十六歲至未滿五十歲	五十歲以上
河北	22.31	57.88	19.83
北平內城	14.47	67.69	18.44
北平外城	15.57	71.12	13.31
順直	22.52	57.54	19.94
山東	11.69	73.75	14.55
山西	20.55	54.72	24.73
吉林	21.91	57.75	20.34
黑龍江	17.81	64.30	17.89
總計	17.60	60.15	18.25

材料來源：根據實業部民國二十三年中國經濟年鑑第3章25頁之材料。

表32 民國十七年人口統計中之學童及壯丁百分數

區域	學童——六歲至十二歲人口百分數	壯丁——二十歲至四十歲人口百分數
江蘇	10.64	19.76
浙江	……	19.70
安徽	……	……
江西	11.51	24.49
湖北	8.76	22.14
湖南	12.69	21.69
河北	12.88	18.79
山東	11.33	18.01
山西	11.04	21.56
陝西	12.71	18.65
遼寧	11.96	20.51
黑龍江	13.56	21.94
察哈爾	10.49	15.90
綏遠	8.63	22.93
新疆	7.25	18.00

材料來源：根據實業部民國二十三年中國經濟年鑑第3章25—26頁之材料。

表33　鄉村人口年齡分配百分數(甲)

年齡分組	河北定縣515家人口	北平掛甲屯村人口	北平黑山扈等村人口
0—4	15.21	8.6	11.6
5—14	20.19	18.8	18.3
15—24	17.98	18.9	19.4
25—34	13.80	16.7	15.5
35—44	12.06	13.1	14.2
45—54	9.38	12.3	8.5
55—64	6.13	7.4	5.6
65—74	3.73	5.2	2.6
75—84	1.36	1.0	0.8
85—94	0.08	0.2	......
總計	100.00	100.0	100.0

材料來源：根據實業部編二十四年中國經濟年鑑續編第3章14頁之材料。

表34　鄉村人口年齡分配百分數(乙)

年齡分組	河北定縣5,255家	河北等省22處	河北定縣大王耨村	安徽等7省16處	中國南北兩部16省101處38,256家 全數人口	北部人口	南部人口
0—4	12.[illegible]	13.5	10.61	11.95	13.5	12.9	14.1
5—9	10.83	11.0	13.10	12.47	11.4	11.3	11.6
10—14	9.85	9.9	10.65	10.39	9.9	10.0	9.9
15—19	8.53	9.3	7.8[illegible]	9.85	9.5	9.3	9.5
20—24	8.40	8.8	8.73	7.95	8.6	8.5	8.7
25—29	7.78	8.4	6.95	9.09	8.4	8.3	8.6
30—34	6.81	6.9	6.61	7.08	6.7	6.3	7.1
35—39	6.61	6.9	6.03	7.40	7.1	7.0	7.1
40—44	6.41	6.6	6.49	6.08	6.6	6.9	6.3
45—49	6.02	5.6	6.81	5.44	5.7	6.3	5.2
50—54	4.40	4.0	3.38	4.83	4.1	4.1	4.1
55—59	3.90	3.6	2.29	2.77	3.8	3.6	3.9
60—64	3.00	2.3	3.76	1.90	2.5	2.5	2.4
65—69	2.49	1.6	3.34	1.35	1.6	1.9	1.3
70—74	1.68	0.9	1.55	0.58	0.9	1.2	0.6
75—79	0.84	0.[illegible]	0.[illegible]	0.2	0.5	0.6	0.4
80—84	0.35	0.2	0.1	[illegible]	0.2	0.2	0.2
85—89	0.08	0.1	0.46	0.07	0.1	0.1	—
90—94	0.04	—	—	0.11	—	—	—
95—99	—	—	—	—	—	—	—
未詳	—	0.1	—	—	0.1	0.1	0.1
總計	100.00	100.0	100.00	100.00	100.0	100.0	100.0

材料來源：根據實業部民國二十三年中國經濟年鑑續編第2章15—17頁及二十五年中國經濟年鑑第三編第2章14—16頁之材料。

婚之關係。六十歲以上之人數少，與歐洲瑞典相差兩倍以上，乃因我國人平日不知鍛鍊身體講求衛生所致。蓋嬰兒人數既多，死亡率即隨之增加，往往發生生而無以爲養，養而無以爲教之現象。且生育既多，家庭負擔必重，貽害未來之生活尤大。至於老年人口減少，生產能力薄弱，亦非社會之福。凡此種種，均證明我國鄉村人口年齡分配之不均，於國家前途發生深巨之影響。據專家之統計分析，我國農村人口之平均壽命僅爲三四十歲左右而已。

至於都市及市鎮人口，其年齡分配情形，與鄉村異，與普通人口亦多不同，茲就各大都市及各處抽樣調查之結果列表如下（見表三十五、三十六）：

觀下表分配，我國都市村鎮人口，在二十歲至六十歲之間，百分率較大，二十歲以下及六十歲以上，百分率較小，可見中國城市村鎮中中年人多，老年及幼年人較少。十五歲至四十九歲之百分數，多在百分之五十以上，甚至達百分之六十者，可見多數壯年男子離其鄉間之家庭，獨往城市謀生。

三、婚姻狀況——通常認十六歲以上爲可婚人口，依一般人口年齡分

表35　　各市人口年齡分配百分數

年齡分組	南京	上海	天津	青島
0——5	9.33	12.39	8.27	8.23
6——10	8.08	8.12	9.43	8.20
11——15	8.13	9.37	7.10	8.13
16——20	8.12	9.80	12.02	9.32
21——30	20.80	21.00	19.58	21.21
31——40	20.24	16.68	16.61	18.64
41——50	13.05	11.50	12.76	13.13
51——60	7.23	8.17	8.11	7.93
61以上	3.98	2.97	5.53	5.28
未詳	1.04	——	——	——
總計	100.00	100.00	100.00	100.00

材料來源：根據第二次全國統計總報告之材料。

表36　村鎮人口年齡分配百分數

年齡分組	北平西郊清河鎮家庭人口	北平西郊成府人口	南京工人家庭人口	無錫工人家庭人口	武漢工人家庭人口
0——4	11.4	10.1	11.6	10.6	11.1
5——9	10.1	8.2	10.7	11.1	8.9
10——14	7.6	7.3	8.1	11.5	9.6
15——19	9.7	10.8	8.6	8.7	11.6
20——24	7.4	11.2	8.1	7.2	10.2
25——29	8.6	9.6	10.6	10.5	10.4
30——34	7.8	8.0	7.4	9.9	6.1
35——39	7.7	8.7	7.9	8.9	7.9
40——44	5.6	7.1	6.7	5.3	5.9
45——49	5.6	4.9	5.2	3.4	6.3
50——54	4.2	4.7	4.9	3.9	3.4
55——59	5.3	3.9	4.2	4.4	3.9
60——64	3.8	2.4	2.8	2.1	2.0
65——69	2.8	1.1	1.5	0.8	1.5
70以上	2.4	1.8	1.5	1.7	1.2

材料來源：　根據實業部民國二十三年中國經濟年鑑第三章29——30頁之材料。

配狀況，十五歲以下之人口，大都佔全人口三分之一。故人口之可婚者約為全人口三分之二，但實際上已婚者並無此數，各國之比率亦頗多出入，即以人口中十五至四十歲最適於結婚之時期而論，亦有許多未婚之人。雖有一部分人因結婚過遲及生理與健康或其他原因不能結婚者外，仍有大多數人口係可婚而未婚之獨身者。我國人口因少壯年之數量大，又因在宗法家庭制度之下，子嗣觀念極重，而娶妻又可增加家庭中治家務及勞作之力量，因之可婚人口及結婚人數較多；通常都市之可婚人口數佔總人口數百分之七十左右，其已婚人口常佔可婚人數百分六十至九十。茲列各種調查報告結果如下表（見表三十七）：

表 37　　已婚人口佔可婚人口之百分數

區域	男		女		總計	
	可婚人口佔總人口之百分數	已婚人口佔可婚人口之百分數	可婚人口佔總人口之百分數	已婚人口佔可婚人口之百分數	可婚人口佔總人口之百分數	已婚人口佔可婚人口之百分數
清河鎮區人口	63.3	71.9	63.0	88.4	69.3	80.2
清河商店人口	59.2	71.6	68.1	92.3	67.2	73.1
清河南區人口	64.6	71.5	68.1	88.0	66.5	81.6
定縣大王耨村人口	65.8	66.9	63.9	90.7	64.9	71.0
試府人口	78.5	66.7	70.0	90.9	71.0	75.4

材料來源：根據翁仕農人口論叢集 335—336 頁之材料。

上表所述人口婚姻狀況，可表示下列性質：第一，可婚男子人口已婚之百分數不及可婚女子人口已婚之百分數。第二，市鎮或工商區域人口已婚之男子數常多於已婚之女子數，因依中國習俗，多數已婚男子出外謀生者並不攜帶家眷。第三，女子喪夫多不再嫁，男子喪妻常之再娶，且女子較男子爲長壽，故寡婦多於鰥夫。就實際論，可婚男子之已婚者與可婚女子之已婚者，人數相差亦大，其原因約有四端：第一，十五歲以下未達可婚年齡之男子，多有年齡較大之[illegible]妻。第二，男子納妾。第三，男子出外，留妻在家。第四，寡婦較[illegible]爲多。

我國鄉村地方[illegible]女子[illegible]不能獨立，依賴性重，故未婚者較少。又因道德與社會風俗之限制，[illegible]再嫁及男女離婚者均較少。至鰥夫人數之多，大抵因經濟情形及年齡較大所限制。

四、職業分配——人口之職業分配，當依社會經濟情形及人口年齡分配而定。若一國社會組織完善，人人生產，貧窮消除，人口中遊手好閒者必可減至最低限度。經濟事業發達之社會，有正當職業之人口，即從職業可以得到工資薪水之人口，通常佔百分之五十左右。其餘不生產之人，並非因資

產過多，可以不產而食，必因種種不得已原因，不能生產，如年齡過幼不能

表38　世界各國人口職業分配之百分數

國　別	農林漁業	工礦業	商業及交通業	陸軍及海軍	公共服務及自由職業	人事服務
奧地利	31.7	36.9	16.2	1.0	5.6	6.6
比利時	17.1	48.9	21.3	1.4	7.2	4.2
保加利亞	79.8	8.3	3.4	0.9	2.8	2.4
大不列顛	6.6	48.1	27.1	0.9	10.2	7.1
英格蘭及威爾士	6.2	48.8	27.1	1.0	10.2	7.3
蘇格蘭	9.6	47.5	26.8	0.3	10.0	5.9
愛爾蘭	51.8	17.6	15.3	1.2	6.8	7.4
德意志	28.8	40.6	16.4	0.8	8.0	3.9
希臘	53.7	28.1	11.7	0.4	4.6	1.5
丹麥	35.0	28.1	18.4	0.4	8.4	11.7
愛沙尼亞	66.2	15.8	7.1	1.8	4.6	2.5
西班牙	57.0	24.6	8.1	2.1	4.4	3.8
義大利	46.7	26.7	12.5	2.5	6.8	3.1
拉脫維亞	67.0	15.6	8.8	1.6	4.6	2.7
立陶宛	79.4	8.7	3.3	1.7	1.6	5.3
愛美爾	45.2	16.7	8.7	3.6		22.8
挪威	35.5	26.5	21.2	0.3	5.9	10.3
波蘭	76.2	11.2	5.7	2.6	2.5	1.8
葡萄牙	62.3	16.1	8.4	1.8	2.8	6.3
蘇聯	85.0	8.9	2.9	0.7	2.5	……
土耳其	81.6	7.0	5.1	[illegible]	2.4	……
匈牙利	53.1	20.8	10.1	0.9	6.7	5.4
芬蘭	64.3	22.0	7.6	0.4	[illegible]	2.3
法蘭西	35.7	35.1	16.5	1.9	7.[illegible]	3.4
荷蘭	20.5	19.3	23.4	0.4	8.[illegible]	7.6
捷克斯拉夫	38.3	37.4	12.2	2.3	[illegible]	4.1
瑞士	21.4	44.9	18.3	0.2	[illegible].3	6.9
瑞典	36.0	32.3	17.7	[illegible]	6.2	7.2
加拿大	31.2	31.4	23.4	0.2	9.8	4.0
美國	22.0	35.2	27.4	0.3	8.9	6.2
南非聯邦	30.2	23.1	27.7	0.4	15.4	3.2
澳大利亞	20.8	36.3	27.8	0.2	10.1	4.8
紐西蘭	24.2	32.0	28.4	0.3	10.0	5.1
日本	49.6	22.0	18.0	6.9		2.6

材料來源　根據1938年保加利亞統計年鑑757頁之材料

任正當職業，或懷孕生育不宜在外工作，或疾病殘廢不能任事，或精神衰老不適於任務。

世界各國人口之職業分配，依其國情而異。農業國家，其業農人口較多，如蘇聯、保加利亞、土耳其、立陶宛、波蘭諸國，其農業人口比率超過百分之三以上。工商國家，其工商人口亦多，如英、德、比利時、瑞士諸國，工業人口超過總人口百分之二以上，英、日、挪威、比利時、荷蘭、加拿大、美國、南非聯邦、澳大利亞、新西蘭，其商業人口超過總人口百分之一以上。各國職業人口分配詳情列如上表（見表三十八）：

我國人口中有正當職業者之百分數，現尚無全體統計，但依下列局部調查之結果，十歲以上男子人口中，有正當職業者佔百分之五十七至百分之七十，十歲以上女子人口中有正當職業者佔百分之一至九，茲錄局部調查有正當職業者之百分數如下表（見表三十九）。

表39　正當職業人口佔人口總數之百分數

人口區域	男	女	總計
清河家庭人口	6[illegible]	[illegible]	[illegible]
清河商店人口	70.0	[illegible].7	63.3
清河村鎮	[illegible]	9.3	37.4
定縣大王耨村	65.[illegible]	[illegible]	[illegible].6
江寧	57.1	2.[illegible]	33.4

材料來源：根據許仕廉人口論綱要4頁之材料。

前表所列，我國男子人口中有正當職業之百分數與一般相近。惟女子人口中有正當職業之百分數太低，此係由於女子經濟活動機會太少，及女子多從事於家庭管理所致。

我國人口之職業，前經制定職業分類，其內容首分業別與職別，業別指所經營之事業，職別指所從之職務，例如銀行總理與銀行差役，其業別雖同而職別則異，故有區分之必要。業別可分為農業、礦業、工業、商業、交通運輸業、公務、自由職業、人事服務與無業九大類，農業包括農、林、漁、牧。礦業除五金及非金屬外，並包括鹽、煤、石油及土石等業。工業包括（甲）工廠工業，即合於工廠法之規定者（用馬達而工人在三十人以上者）；（乙）小工業，爲用馬達而工人不及三十人或不用馬達而工人在十五人以上者；（丙）手工業，爲不用馬達且工人不及十五人者。商業除販賣、經紀、介紹、金融、保險業外，並包括生活供應業，如旅館、飯店、理髮、洗衣等均在內。交通運輸，除路、電、郵、航各業外，並包括轉運、堆棧、以及挑擔與推挽人力車等業。公務包括黨、政、軍、警等公務。自由職業，除包括醫診、律師、工程師、會計師及新聞業外，並包括（甲）教育及學術研究，（乙）文學及藝術事業，（丙）宗教事業，（丁）社會事業，如人民團體以及青年會、保育院、慈善堂等。人事服務包括家庭管理及侍從傭役等。無業包括（甲）就學，即學生，（乙）不事生產，即不從事任何生產事業，僅依財產生活，或無財產而依他人生活者，（丙）非法生活，如娼妓、賭博等，（丁）囚犯，（戊）慈善機關收容者，（己）老弱殘廢不能生產者。九大類復各細分爲若干小類，如農業可分爲農作、園藝、林業、漁業、畜飼、狩獵及其他農業。鑛業可分爲金屬鑛業、非金屬鑛業、鹽業、煤業、石油業、土石業及其他鑛業。工業可分爲木材及木器製造業、冶鐵工業、金屬製品業、機械製造業、交通用具製造業、國防用具製造業、土石製造業、建築工程業、水電業、化學工業、紡織工業、服用品製造業、皮革毛骨及橡皮製造業、飲食品製造業、製紙及紙製品工業、印刷出版業、飾物文具儀器製造業、及其他工業。商業可分爲販賣業、經紀介紹業、金融保險業、生活供應業及其他商業。交通運輸業可分爲郵遞業、電信業、陸運業、水運業、空運業、轉運業、堆棧業、挑挽業及其他交通運輸業。公務可分爲黨務政治及軍警，自由業可分爲教育及學術研究事業、醫診業、律師業、工程師業、會計師業、新聞業、文學及藝術事業、社團事業及其他自由職業。人事服務可分爲家庭管理與侍從傭役。無業可分爲就學、不事生產、非法生活、囚犯、慈善機關收容者、及老弱殘廢不能生產者。職別按其職業之等級可分爲若干類，如農業分主管者、助理人及傭工；礦業工業商業交通運輸業均各分主管者、職員及傭工；公務分薦任或校官以上、委任或尉官、差役或士兵；自由職業分技術家或教師、事務員及傭工；人事服務分家庭管理者、侍從、傭役；無業分學生、不事生產者、非法生活者、囚犯、慈善機關收容者。

中國人口之職業分配，因職業分類之無畫一標準，所得結果，多不便比較，惟就前述局部調査之結果，已略窺其趨勢。在都市之人口職業如表四十所列，惟係全國少數地域之特殊情形，殊不足以代表全國人口職業之分配。通常經濟自給之國家，農工並重，其職業人口中農工（包括礦）各佔百分之三十至三十五，商人約佔百分之二十，自由職業人口約佔百分之十五至二十，家庭服務約佔百分之五。凡工商業不發達之國家，農業人口百分數較高，農商不發達之國家，其工商業人口之百分數亦高。

表 40　各市人口職業分配
（以千人爲單位）

業　　別	南京（十九年）	北平（二十五年）	天津（二十五年）	青島（二十五年）
總　　計	564	1171	1090	537
農　　業	8	80	6	121
礦　　業	——	1	1	2
工　　業	66	99	114	59
商　　業	71	149	153	45
交通運輸業	14	91	58	17
公　　務	59	20	18	7
自由職業	11	74	14	8
人事服務	43	71	73	51
無　　業	193	643	593	210

材料來源：根據中華民國統計提要（廿四年輯）及第二次全國統計總報告之材料。

五、經濟狀況——人口在生產方面，可以依各項職業分類，但在分配及享受方面，亦可分爲數等。因現在資本主義制度之下，其分配方面未盡合理，有人收入甚多，有人收入甚少，相差頗大，故享受方面，隨之而有貧富之不同。我國人口調查與統計，固已殊待充實，而人民經濟狀況之調查，更不

表 41　　農戶與農民之平均耕地

區域別	平均每農戶耕地面積（市畝）	平均每農民耕地面積（市畝）
全國	22.85	4.37
江蘇	16.87	3.40
浙江	13.16	2.97
安徽	27.27	4.83
江西	13.17	2.79
湖北	16.29	3.39
湖南	12.37	2.64
四川	31.25	6.03
河北	25.84	4.53
山東	16.97	3.04
山西	38.80	7.38
河南	19.43	3.79
陝西	32.94	5.8[illegible]
甘肅	33.00	6.52
福建	12.97	2.93
廣東	11.78	2.11
廣西	11.80	2.36
雲南	18.94	3.66
貴州	19.42	3.75
遼寧	39.50	5.92
吉林	83.19	12.47
黑龍江	124.77	16.71
熱河	58.70	10.03
察哈爾	70.25	9.37
綏遠	68.35	12.51
寧夏	34.19	6.71
新疆	43.35	9.01

材料來源：根據第二次全國統計總報告之材料

入（單位:國幣元）

半自耕農			佃農		
百畝以上者	五十畝以上者	不足五十畝者	百畝以上者	五十畝以上者	不足五十畝者
999	726	417	1,062	775	307
1,129	668	365	1,074	[illegible]	370
1,143	788	423	1,115	601	4[illegible]
1,799	1,103	640	1,934	1,452	610
1,640	1,059	585	1,782	945	593
1,037	728	416	1,128	479	121
763	465	209	735	474	229
1,050	662	319	1,101	611	316
775	453	281	755	406	276
1,507	490	570	1,576	1,075	553
1,300	594	450	1,591	603	804
602	357	229	547	355	247
497	290	181	489	300	163
615	463	263	751	451	243
593	526	311	871	507	292
834	482	269	814	470	230
815	487	321	844	487	232
746	451	280	794	453	274
641	374	237	644	265	231
312	193	131	255	227	151
650	427	192	587	312	166
344	202	127	347	199	125
		415			675
		236			148
585	401	234	630	430	216
		135			
1,188	861	472	1,065	1,191	384
440	553	232	451	677	292

表42 農戶每年平均收

地域別	地主 百畝以上者	地主 五十畝以上者	地主 不足五十畝者	自耕農 百畝以上者	自耕農 五十畝以上者	自耕農 不足五十畝者
江蘇	835	484	195	1,063	864	414
安徽	626	369	224	1,111	731	405
浙江	819	464	270	1,200	813	463
福建	1,181	749	477	1,897	1,148	762
廣東	1,219	728	414	1,708	981	564
雲南	1,147	720	373	1,597	807	435
貴州	652	299	158	839	527	281
湖南	805	409	222	1,179	691	358
江西	495	285	161	814	484	300
湖北	811	506	273	1,576	1,034	550
四川	1,068	673	304	1,525	840	489
[illegible]	349	210	131	675	407	243
山西	357	220	135	560	332	207
河南	634	388	177	878	479	285
山東	609	346	202	995	567	308
河北	536	315	161	849	501	301
遼寧	611	349	237	886	550	355
吉林	421	260	162	790	475	297
黑龍江	316	192	125	747	423	275
熱河	201	131	87	397	244	164
察哈爾	354	203	101	607	327	189
綏遠	237	138	93	416	233	137
南京			460			580
上海	1,005	490	320			416
北平	473	330	159	728	494	278
青島	1,600			2,600	(0)	124
漢口	581	347	115	1,258	875	601
天津	710		157			357

材料來源：根據中華民國統計提要(二十四年輯)第494至495頁之材料。

參見，茲列我國每農戶及農民平均耕地面積與農戶每年平均收入如上表（見表四十一、四十二）：

表43　各省市學齡兒童已受教育之百分數

地域別	學齡兒童數	現受義務教育兒童數	現受義務教育兒童佔學齡兒童百分數
江蘇	5,294,344	967,817	18.47
浙江	2,033,174	874,211	43.00
安徽	2,309,300	318,915	14.44
江西	2,178,130	765,370	35.14
湖北	2,078,711	333,930	16.07
湖南	3,840,250	870,056	23.16
四川	6,076,631	1,014,816	19.90
西康	79,720	2.535	3.18
河北	3,643,716	1,085,783	29.83
山東	4,121,798	1,563,453	38.90
山西	1,383,685	779,533	56.13
河南	3,234,538	979,077	29.31
陝西	1,254,947	360,748	28.77
甘肅	647.387	157,958	27.69
青海	100,901	25,939	25.71
福建	910.853	324,806	35.67
廣東	3,317,903	1,427,133	43.01
廣西	1,077,310	1,019,484	94.58
雲南	1,179,549	625,464	53.03
貴州	690,633	173,147	25.03
遼寧	1,815.159	601,199	33.12
吉林	733,732	144,780	19.73
黑龍江	502.842	73,573	14.69
熱河	227,463	29,334	12.83
察哈爾	218,690	90,168	41.37
綏遠	163,385	59,118	36.18
寧夏	41,248	20,628	49.78
新疆	183,725	5,416	2.95
蒙古	580,000	……	……
西藏	372,201	……	……
南京	67,778	47,303	69.64
上海	220,927	170,713	78.00
北平	148,700	40,739	27.39
青島	43,772	39,325	89.81
威海衛	32,947	18,927	57.46

材料來源：根據第二次全國統計總報告之材料。

六、教育程度——人口之組合，亦可從教育程度之高下分別，普通分爲不識字者，及識字者。識字者之中又可分爲受過初等教育，受過中等教育與受高等教育者。我國文盲之數，向鮮普徧之調查，據一般之估計，多在百分之八十左右。一國文盲之多寡，與受教育程度之高低，直接影響各國人民幸福，文化之推進，與國運之興衰，關係密切。茲錄各省市現受義務教育兒童數與學齡兒童數之比較如上表（見表四十三）：

七、宗教信仰——人口之組合，亦可從宗教信仰方面分析，宗教在社會上，其重要性頗大。歷史上因信仰之不同而發生之宗教戰爭，紀載頗多。中國西北邊省，回漢之爭尤爲習見之事。我國之信儒、道、回、印度教者頗多，傳布之範圍甚廣，互相錯綜，至爲複雜，於行政實施影響頗大。政府過去向少宗教之調查，茲錄數國人口宗教信仰分配之百分數（見表四十四），以見一斑（1921）。

表 44　各國人口宗教信仰分配百分數

國別	基督教							回教	不信（[illegible]在內）	總計
	希臘正教	羅馬天主教	非羅馬天主教	[illegible]	[illegible]教	[illegible]列教	其[illegible]宗教			
保加利亞	[illegible].8					3.9	0.5	1[illegible]	0.2	[illegible]
捷克斯拉夫		76.3	3.9	7.3			4.[illegible]		7.9	[illegible]
德國（1925）		32.4		64.1			0.1		3.1	[illegible]
匈牙利		62.9		27.2			[illegible]		5.9	[illegible]
南斯拉夫	46.6	39.4					2.2	11.1	[illegible]	100.0
波蘭	10.5	63.8	11.2	3.7	10.5				0.5	[illegible]
瑞士		39.2		[illegible]			1.7		1.5	100.0
英國		15.9		27.2			3.5		[illegible]	[illegible]

材料來源：根據柯[illegible]等現代人口[illegible]220頁之材料。[illegible]人口[illegible]74頁。

我國上古無所謂宗教也，國家祭祀之典，不過崇拜自然現象與崇德報功意義之表示而已。漢代以後，佛道並行；明清以降，回教、耶教，先後傳入；

宗教之性質，日益龐雜。惟儒家係集政治哲學教育之大成，研究形而上學之精神，與宗教信仰不相類似。只因本部漢人之生活習慣，均以儒家為宗，其潛在力至大。若以之列為宗教之一種，似不甚洽。

我國本部，僅有祭祀之典，敬神之俗，與宗教信仰，不甚相同。自佛道內傳，與邊地回教、喇嘛教及外洋傳入之猶太教、天主教、耶穌教等，乃有宗教之雛型。惟宗教信仰與種族關係密切，如青海、新疆，為回教盛行之區，蒙古、西藏，乃喇嘛教獨盛之地。惟一教之中，又各有派別，如喇嘛有紅教、黃教之分，信仰有不同，行政方法，自應因之變化。故宗教盛行地方，不可忽視信仰對於政治之影響。茲列國中各教派別如下：

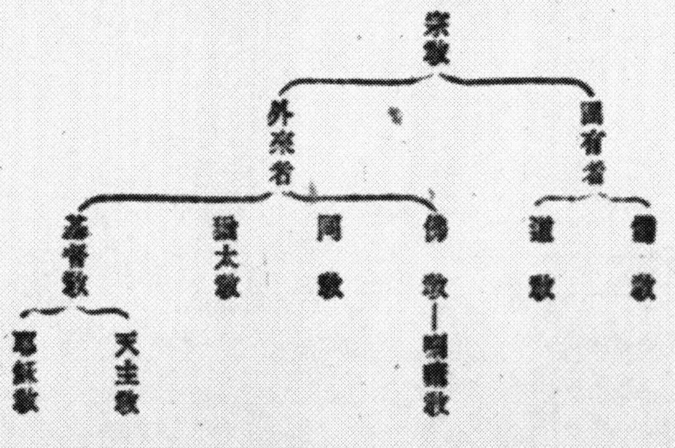

佛教為印度釋迦牟尼所創，漢明帝時，傳入中國，亦稱釋教，分為俱舍宗、成實宗、三論宗、法相宗、華嚴宗、天台宗、密宗、禪宗、淨土宗九派。現時全國寺院，大都由禪宗及淨土宗合併而成，如浙江普陀山之觀音寺、山西五台山之文殊院、四川峨嵋山之普賢寺，俱稱佛教聖地。教義分大乘、小乘；大乘主哲理，小乘主禮拜及迷信。寺院階級不同，名稱各異，其各地域分布之大概情形如下表（見表四十五）：

喇嘛教亦佛教之一派，與西藏土教混合而成，以西藏蒙古為信仰之中心，喇嘛教分新舊二派；舊派創自拔思巴其教徒著紅衣，故名紅教喇嘛。新派創自宗喀巴，其教徒著黃衣，故名黃教喇嘛。宗喀巴生於明成祖時，因紅教戒律不嚴，故別創新教以矯正之。宗喀巴有大弟子三人，達賴喇嘛駐拉薩，班禪額爾德尼駐日喀則，哲布尊丹巴呼圖克圖駐庫倫，分掌前後藏及蒙古政教之大權。

表45 中國佛教之分布

省市別	佛教機關數	佛教徒數
全國	267,020	4,628,000
江蘇	84,549	1,211,300
浙江	58,910	1,475,500
安徽	9,280	134,840
江西	1,150	29,340
湖北	17,230	262,940
湖南	3,540	126,500
四川	39,089	649,310
河北	1,170	14,220
山東	2,140	10,460
山西	5.040	22,600
河南	1,350	7,030
陝西	490	4,500
甘肅	250	910
福建	19,130	130,230
廣東	12,900	196,670
廣西	290	15,530
雲南	9,920	73,810
貴州	410	3.460
遼寧	480	1,750
黑龍江	850	1,330
南京	650	6,250
上海	6,160	43,580
北平	810	8,780
青島	2	470

材料來源：根據民國二十五年申報年鑑1278—1279頁之材料，

道教託於黃老，雜以陰陽術數，衍為神仙怪異之說，其目的在修道、養生、飛昇、成仙。唐高祖認老聃為始祖，為之立廟，高宗尊號為太上玄元皇

表46　　各省回教之分布

地域別	寺院數	教徒數
新疆	2,045	2,350,950
甘肅	3,891	3,518,920
寧夏	655	753,400
青海	1,081	1,186,590
東三省	6,570	7,533,680
熱河	241	278,950
綏遠	253	[illegible]
察哈爾	175	195,050
河北	2,942	3,379,410
河南	2,703	3,094,800
陝西	3,612	4,189,090
山西	1,931	1,559,570
山東	2,513	2,890,430
雲南	3,971	4,568,290
貴州	449	519,180
四川	2,275	2,615,830
廣西	429	280,180
廣東	201	558,450
湖南	982	1,202,900
湖北	1,134	1,587,080
江西	205	286,590
浙江	289	357,800
安徽	1,515	2,288,580
江蘇	1,302	1,963,170
福建	257	471,750
總計	42,371	48,104,240

材料來源：根據1936—1937年英文中國年鑑第1501頁之材料。

表47　　中國基督教之分布

教會名稱	西教士人數	牧師人數	受餐信徒人數	受宗教教育人數
中華基督教會	1,179	442	119,746	39,450
中華聖公會	514	263	82,190	27,760
中華信義會	126	68	23,980	14,742
內地會	1,326	62	77,277	15,938
美以美會	302	416	45,965	35,465
南浸信傳道會	198	78	35,241	13,108
循道公會	100	49	20,979	11,000
山東長老會	45	58	13,156	2,282
華北公理會	103	16	13,701	2,024
監理會	92	18	13,149	9,321
基督復臨安息日會	216	107	11,932	17,115
浸禮會	155	36	10,589	9,455
江蘇南長老會	88	19	8,623	6,374
崇真會	63	124	6,818	2,725
宣道會	88	18	4,041	3,228
山東瑞華浸信會	24	2	3,752	1,864
救世軍	69		2,804	
禮賢會	26	4	2,164	
中華基督教路德會	70	10	2,159	2,334
美普會	3	1	2,123	200
南行道會	32	10	2,000	1,000
遵道會	21	10	1,900	1,750
基督會	38	7	1,733	2,556
行道會	30	11	1,650	1,329
友愛會	30	4	1,504	
眺努伊勤會	12	6	1,300	535
宣聖會	11	1	1,134	500
神召會	64		1,090	
遵信會	23		1,011	563
福音會	16		1,000	800
美瑞丹會	4	5	958	300
坎拿大長老會	5	8	923	
清潔會	14		849	
來復會	3	2	820	
循理會	14	13	812	1,315
基督徒公會	4		800	
恩柏基督教會	6		753	150
中華國內布道會		3	734	
瑞典自立會	13		661	

貴格會(江蘇)	8		652	595
伯特利會	1	3	600	2,150
潞伯崙會	3	1	193	300
美門約老會	14	2	562	
英五旬會	15		485	170
路德布道會	33		462	1,376
公誼會	19		407	584
女公會	8		376	293
直接浸信會	9		400	
協力公會	12		310	
瀛中伯特利會	5		300	230
欽縣大苑潔會	6		273	167
救恩會	5	1	250	173
遠東宣教會	21	7	240	55
水上基督徒會	11		200	
神的召會	4	1	181	150
聖經差會	16	1	160	200
瑞典浸禮會	10		151	150
卓資山福音會	4	2	150	230
孟那浸信會	2	1	100	150
河南遵道會	7		82	
協同會	3		64	
如邪基督教會	14		63	293
信義長老會	7		40	
基督教會	6		40	
東亞基督教道會	4		40	12
瑞蒙宣道會	8		26	19
德國喜迦堪會	2		7	17
廣學印書房	3		4	30
中國自立會			5,000	
獨立各教會	23		4,097	
其他教會	179			
教育機關	168			
醫藥機關	6			
慈善機關	26			
全國機關	35			
全國青年會	55			5,703
全國女青年會	23			
總計	6,108	1,590	468,616	208,568

材料來源：根據生活書店發行之1937年世界知識年鑑第367—370頁之材料。

表48　各省天主教之分布

地域別	教區	教主	神父 歐洲人	神父 中國人	牧師 歐洲人	牧師 中國人	尼 歐洲人	尼 中國人	教徒
蒙古	5	5	147	90	—	25	53	115	134,052
東三省	5	5	250	95	83	—	2.3	247	190,792
河北	13	12	237	439	83	325	176	756	78[illegible],435
山東	10	5	217	102	40	41	286	246	270,528
山西	7	7	105	66	14	21	60	74	117,144
陝西	8	3	88	73	10	71	29	189	71,667
甘肅	4	2	82	10	21	—	61	21	24,815
江蘇	4	3	125	119	112	42	195	400	261,446
安徽	3	2	124	7	70	14	37	126	110,460
河南	8	6	153	47	18	3	71	191	133,45[illegible]
四川	8	9	119	229	7	3	60	214	174,642
湖北	7	5	184	173	24	15	159	259	152,21[illegible]
湖南	7	4	100	21	5	5	55	52	63,[illegible]6
江西	5	4	90	85	7	—	35	91	107,264
浙江	4	3	50	118	3	5	57	181	96,83[illegible]
福建	6	3	92	83	8	—	63	6	82,21[illegible]
廣東	9	10	221	713	67	40	189	159	132,117
廣西	2	1	41	11	1	—	12	59	[illegible]2,605
貴州	3	3	57	49	2	—	23	42	[illegible],181
雲南	3	2	42	20	6	7	9	54	18,802
總計	121	94	2,633	1,822	547	680	2,120	3,628	2,924,17[illegible]

材料來源：根據1938—1939年英文中國年鑑第69頁之材料。

帝。漢時張道陵創行道教，其子孫世守其業，居江西貴溪縣龍虎山，俗稱天師。寺觀分布各省。民國以降，其勢漸衰。

回教爲穆罕默德所創，又名伊斯蘭教，係集猶太教、耶穌教之宗旨混合而成。唐時，傳入中國，盛行於西北各省。各處回教寺院名清眞寺，其教徒嚴守教規，不食豚肉，不與他教徒通婚。前清季年，與政府常因隔膜而起糾紛，

近則已甚融洽矣。茲將最近各省回教徒之分布列如上表(見表四十六):

基督教爲耶蘇基督所創,元明以後,傳入中國。其教徒有二派,一曰天主教,一曰耶穌教,天主教亦稱加特力教(Catholic),爲基督教中之舊派。耶穌教倡於德人馬丁路德,因憤舊教之專制,創立新教。清嘉慶以後,兩教均盛,傳之中國。嗣後締結條約,確分布教之權,於是推行愈廣,茲列最近基督教及天主教之分布如上表(見表四十七、四十八):

八、語言分布——我國文字,雖以漢文爲主,滿蒙回藏,亦各自有文字。漢文雖通行最廣,然因字體複雜,文義艱深,不易普及。至語言之紛歧,較種族文字,尤爲複雜。蓋因種族不同,風尙各異,加以交通不便,道途阻塞,形成方言之不同。惟語文爲傳遞思想之工具,若不勤加注意,自屬行政便利上之缺憾,將來在民族複雜地方,舉行之人口普查,似不宜忽視語文一項。茲附列語言分類系統如下:

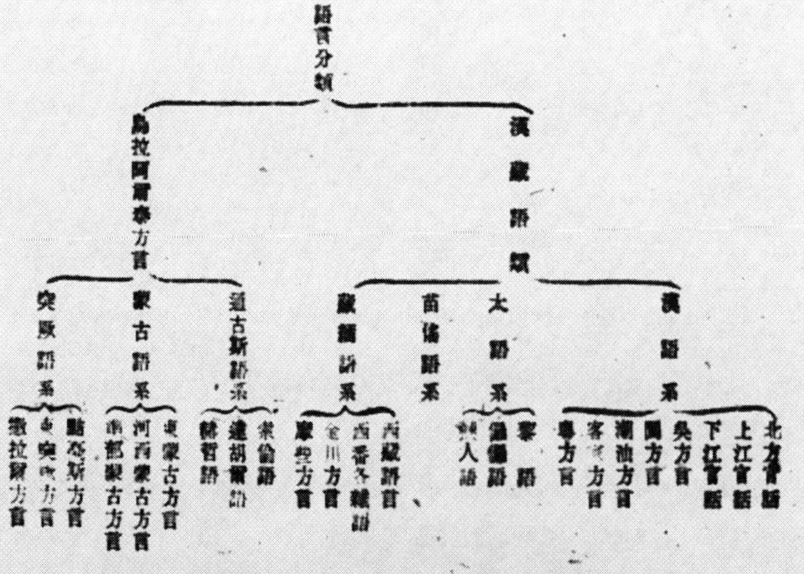

材料來源:　根據翁文灝、丁文江,曾世英編之中國分省新圖之材料編製。

表49 中國漢族以外人口之語言分布

種族	人數	分布地方
古亞洲族		
費雅喀	5,000	吉林省
通古斯族		
滿洲 錫伯	215,635	黑龍江、熱河、新疆三省
索倫	26,900	黑龍江、新疆二省
鄂倫春	2,125	黑龍江省
赫哲	1,180	吉林省
蒙古族		
陳巴爾呼	17,[illegible]00	黑龍江省
新巴爾呼	5,400	黑龍江省
達呼爾	38,616	黑龍江省
喀爾喀 額魯特 阿爾泰烏梁海	2,072,961	黑龍江、吉林、遼寧、熱河、察哈爾、綏遠、寧夏、新疆、青海九省及蒙古
布里雅	64,200	黑龍江省及蒙古
額魯(即老朵夷)	12,[illegible]00	新疆省
突厥族		
雅庫特	350	黑龍江省
烏梁海	118,[illegible]00	蒙古
撒拉爾	16,[illegible]65	青海省
維吾爾(即纏回)	1,480,000	新疆省
哈薩克	250,000	新疆省
布魯特	20[illegible],000	新疆省
吉爾吉斯	50,000	新疆省
伊蘭族		
塔吉克	13,000	新疆省
	20,000	新疆省
藏緬族		
西番	585,034	四川、甘肅、青海三省
果洛	298,700	青海省
康巴(即康番)	650,200	西康省
衛巴(即藏番)	750,000	西藏
倮倮	553,02[illegible]	四川、西康、雲南三省
麼些 怒子 傈僳	301,000	西康、雲南二省
撣族(或擺夷)	6,400,000	廣西、貴州二省
那馬(即民家)	300,000	雲南省
苗 猺 夷 孟克族 [illegible] 僮	11,327,378	四川、雲南、貴州、湖南、廣東、廣西六省
畬	44,126	浙江省
其他		
歸化之白俄	5,054	遼寧、吉林、黑龍江三省
總計	26,019,647	

材料來源：根據1938——1939年英文中國年鑑第36——37頁之材料。

我國語言不易統一，其原因有二，第一，因山川間隔，語言遂多歧異，例如同爲漢語，而有各地方言之別，其著者如下：

一、方言之統系及其派別

浙江方言（吳語）
- 溫州方言
- 寧波方言
- 松江方言（亦稱上海方言）
- 徽州方言

福建方言（閩語）
- 廈門方言
- 汕頭方言
- 福建方言
- 福州方言

廣東方言（粵語）
- 廣東方言
- 客家方言

二、官話之統系及其派別

北區官話
- 北平語
- 東三省語

中區官話
- 南京語
- 西蜀語
- 漢口語
- 杭州語

南區官話
- 桂林語
- 雲南語

第二，因種族複雜，歷史遞演，語言遂異。如東三省之滿語，合數音爲一義，不變化其語尾，追加連接，表示各種意思。蒙古人之蒙古語，多屬連結語。青海，新疆之回語，合數音爲一意，變其語尾，以示不同之義。西藏之藏語，及西南山中之苗、傜語，均屬單綴語。至各區域之內因地勢交通之阻塞，雖同一語系，而差別尙多，茲將漢族以外人口之語言分布列之於上（見表四十九）：

語言之分別既如此繁複，應用某種語言人數之多寡，殊難調查。政府旣未曾作此項研究，而私人估計亦不多見，將來在語言複雜地方，辦理人口普查，當可注意及之。

第四章 人口增減

人口增減之主要原素有四:(一)出生,(二)死亡,(三)婚姻,(四)遷徙。人口自然性質之增減,係由出生數與死亡數兩相比較之結果。人口社會性質之增減,係由遷入徙出數目多寡之比較。婚姻爲出生之初因,亦爲人口遷徙原因之一種。茲就上列四端,述之如後:

一、出生 出生之多寡,以出生率表示之。最普通之出生率稱粗出生率,指一定期間內出生數與人口數之比率而言。此項比率以人口千數爲計算單位,如某年某區域有十萬人口,一年內產兒二千人,則某年某區域之出生率爲千分之二十,其計算公式如下:

$$粗出生率=\frac{出生數}{人口數}\times1000$$

產兒雖係由於男女雙方結合之結果,但生產工作,仍以女子爲主體,故討論出生率時,雖略涉男子,大部仍著重女子方面。尋常人口出生率之大小,以生育量(fertility)之多寡爲轉移,而生育量之多寡,以人類生育力(fecundity)之大小爲轉移。影響人類生育力之大小有三種因子:第一、成熟之遲早及期限。第二、產兒間隔之時間。第三、每次產兒數量。普通男女成熟時期,因種種關係,互相差異,通常均在十五歲左右,而女子產兒終止期,常在四十五歲乃至五十歲。生育期間之長短,直接表示人類生殖力之大小,影響生產數量之多少極巨,女子成熟遲早之原因,爲氣候、種族及環境。普通氣候較熱之區,女子成熟較早。據恩格門(Englemann)調查,女子在熱帶之平均成熟年齡爲十二、九歲,在溫帶者爲十五、五歲,在寒帶者爲十六、五歲。各種族女子成熟年齡亦不一致，例如據約琴(Joachim)調查，斯拉夫族女子成熟年齡爲十六至十七歲，猶太女子成熟年齡平均爲十四至十五歲。他如環境亦影響成熟期，大抵處於生活優裕環境者，其成熟期常較早，生育期間亦較長，生育力較大，生育量亦較多。據梅爾(Mayer)調查，三千上等女子，其成熟期平均爲十四．七歲，另又調查三千家境較寒微之女子，其成熟期平均爲十六歲。生活舒適或貧苦，不但影響人類之生育，即其他動物，一旦被捕，生活較安定優裕，其性能及生育量，頗高於野生之時。至於產兒間隔時間之長短，亦影響生育量之多寡，因一年生產一次與三年生產一次者，其產兒數量

表50 六十年來各國人口出生之降低率

國別	降低數當初期之百分數
英格蘭與威爾士	58.0
蘇格蘭	49.7
愛爾蘭	27.7
法蘭西	[illegible].4
德意志	51.7
奧大利	67.4
匈牙利	52.8
義大利	38.5
挪威	49.8
瑞典	53.4
蘇聯	40.0
西班牙	30.3
比利時	53.7
荷蘭	45.2

材料來源：根據世界人口論綱要152頁（原表見 East, E. M. Mankind at the Crossroads, p.89?）及1937——1938年國際聯盟統計年鑑42頁材料之編製。

說　明：瑞典以1926年至1930年爲最近期，蘇聯以1881年至1885年爲初期，1926年爲最近期。

表 54　　世界各國人口之出生率(1936年)

國　　別	每千人口中之出生人數
奧地利	13.1
比利時	15.2
保加利亞	25.7
英格蘭及威爾士	14.8
蘇格蘭	17.9
北愛爾蘭	20.9
愛爾蘭自由邦	19.6
德意志	19.0
希臘	28.0
丹麥	17.8
愛沙尼亞	16.1
冰島	23.0
西班牙	(1)25.3
義大利	22.4
拉脫維亞	18.1
立陶宛	24.1
盧森堡	15.1
挪威	14.6
波蘭	26.2
葡萄牙	28.3
羅馬尼亞	31.5
蘇聯(歐洲之部)	(2)17.3
匈牙利	20.5
芬蘭	19.2
法蘭西	15.0
荷蘭	20.2
捷克斯拉夫	17.4
瑞士	15.6
瑞典	14.2
阿根廷	24.4
加拿大	20.0
美利堅	16.9
烏拉圭	(3)20.4
智利	34.6
印度	35.4
日本	29.9
埃及	45.0
南非聯邦	24.2
澳大利亞	17.1
新西蘭	16.6

材料來源：根據德意志1938年統計年鑑[illegible]—781頁之材料。

說　明：(1)1935年數字　(2)[illegible]年數字　(3)1935年數字

出生率之變遷

匈牙利	義大利	德國	瑞典	俄羅斯（蘇聯）	西班牙	比利時	荷蘭
45.3	36.9	30.3	30.7	50.3	......	32.6	35.2
44.1	37.0	31.7	30.3	48.4	......	32.0	36.4
44.6	37.5	31.3	29.4	49.2	36.7	30.9	34.8
43.7	37.3	30.5	28.8	48.7	36.2	29.4	33.6
42.0	36.9	30.7	27.4	49.6	35.8	29.1	33.9
39.7	36.0	30.3	26.9	49.4	34.5	29.0	32.2
37.5	33.7	28.6	26.2	47.7	35.2	27.7	31.6
36.7	32.7	30.4	25.4	45.5	33.6	2[illegible].7	30.6
34.0	31.8	26.2	24.1	......	33.8	......	27.7
29.4	29.7	25.3	19.1	44.[illegible]	29.8	20.4	25.7
26.0	26.8	19.0	15.9	30.[illegible]	28.5	18.6	23.2
23.4	26.6	15.2	14.1		28.9	16.8	21.2
22.9	23.7	14.6	13.7		27.6	16.6	20.5
21.9	23.4	14.6	13.7		26.2	16.0	20.7
21.2	23.3	14.4	13.8		25.6	15.4	20.2
20.5	23.4	14.8	14.2		......	15.2	20.2
20.2	22.7	15.3	14.2		......	15.1	19.8

Crossroads, p. 267）及國際聯盟1937——38統計年鑑42頁之材料。

有降低，在一八七一年至一八七五年間，以蘇聯人口生育率爲最高，法國爲最低，迨至一九二六年至一九三〇年，蘇聯降低百分之四十，法國降低百分之二十九。概括言之，北歐與西歐各國生產率降低最快，東歐及南歐各國降低較緩。茲依一八七一年至一八七五年爲初期，計算最近期（一九三七）各國生產率降低百分數如表五十，並列最近世界各國人口粗出生率如表五十一，世界各國人口出生率之變遷如表五十二：

統計學家認人口統計以瑞典爲最久，其人口性質亦最穩定，極合比較

表52 世界各國人口

年期	英格蘭與威爾士	蘇格蘭	愛爾蘭	法蘭西	德意志	奧大利
1871—1875	35.5	35.0	27.4	25.5	38.9	39.3
1876—1880	35.4	34.8	25.7	25.3	39.2	36.7
1881—1885	33.5	33.3	24.0	24.7	37.0	38.1
1886—1890	31.4	31.4	22.8	23.1	36.5	37.6
1891—1895	30.5	30.5	22.9	22.4	36.3	37.3
1896—1900	29.3	30.0	23.1	22.0	36.0	37.0
1901—1905	28.2	29.2	23.3	21.5	34.3	35.7
1906—1910	26.3	27.4	23.3	19.9	31.7	33.7
1911—1915	23.6	25.5	22.7	18.5	27.5	30.0
1916—1920						
1921—1925	19.9	23.0	23.1	19.3	22.1	23.2
1926—1930	16.5	19.9	21.2	18.2	18.4	17.6
1931—1935	15.0	18.2	19.6	16.5	16.6	14.4
1933				16.2		14.3
1934	14.8	18.0	19.2	16.2	18.0	13.6
1935	14.7	17.8	19.2	15.3	18.9	13.2
1936	14.8	17.9	20.0	15.0	19.0	13.1
1937	14.9	17.6	19.6	14.7	18.8	12.8

材料來源：根據許仕廉人口論綱要152頁（原表見East, E. M. Mankind at the

甚屬懸殊，而每次產兒數量，或爲單生，或爲雙生，或一產三嬰以上者，其影響生育量或出生率之大小亦極重大。影響出生之各種因子，除上述三項外，如婚姻之狀況，結婚之早遲、職業分配、經濟狀況，均有影響出生率大小之可能，將次第述之於後。

最近六七十年以來，世界先進國家之人口生育率有降落趨勢，其降落之原因幾完全由於人爲的生育限制，而非由於生育力之減低。又降落之程度，各地域與時期均不相同。概觀各大國，自一八七一年以後之出生率，顯之用，按該國一七四六年至一七五〇年間之出生率與一九二六年比較已降低原數百分之五一·九，一百八十年來已減至二分之一以下。歐洲西北工業最先發達之國家，其出生率變遷之情狀，據庫命斯基（Kuczynski）之調查，約減百分之三十九·二。美國人口統計出生率降落之程度，據生命統計專家研究之結果，各地殊多不一致，以東部各州最早，中部各州次之，西部各州又次之，南部各州最後。至精確之數字，該國於哥倫比亞區內辦理出生登記，其結果，十六年間生育率亦降低百分之二四·七。

近五六十年來，日本人口出生率曾有增加，但因工業發達之結果，其出生率近年亦有減少之趨勢，又在一九〇九年以前，日本之出生登記不甚完備，漏報頗多，故出生率甚低，近年制度日趨完密，故在統計上顯示之出生率似有增加，實則並非出生真正加多也

我國人口出生，尚無精密之統計，或與日本、印度相似，關於局部或小規模之出生統計材料，間亦由警察機關及衛生機關辦理。其他私人調查，常僅限於某一區域或某一種特殊人口，範圍較狹。據各市政府之報告，材料亦多未盡可靠，故出生率往往超出一般意想。最主要之原因，一為調查時之重複，一為計算時之錯誤。重複錯誤，積之既久，愈難得正確數字。據專家之估

表53 各大城市之出生率

市別	民國二十年	民國二十一年	民國二十二年
南京	18.0	[illegible]	[illegible]
上海	16.0	10.4	16.2
北平	17.5	21.1	23.
青島	7.6	9.3	[illegible]
杭州	15.7	14.7	15.1
漢口	15.3	12.0	[illegible]
廣州	13.4	11.3	15.2

材料來源：根據實業部民國二十四年中國經濟年鑑續編第二章(B)2頁材料，原表係市政府或衛生局之報告。

計，我國人口出生率，約在千分之三十至四十之間。又鄉村人口之出生率通常高於城市。各大城市之出生率如表五十三：

前表所列城市出生率頗低，除出生報告遺漏及人數不正確之原因外，男女數相差過大，實爲主要原因之一。如某一城市男多於女，雖女子之生育能力甚高，但所顯示之出生率仍屬甚低，因一城市男多於女，卽無異表示該城市出生機會之減少。按前述各國大城市男女人口數目，大致相等，而我國則相差甚大，其原因大致因一部分流動人口，如謀職業者或因其他事務來往城市之人口，多不攜帶眷屬。設以二倍之女子數代替原有之女子數計算出生率，則較爲近似。茲列其數字於表五十四：

表54　　各大城市之修正出生率

市別	民國二十年	民國二十一年	民國二十二年
南京	23.3	16.9	23.4
上海	18.8	12.2	19.0
北平	24.4	20.8	34.0
青島	9.8	12.0	11.5
杭州	19.7	18.5	49.3
漢口	13.9	15.1	19.5
廣州	14.7	13.9	18.0

材料來源：根據實業部民國二十四年中國經濟年鑑續編第二章(B)33頁之材料。

鄉村人口之出生率，據金陵大學農學院農業經濟系之實地調查，就全國之範圍言，每千人口每年平均出生三八.九人。按我國北部(淮水以北)南部(淮水以南)比較，南部出生率較高，蓋北部歷年災荒較重，社會秩序紊亂，人民生活艱窘，生育隨之減少。下表雲南、貴州一區，四川一區生育率特高。該數省區交通閉塞，農民生活艱難，且鄉村農戶早婚仍極普偏。綏遠、山西、陝西諸省移墾居民較多，性比例失調，男子多不易成婚，加以天災人禍，農民缺乏休養生息之機會，生育因之大減，茲列各區域之鄉村人口出生率於表五十五：

表55　　各省區人口出生率

區域	縣別數目	每千人之生育率
全國	101	[illegible]8.9
河北山西陝西山東河南安徽	37	38.9
綏遠山西陝西	7	[illegible]1.2
福建廣東	6	37.8
浙江江西	4	38.5
雲南貴州	3	38.4
四川	15	44.1
江蘇安徽浙江湖北	27	37.2
四川雲南	2	38.3

材料來源　根據實業部民國二十五年中國經濟年鑑第三編第二章(B)2頁之材料。

至各私家小規模調查之結果，自千分之六十至千分之一六.五，相差甚大。地域與技術不同，比率亦未必有相同之趨勢，茲列其數字於表五十六：

表56　　各地方人口調查結果之出生率

地方	生育率
中國(1)	25.0
中國(2)	50——60
中國(3)	40——50
香港	......
北平[illegible]	26.5
[illegible]平	18——20
廣東潮州西南	31.0
定縣	3[illegible].1
歙縣	[illegible]2.0
山西[illegible]氏[illegible]	16.5
山西清源縣	24.3
江蘇江寧縣	25.1
河南等四省	42.2
福建[illegible]山縣	58.4

材料來源　根據實業部民國二十三年中國經濟年鑑第三章(G)87——88頁之材料。

說　明：(1)伊士特著文[illegible]上之人類第93頁之材料。

(2)羅士著[illegible]之中國第108至11[illegible]頁之材料。

(3)[illegible]著[illegible]人口之[illegible]第66頁之材料。

以上各節，已將各國出生率及最近之變動，列其大概。其中遺漏殘缺之處頗多，故出生登記統計之研究改進，在統計落後之國家尤爲特別需要。在亞洲方面，多數國家之人口出生率，無法稽考。即印度與日本之調查統計，較爲進步，然其結果，亦多差誤。印度人事登記區域，僅及全人口四分之三，且遺漏之比率極高。日本在一九二〇年以前，尚未舉辦近代式之人口普查，其出生率多係估計。即在嚴格舉辦人事登記之後，最初數年，仍不免有此弊端。各國出生登記發展中，皆同有此經驗。非洲方面，南非聯邦人口，源出歐洲，其生命統計，較爲核實。亞幾內亞與埃及之統計材料，有相當價值。其他非洲各地之人口出生率概況，幾全爲推測或估計。澳洲方面，澳大利亞人口出生率甚爲可靠，在全世界出生登記，亦屬成績優良之區。最近新西蘭人口出生率，日趨精審，或皆源於仿行英國之登記制度。歐洲各國出生登記之區域較廣，而其精粗之程度不一，要以歐洲西北部，如英國及瑞典等處，歷史較久，成績較著。至西半球方面，幾無一大國有完善之生命統計材料。美國至一九二九年，人事登記始普及於全國，全國人口調查之舉行，亦近三十年間事。其出生統計，自屬未盡可靠。加拿大之出生資料，亦與美國相若。其他美洲各國之材料，其可靠性更難確定。就全球論，出生統計材料，當以英國及澳大利亞、新西蘭等處成績最著。近年以來，各國因交通之便利，人事登記方法，亦多改進，材料日漸精確，將來比較應用，當可更爲便利。

粗出生率，僅可表示全人口之生育概況，若用以比較人口之生育能力，不甚適合。因人口間有不同之年齡分配，有不同之婚姻狀況，有不同之職業分配，若比較各集團人口間生育之能力，須依其性別、年齡、婚姻狀況等條件，校正其出生率，方合於研究比較之用。最簡單之校正出生率，爲就一定時間內（通常指一年）出生數與每年女子之比率，其計算如下式：

$$\text{簡單校正出生率} = \frac{\text{出生數} \times 1000}{\text{人口中女子總數}}$$

其次爲一定時期內(通常指一年)出生數與每千個十五歲至五十歲(美國用十五歲至四十五歲)之婦女人口數之比率。十五歲至五十歲之婦人,稱爲生育年齡期內之婦女,卽在此年齡期間,婦女適於生育。十五歲以下與五十歲以上之婦女,極少生育之事實。美國人口統計家慣用十五歲至四十五歲爲生育時期,此項校正生育率,通稱爲普通生育率,其計算方法如下式:

$$普通生育率=\frac{出生數\times 1000}{生育年齡期內婦女總數}$$

其次依母親年齡分組之區別生育率,係一定時期內指定年齡組之婦女出生數與每千個該年齡組婦女之比率,例如十五歲至十九歲、二十歲至二十四歲、二十五歲至二十九歲等組母親所生之孩數,與年齡組婦女數之比,其計算方法如下式:

$$區別生育率=\frac{指定年齡組婦女之出生數\times 1000}{指定年齡組內婦女數}$$

其次爲生育總額,指各年齡組區別生育率總數,卽從十五歲至五十歲(或四十五歲)間各年齡組區別生育率之總和,卽依現有區別生育率,又假定一千育兒期間之婦女,均能從十五歲活到五十歲,每婦女千人應生之嬰兒數,其計算方法如下式:

生育總額=十五至五十歲各年齡組區別生育率之總和

其次爲婚姻生育率,指婚姻出生數與每千十五歲至五十歲已婚婦女數之比率。婚姻出生數爲每已婚婦女千人所生合法嬰兒數,其計算方法如下式:

$$婚姻生育率=\frac{婚姻出生數\times 1000}{十五歲至五十歲已婚婦女數}$$

其次爲職業生育率,指按夫之職業、每生育期間已婚婦女千人所生之嬰兒數,其計算方法如下式:

$$某職業之生育率=\frac{某項職業之夫所生嬰兒數\times 1000}{某項職業之夫所配生育期間已婚之婦女數}$$

某次爲繁殖率 Reproduction rate，繁殖率分爲粗繁殖率及淨繁殖率二種。

粗繁殖率指生育總額中除去男孩數之結果。粗繁殖率表示在現有生育數，並假定每育兒期間之婦女千人無一人中途死亡時，其所生之女孩數，其計算方法如下式：

$$\text{粗繁殖率} = \frac{\text{某年齡組婦女出生之女孩數} \times 1000}{\text{某年齡組內婦女數}} \ (\text{生育期間各年齡組之總和})$$

淨繁殖率　係根據現有生育數，表示每女子應生之女孩數。蓋新生之一千個女孩，在其生活時期與生育期間，將生育若干個女孩，如恰生育一千個女孩，則人口將不增不減；如比一千較多，則人口將增加；如比一千較少，則人口將降低。計算淨繁殖率之法，第一從生命表中查出一千個女孩成長到十五歲時尚存者若干，成長到十六歲時尚存者若干，依此類推，直查至五十歲時尚存者又若干。第二計算十五歲至五十歲間各年歲婦女之生育率（僅計女孩），即在該年齡（如十五歲至十六歲、十六歲至十七歲等）每婦女千人所生之女孩數。第三將各年歲婦女之生育女孩率，乘以該年齡婦女之現存率，表示最初之一千個女孩，成長至該年歲時，一歲中所生之女孩數。第四將第三步所得逐年數字，從十五歲至五十歲全部相加。所得總數，表示淨繁殖率。例如第一步從生命表上檢查，得到一千女子在十五歲至十六歲間，平均存八百四十。第二步計算十五歲至十六歲間每婦女千人平均生育三·五個女孩。第三步用三·五乘以千分之八百四十，得二·九四，表示一千個女孩長成至十五歲至十六歲時，平均生育二·九四個女孩。第四步將第三步計算之各年數字相加，得每千個女孩生長到五十歲後，平均可生之女孩數。如一千個女孩，可生一千二百個女孩，其淨繁殖率爲一·二。

生育一事，關係女子較切，故欲測量人口的真正生育狀況，最好用人口中的婦女數作推算之標準，僅從粗出生率，頗難作精密之研究。例如甲地有人口三萬，男子一萬四千，女子一萬六千，一年之內，生育七百五十個嬰兒，粗出生率爲千分之二十五，其簡單校正出生率爲千分之四十七　又假定甲地生育期間婦女爲九千人，其普通生育率爲千分之八三．三。同時乙地亦有人口三萬，男子二萬，女子一萬，一年之內，生育六百個嬰兒，粗出生率爲千分之二十，比甲地之粗生育率低千分之五。然若用婦女人口作計算之標準，則簡單校正出生率爲千分之六十，較甲地高千分之十三。又假定一萬女子之中，在生育期間者有六千五百人，乙地之普通生育率爲千分之九二．三，比甲地又高千分之九，可見乙地女子生育能力比甲地高，但乙地女子人口，只佔總人口三分之一，故乙地之粗出生率，反較甲地低五分之一，粗出生率之不盡可恃，可以概見。因此各種校正出生率之研究，實屬必要。

我國人口之粗出生率，既無精確之研究，各種校正出生率之推算，更屬寥寥。據金陵大學農學院農業經濟系各年分赴各地調查之結果，出生之多寡，視女子成分之高低與婚姻狀況爲轉移，一九二八年至一九三三年間中國農家十五歲至四十四歲人口婚姻狀況之分配如下表（見表五十七）：

表57　中國農家15歲至44歲人口性別及婚姻狀況

婚姻狀況		全國	北部—淮水以北地方	南部—淮水以南地方
男	未婚	28.2	25.9	27.7
	已婚	67.9	67.6	63.2
	鰥	3.5	[illegible]	[illegible]
	離異	0.1	0.1	0.1
	未詳	0.3	0.2	0.4
女	未婚	10.5	9.8	11.2
	已婚	84.8	85.5	84.1
	寡	4.6	[illegible]	4.6
	離異	—	—	—
	未詳	0.1	—	0.1

材料來源：根據實業部民國二十五年中國經濟年鑑第三編第二章（B）26頁之材料。

不僅性別與婚姻狀況影響出生率之大小，即已婚者年力之强弱，亦與出生多寡有關。我國農家已婚女子人口各年齡組之分配百分數如下表(見表五十八)：

表 58　中國農家已婚女子人口年齡之分配

年　齡	全　國	北部—淮水以北地方	南部—淮水以南地方
10—14	0.5	0.7	0.3
15—19	9.7	10.4	9.1
20—24	16.7	15.5	16.8
25—29	17.3	17.0	17.6
30—34	13.0	11.9	14.1
35—39	13.3	13.0	13.5
40—44	9.8	10.1	9.5
45—49	9.3	10.2	8.6
50—59	10.4	10.2	10.5
總　計	100.0	100.0	100.0

材料來源：根據實業部民國二十五年中國經濟年鑑第三編第三章(B)30頁之材料。

一九二八年至一九三三年我國農家女子之生育率，每千已婚婦女全年產兒數，按年齡分組之數字如下表(見表五十九)：

表 59　中國農家已婚婦女各年齡組之區別生育率

年　齡	全　國	北部—淮水以北地方	南部—淮水以南地方
10—59總計	154.7	[illegible]8.5	170.3
15—44總計	203.6	197.4	209.2
10—14	[illegible]2.9	6.3	17.1
15—19	142.0	126.8	157.9
20—24	266.0	260.1	273.0
25—29	256.3	251.3	261.7
30—34	[illegible]	206.8	230.1
35—39	168.4	178.4	150.6
40—44	88.5	89.3	87.7
45—49	21.6	26.1	10.2
50—59	2.1	2.7	1.6

材料來源：根據實業部民國二十五年中國經濟年鑑第三編第二章(B)31—33頁之材料。

我國農家婦女累積生產嬰兒數，可就各年齡組中婦女平均生產數見之，大概二〇歲至三五歲之間增加最速，其詳如下表（見表六十）：

表 60　　中國農家婦女各年齡組積年平均產兒數

年齡分組	全國	北部—淮水以北地方	南部—淮水以南地方
總計	3.33	3.15	3.43
10—14	0.03	0.03	0.02
15—19	0.30	0.25	0.33
20—24	1.22	1.15	1.27
25—29	2.43	2.31	2.50
30—34	3.35	3.43	3.00
35—39	4.22	4.07	4.50
40—44	4.98	4.80	5.20
10—45 總計	2.71	2.55	2.86
45歲以上總計	5.29	2.00	5.09
年齡未詳	3.03	0.80	4.03

材料來源：根據實業部民國二十五年中國經濟年鑑第三編第二章（B）33頁之材料。

若就職業之區別，論生育率之高低，可從夫之職業分類，按每百已婚婦女在一六歲至四五歲之間所有兒女數如下表（見表六十一）：

表 61　　中國人口之職業生育率

職業	每百婦女所有兒女數
商會行會會長	263
律師工程師醫師	257
教授及著作家	240
銀行商店經理	243
官吏	239
農夫	219
手工人	212
交通業工人	200
商店店員	198
工廠工人	194
小販	187
無職業者	185
家庭僕役	175

材料來源：根據陳達人口問題176頁之材料，原表見 Chen, W. H. Y. Differential Fertility according to Social Classes,

按農家經濟之貧富關係區別，每千已婚婦女之產兒率如下(見表六十二)：

表 62　江蘇江陰農家人口按貧富關係之婚姻生育率

經濟狀況	1931——1934 總計	1931——1932	1932——1933	1933——1934
富有者	35.5	37.7	34.7	34.5
安舒者	47.2	50.6	46.3	44.9
貧窮者	43.6	48.5	44.1	37.9
總計	44.2	48.3	44.1	40.0

材料來源：根據實業部民國二十五年中國經濟年鑑第三編第二章(B)33頁之材料。

據表，富家經濟能力充裕，生育率最低。安舒者多屬自耕農，各有固定財產，生活較爲安定，而於農作之興趣，又極濃厚，生育率最高，貧窮者以佃農及苦力爲多，生活不安，其生育率較次。若就產權關係觀之，江蘇江陰農家每千已婚女子之生育率如下表(見表六十三)：

表 63　江蘇江陰農家人口按產權關係之婚姻生育率

田　權	1931——1934 總計	1931——1932	1932——1933	1933——1934
自耕農	41.5	46.7	38.4	41.5
半自耕農	46.0	48.3	47.8	46.0
佃　農	46.3	52.6	43.6	46.3

材料來源：根據農業部民國二十五年中國經濟年鑑第三編第二章(B)34頁之材料。

表內生育率，以自耕農較低，半自耕農及佃農情形相似，蓋既均屬業農人口，除富有之自耕農外，其他農家之貧富相差極微，故生育率不能有顯明之區別也。

近半世紀以來，各國人口出生率有一致減低之趨勢，對於將來人口組合及變遷之前途，影響至大。人類自動節制生育之動機，約有下列數因子：(1)個人主義——自我享受、自我發展之觀念日益發達，家室兒女之觀念日益淡薄，故能影響出生率。(2)婦女解放——工業革命以後，婦女在經濟上、政治上、教育上之地位日益增進，因之安於家庭以內生活之女子，比以前減少，多事生育，當亦非所樂願。(3)獨身及遲婚——婚嫁女子數之減少，及遲婚者之增多，乃個人主義及婦女解放當然之結果。結婚人數之減少與女子結婚之延遲，對於產兒數量極有關係，故生育率因之減低。(4)生活程度日高——人類之欲望，恆趨於向上，窮苦人希望增進到富人階級，生活安舒者亦希望更進一步，故生活程度日漸增高，生活程度日高，自不願擔負教養許多子女之重累，致阻礙個人生活，故生育亦日漸減少。同時室家夫婦欲使所養子女生活較為優裕，教育機會較多，亦不得不限制生育。(5)都市化程度之增進——都市人口衆多，謀生不易，獨身遲婚者日增，故生育數量因亦趨降低。又節育方法在都市更易求得亦爲都市人口生育率降低較速之一原因。(6)宗教勢力衰微——歐美宗教多直接的或間接的鼓勵生育，晚近宗教勢力日衰，多子之主張，漸爲民衆所不取，出生率亦因之降低。(7)節制生育方法之流行——人類因有不願多生子女之願望，遂發生節制生育之方法，故近今各國人口出生率，多有日趨低落者。

二、死亡　死亡之多寡，以死亡率表示之。死亡率之計算，與出生率相似，乃一年內每千人口中之死亡人數。各國對於死亡率之記載，不甚普偏，其殘缺不全之情形，與出生記載相同。惟就一般狀況言，死亡率之差誤，常較出生率之差誤爲小，因死亡登記，較出生登記爲容易而可靠也。茲列死亡率之計算式及各國人口之最近死亡率(見表六十四)如下：

$$粗死亡率=\frac{死亡數}{人口數}\times 1000$$

現在各國平均死亡率多在千分之十五至三十之間。不進化民族之死亡率較進化民族之死亡率爲高。保育醫藥之術不精，嬰孩未及週歲而死亡者，有百分之三十至百分之六十。因衛生常識之欠缺，可以不死而死者，比比皆是。

表 64 世界各國人口之粗死亡率 1

國別	1921—1925	1926—1930	1931—1935	1934	1935	1936	1937
埃及	25.4	25.2	27.6	28.1	26.7	29.4	
南非聯邦	9.7	9.7	9.8	9.7	10.6	9.5	10.0
加拿大	11.2	11.1	9.7	9.4	9.7	9.7	-
北美合衆國	11.8	11.8	10.9	11.0	10.9	11.5	
墨西哥	25.5	25.6	24.1	22.5	22.0	22.4	23.8
阿根廷	14.5	13.5	12.1	11.6	13.0	11.6	11.8
智利	30.8	25.6	24.7	26.8	25.0	25.3	25.0
哥倫比亞	13.8	14.0	14.1	15.1	14.9	15.0	13.9
哥斯達黎加	23.1	21.1	20.0	17.8	21.9	20.0	18.2
危地馬拉	19.8	22.0	22.7	26.5	23.1	20.9	20.7
牙買加	23.4	19.4	18.0	17.1	17.7	17.4	
波多黎各	21.0	21.7	20.3	18.9	18.0		
薩爾瓦多爾	23.9	23.7	23.0	24.5	24.2	20.7	20.5
烏拉圭	11.5	10.8	10.4	10.0	10.6	9.7	
委內瑞拉	19.2	19.4	18.0	18.5	16.9	17.9	
錫蘭	27.8	25.1	24.7	22.9	36.6	21.8	
塞普洛斯島	19.9	15.8	14.8	18.2	13.6	12.4	
高麗	19.7	20.3	19.0	18.1	18.8	18.6	
台灣	24.0	22.0	20.6	20.7	20.3	19.9	
印度	35.0	24.3	23.5	24.9	23.6	22.6	
緬甸	21.0	20.9	18.4	19.9	19.5		
日本	21.8	19.8	17.9	18.1	16.8	17.5	
海峽殖民地	28.3	30.7	24.7	26.5	25.1	24.9	22.4
馬來聯邦	24.7	27.4	19.9	21.4	19.9	19.2	19.9
馬來聯邦以外地			21.4	23.4	22.9	23.1	20.8
巴勒士登	13.4	23.7	20.9	21.8	18.6	16.1	18.9
菲列賓羣島	18.9	19.7	18.5	18.5	19.5	18.0	
德國	12.3	11.8	11.2	10.9	11.8	11.8	11.7
奧地利	15.8	14.4	13.5	12.7	13.6	13.2	13.5
比利時	13.4	13.7	12.9	12.2	12.8	12.8	12.7
保加利亞	20.8	17.9	15.5	14.1	14.6	14.2	13.4
丹麥	11.3	11.1	10.9	10.4	11.0	11.0	10.8
西班牙	20.2	17.9	16.2	15.9	15.5		
愛沙尼亞	15.5	16.5	14.9	14.1	14.9	15.6	14.7
芬蘭	15.1	14.8	13.4	13.1	12.7	13.6	13.0
法國	17.2	16.8	15.7	15.1	15.7	15.3	15.0
希臘	16.5	16.6	16.5	15.0	14.9	15.2	

表 64　世界各國人口之粗死亡率 2

國別	1921—1925	1926—1930	1931—1935	1934	1935	1936	1937
匈牙利	19.9	17.0	15.8	14.5	15.3	14.2	14.2
愛爾蘭	14.6	24.4	14.0	13.2	14.0	14.4	15.3
義大利	17.8	16.0	14.1	13.3	13.9	13.7	14.0
拉脫維亞	14.8	14.8	13.9	13.9	14.2	14.1	14.3
立陶宛	15.4	16.2	14.6	14.5	13.9	13.3	13.1
盧森堡	13.4	14.2	12.7	11.8	12.6	11.5	11.9
摩爾他島	23.0	22.2	22.1	22.5	23.5	17.[illegible]	
挪威	11.5	11.0	10.4	9.9	10.3	10.3	10.4
荷蘭	10.4	9.9	8.9	8.4	8.7	8.7	8.8
波蘭	17.3	16.8	14.6	14.4	14.0	14.2	14.0
葡萄牙	20.4	18.4	17.0	16.6	17.1	16.4	16.0
羅馬尼亞	23.0	21.2	20.6	20.7	21.1	19.8	19.3
英國	12.4	12.3	12.2	12.0	12.0	12.3	12.6
瑞典	12.1	12.1	11.6	11.2	11.7	12.0	12.0
瑞士	13.5	12.1	11.8	11.3	12.1	11.4	11.3
捷克斯拉夫	16.1	15.3	13.8	13.2	13.5	13.3	13.3
巨哥斯拉夫	20.2	20.0	11.9	17.0	16.8	16.0	
澳大利亞	9.5	9.3	9.0	9.3	9.5	9.4	9.4
新西蘭	8.6	8.6	8.2	8.5	8.2	8.7	9.1
海峽[illegible]	14.1	11.7	9.4	9.6	8.4	8.5	9.3

材料來源：根據1937——1938國際聯盟統計年鑑42頁材料。

故未進化民族生育率雖高，死亡率亦高，兩兩相抵，人口增加仍屬遲緩。

總觀上表數字，可以發現各國間之人口死亡率俱有降低之趨勢。若干國家，於一世紀以前，其死亡率卽已開始降低，尤以西歐各國在大戰未發生前之低落爲甚。若干國家死亡率未有顯著之變動，惟就大體言，降落之趨勢，則極顯著。茲附錄一八〇八年至一九二八年各國死亡率之紀載如下表（見表六十五）：

粗生育率之不可靠，已如上述，粗死亡率之不可靠，亦屬相同。死亡率與人口之年齡分配有極密切之關係，用粗死亡率測量人口動態而不考慮年齡分配，極易誤解。例如一九三一年新西蘭人口之死亡率爲千分之八．三，

表65 世界各國人口粗死亡率之變遷

國別	1808—1812	1818—1822	1828—1832	1838—1842	1848—1852	1858—1862	1868—1872	1878—1882	1888—1892	1898—1902	1908—1912	1918—1922	1927—1928
奧國			34.4	29.8	24.0	26.7	29.9	30.5	18.5	24.9	21.5	19.7	14.7
比國				25.1	23.2	22.2	23.9	21.4	20.6	18.0	15.8	15.5	12.0
保加利亞									23.1	23.4	23.3	23.3	18.8
丹麥	24.4	20.4	26.8	20.3	20.1	20.1	19.1	19.3	19.3	15.0	13.4	12.4	11.3
英格蘭威爾士				22.1	22.6	21.9	22.2	20.3	19.0	17.4	14.2	13.7	12.0
芬蘭	29.8	26.6	27.3	21.9	25.7	25.3	31.7	23.0	20.8	19.6	16.9	18.3	
法國	25.7	25.5	25.9	23.6	23.5	23.4	23.5	22.4	22.2	20.7	18.5	20.1	15.6
德國					27.0	25.1	28.0	25.8	23.9	20.8	16.9	15.7	11.8
匈牙利								35.8	32.5	26.0	24.5	22.1	17.4
愛爾蘭							16.7	20.1	18.3	18.2	17.0	15.9	14.4
義大利							29.8	29.0	26.3	22.6			
荷蘭						25.6	25.8	23.2	20.5	17.1	13.8	13.0	9.9
挪威		19.5	19.4	19.3	18.2	18.0	17.1	16.6	17.7	15.4	13.6	13.5	11.9
波蘭										25.0	21.2	25.8	17.1
羅馬尼亞							26.5	30.6	30.2	25.4	25.3	20.7	
蘇聯							36.9	34.9	35.8	31.8	28.9	21.7	23.1
蘇格蘭						21.1	22.2	20.1	19.1	18.0	15.6	14.8	13.4
塞爾維亞							23.0	28.8	27.0	22.8	23.7		
西班牙								30.6	30.9	27.9	23.1	24.4	18.8
瑞典	28.1	24.9	25.8	21.7	20.6	19.9	19.3	17.6	16.8	16.2	14.1	14.2	12.4
瑞士								22.4	20.1	18.1	15.4	14.6	12.2
阿根廷										18.4	17.2	17.1	
加拿大									11.0	12.1	12.5	10.8	
智利						25.5	25.8	28.5	35.0	32.2	31.7	31.9	24.5
瓜地馬拉									28.2	20.7	21.4	25.1	18.6
洪都拉斯											27.2	25.6	
尼加拉瓜									22.6	21.4	24.3		
波多丙科									30.4	31.0			
美國												13.7	11.8
錫蘭							20.9	22.7	26.8	28.2	31.1	31.5	
印度									29.1	31.3	32.8	18.2	
日本								18.1	20.4	20.6	20.8	24.0	
菲列濱										23.6	21.6	25.3	
亞[illegible]內亞			29.8	39.1	43.7	27.5	26.9	28.3	25.8	21.5	16.7	17.8	
埃及									25.1	26.5	27.3	25.8	
南非聯邦											10.5	12.[illegible]	10.9
澳洲									14.4	12.7	10.7	10.5	9.5
紐西蘭							11.3	11.5	9.8	9.7	9.4	12.2	

材料來源：根據[illegible]現代人口問題254——255頁之材料。

是該人口平均壽命總爲一百二十歲，實則該人口因地理關係移民關係壯年人多，幼年人老年人少，粗死亡率低，因此人口統計學家算出人口生命表，按各年齡表示其死亡率之大小及平均生命預期歲數，並就各年齡各類性質人口生死情形，計算各別之特種死亡率，茲擇要述之如後。

從出生之日至滿週歲之小孩，稱爲嬰孩，嬰孩因適應環境之能力較弱，故死亡較多。研究生命統計者，將嬰孩死亡率列爲特種死亡率，其意義係指一定地方一年內嬰孩死亡數與嬰孩總數之比率。如甲地一九三〇年嬰孩死亡率爲千分之七十，指該地在一九三〇年內，每千出生數有七十嬰孩不及週歲即已死亡。嬰孩死亡率之高低，因時、因地、因人、因文化程度而異。野蠻民族之嬰孩死亡率素高，其原因多係暴露過甚，飲食不調，或保護不周所致，死於疾病者較少。逮社會進化，生活複雜，疾病流行之後，死於疾病之嬰孩乃漸多。近年印度嬰孩死亡率在千分之一百八十左右，我國嬰孩死亡率在千分之二百左右，日本嬰孩死亡率在千分之一百五十左右，其他亞洲以外各國之嬰孩死亡率挪威、瑞典、澳大利亞、新西蘭在千分之八〇以下，英格蘭、蘇格蘭、瑞士、荷蘭、丹麥在千分之一〇〇至一二〇之間，美、法兩國在千分之一二〇至一四〇之間，義大利、比利時、保加利亞、塞爾維亞在千分之一四〇至一六〇之間，德意志、西班牙在千分之一六〇至一八〇之間，蘇聯、匈牙利、奧地利、羅馬尼亞在千分之二〇〇以上。同在一國境內，各都會，各市鎮、各鄉村之嬰孩死亡率相差甚遠，依雷蒙德帕爾氏（Raymond Pearl）調查，美國有多數市鎮，其嬰孩死亡率只千分之十八，其他地方有達千分之三百。在公共衛生發達地方，嬰孩死亡率，常在千分之五十與六十之間；近年來新西蘭之嬰孩死亡率，亦降至千分之五十，是知人口不甚密集地方，如有完備或進步之社會組織，其嬰孩死亡率不難降到千分之五十至七十之間。

十九世紀以後，文明進步，社會組織日趨完備，各國之嬰兒死亡率有降低之趨勢。自一八八一年至一九一〇年間，澳大利亞、瑞典、荷蘭，均降百分之三〇以上，挪威、法國、新西蘭、奧地利降低百分之二〇至三〇，匈牙利、義大利、英格蘭與威爾士降低百分之一〇至二〇，比利時降低約百分之十。歐戰以後，各國嬰孩死亡率，仍繼續下降，其趨勢較前時更爲顯著。

嬰孩死亡率與家主經濟能力有密切關係。凡作工之母親，其嬰孩死亡率比普通死亡率常高。住宅窄小，地土潮濕，飲食不潔，缺乏新鮮空氣，最易增長嬰孩死亡率，原於缺乏適合衞生之環境。父母缺乏教育，其嬰孩死亡率常高。城市之嬰孩死亡率常較鄉村爲高。乳哺之嬰孩死亡率，比瓶乳嬰孩爲低。胎產時用產婆接生者，比用醫生接生者，其嬰孩死亡率常高。其主要原因偏重於經濟能力者爲多。

私生嬰孩死亡率，因受社會習慣及法律之限制，比婚生嬰孩死亡率常高。美國每年有私生嬰孩三萬二千人，不滿週歲死亡者常達百分之三〇。一九一〇年至一九一四年間，挪威之婚生嬰孩死亡率爲千分之六十，而私生嬰死亡率爲千分之一二二。一九一五年英格蘭與威爾士之婚生嬰孩死亡率爲千分之一〇五，其私生嬰孩死亡率爲千分之二〇三，約增高達一倍之多。

嬰孩死亡率降低之原因頗多，其主要者約有數端。第一、育兒方法之進步：歐美各國因教育發達之結果，國民知識普徧增高，一般爲母者，大都已知注意嬰兒衞生，設有疾病，醫療看護，亦有週到之設備，並有慈善機關從旁資助，故嬰孩死亡率因之減低。第二、婦女育兒數之減少：晚近各國婦女育兒數量減少，及家庭人口之縮減，嬰孩得有較周到之看護，死亡率之減低，亦爲理所必然。法國馬鍚（March）氏曾證明嬰孩死亡率隨家庭人口之加多而增高，凡家庭中兒童僅爲一或二人者，其嬰兒死亡率爲千分之一〇六，有六個兒童之家庭，其嬰兒死亡率爲千分之二二一，有七個兒童以上之家庭，其嬰孩死亡率爲千分之二六五。在英格蘭及威爾士，其情形亦同。第

三、醫療技術較前進步：凡兒童常遇之疾病，如天花、白喉、猩紅熱及百日咳等病，現均能施以預防及診治，故嬰孩死亡率爲之大減。第四、生活程度之提高：因生活優裕，對於一般死亡率固能使其降低，而對於嬰孩及幼童死亡率，更能使有特殊之效驗。據美國調查八大城市之結果，凡父親收入在四五〇金元以下者，其嬰孩死亡率爲千分之一六六、九，但在收入增高程序中，有低落之趨勢，直至父親收入超過一二五〇金元時，其嬰孩死亡率已減爲千分之五九、一，約當前述三分之一，可見收入與嬰兒死亡關係之深切。因收入影響生活及保嬰，係屬直接之事實，而保嬰之影響整個死亡率之低落更爲明顯之事實。

按男女性別及年齡之不同，分析死亡率之差異，稱爲標準死亡率、校正死亡率、或精密死亡率。普通一般女子之死亡率，除在生育期間外，大都較男子爲低。從各國人口生命表，及各年齡組男子死亡率，可以見之。通常按性別之死亡率，女子常低於男子。除因於生理方面之差異外，要在後天方面，男子多從事戶外工作，遇生命危險之機會較多，又男子所從事之工作，多屬艱苦繁重者，如礦工水手及士兵等是，皆可直接增高死亡率。就性情言，男子較爲放縱，不若女子之能清靜節制，亦男子死亡率增高原因之一。

獨身與結婚對於死亡率之影響亦極有興趣，據馬偲（March）氏研究，結婚之男子死亡率，常較獨身者、斷弦者及離婚者之死亡率爲低。女子方面，則已婚女子在二十至三十九歲之間，間有較未婚女子之死亡率稍高，其他各年齡組則已婚女子之死亡率均屬較低，可見婚姻與死亡率之關係。婚姻對於死亡率之影響，其解釋不一。第一、婚姻可予人以安定之家庭生活，夫婦間之互助及互相看護，子女之歡娛，責任心之引起，及生活之調適，皆有減低死亡率之可能。第二、婚姻本身含有選擇性，凡體質不強，謀生無術者，皆不易得配偶，故已婚者之死亡率常較低，尤以男子爲甚。因此之故，結婚實較獨身能使身心得到適宜之發展，死亡率之低降，或由於此。

職業之性質如何，亦可影響死亡率之高低，據美國都會人壽保險公司之調查、職業與死亡率之關係，以農人死亡率為最低，其死於六十五歲以後者，有百分之四四.九，而平均壽命為五八.五；侍者之死亡率甚高，達六十五歲以上者，僅百分之四，平均壽命為四二、六；書店店員及辦公室助理，平均壽命為三六、五，較侍者更短。馬區(March)氏調查英、法各國職業死亡率之結果，從事於不同職業之男子，其死亡率差異甚大，壯年時與老年時亦互有差異。大概凡從事於一種職業，工作性質所含之危險性較多者，其死亡率較高；若工作性質相似，從事於戶外工作者，生活於日光空氣中，其死亡率常較低；從事於生活安定及有秩序之職業，如教師、律師、其死亡率常較從事於生活不安定及無秩序之職業，如奔波不定之旅客、經濟人等為低，職業與健康及壽命之關係，極為密切，其影響死亡率之程度，於此可見一斑。

死亡率之大小，與貧富階級亦有關係，蓋收入愈多，一切生活，皆較豐裕，不但衣食住較為安舒，即教育、醫藥、娛樂皆可應付享受，收入微少之貧苦人，諸事簡率，貧富影響死亡率之事實，可從兩方面見之。第一、嬰孩死亡率常為人口死亡率之主要部分，而父之進款多寡，對於嬰孩死亡率有密切之關係。父之收入少之家庭，受經濟壓迫，生活艱難，嬰孩死亡率必較高，父之收入較多，則一切保養方面，易於周到，嬰孩死亡率愈低，故父之進款與嬰孩死亡率成反比例。按美國七個城市嬰孩死亡率，父無進款者，嬰孩死亡率為千分之二〇〇以上；父之收入在四五〇元以下者，死亡率為千分之一六六、九；收入遞增，死亡率亦漸減；父親收入在一二五〇元以上者，其嬰孩死亡率僅千分之五九、一。第二、即普通死亡率之高低，亦受貧富之影響。英格蘭與威爾士一九二一至一九二三年間二十至六十五歲之男子死亡率，亦受社會階級之影響。社會階級由富有趨於貧乏，其死亡率亦逐漸增高，可見貧富對於一般死亡率之影響。法國一九〇七年至一九〇八年間各業雇主及工人死亡率，按年齡分別，工人死亡率，亦較雇主爲高。又爲經濟影響之一明證。

晚近各國都市化之程度日益加深，由鄉村移入都市之人口益增，人口集中之後，與疏散之人口，其死亡率必不盡同。探討此種問題之途徑，首須將城鄉人口之死亡率加以比較。歐美人口由鄉入城之移動，女子數量常超過男子數量，少年人之數量亦常超過老年人之數量。僅據城鄉人口之粗死亡率，似嫌簡單，宜按性別及年齡分析研究。美國城鄉區域按都市化之程度，依每十萬人口之生存數量比較，可以表示生存數量與都市化成反比例，即死亡率與都市化成正比例，各年齡組之女子死亡率較男子爲低。若以英格蘭及威爾士爲例，計算其實際死亡數量與預期死亡數量之比率，亦可見大城市之實際死亡數，較預期死亡數爲高。城區較低，鄉區則更低，除生育期間之女子外，幾有一致之趨勢。

人之壽命，高者不過百年，實際上臻此上壽者，爲數極少，大多皆中途死亡。各國因醫藥衞生生活職業之互相歧異，各年齡之死亡分配亦多不同。通常爲便利起見，僅就人口之平均壽命，加以比較，平均壽命者，即該體人口可以生存之平均年歲。推求方法，通常以死亡者數量除死亡者共有之年齡，例如死亡者爲一千人，所活年齡之總數爲四萬五千歲，則其平均壽命爲四十五歲。此係自出生算起之平均壽命，故又謂之出生平均壽命。但欲求進一步之分析，則因出生後各年齡之死亡率，頗不一致，故各年齡之平均壽命，亦多差異。例如美國經驗死亡表，十歲者平均尚可活四八、七二歲，二十歲者平均尚可活四二、二〇歲，相差不及十歲，因二十歲者已越過十年間之死亡可能性也。

世界各國人口平均壽命，以澳洲、丹麥、挪威及瑞典爲高，印度較低，相差一倍以上。至平均壽命，女子多較男子爲高，亦一種普偏之現象。最近各國之平均壽命，俱有日趨增高之勢，亦醫藥衞生技術進步及生活舒適之結果也。

綜上所述，人口死亡率日漸減低，而平均壽命逐於增高，乃近年來世界先進各國間普遍之現象。究其原因，約有數端：（一）公共衞生之改進，（二）醫藥技術之進步，（三）饑饉災荒之防止，（四）生活之舒適豐富。

我國人口死亡之材料，雖較出生為多，但亦甚不完備，據各專家研究之結果，中國人口死亡率約千分之三十左右，據金陵大學卜凱教授調查三八、二五六家農人所求得之死亡率為千分之二七·一。茲就城鄉兩方面述其他資料，以備參攷。

現時我國各大都市之衞生醫藥設施及經濟教育狀况，尚無顯著之進步，而政府之統計報告，其死亡率均頗低，似有遺漏之處。茲列七大城市之普通死亡率如下表（見表六十六）：

表66　各市人口之粗泛死亡率

城市別	民國二十年			民國二十一年			民國二十二年		
	總數	男	女	總數	男	女	總數	男	女
南京	19.0	15.1	23.7	14.8	12.9	17.6	13.4	11.4	16.5
上海	12.7	12.1	13.6	8.7	8.0	9.6	8.8	8.1	9.7
北平	17.3	13.5	24.0	18.2	14.6	24.6	14.4	11.4	20.0
青島	8.8	7.5	10.9	11.0	10.0	12.6	8.7	8.0	9.8
杭州	14.2	13.5	15.3	12.1	11.0	14.0	9.9	9.1	11.1
漢口	15.7	13.1	19.0	20.0	13.1	13.5	6.6	5.8	7.7
廣州	16.5	16.2	17.0	19.8	19.5	20.1	18.6	18.5	18.8

材料來源：根據實業部民國二十四年中國經濟年鑑續編第二章(B)38頁之材料。

一般鄉村人口之入城市謀生者，如店夥傭工等，一有疾病，多返鄉間，故死亡率或亦因之減低，男子較女子為尤甚。至特別死亡率之研究，可就南京市及北平市第一衞生區之資料分析之。按性別及年齡分組之死亡率，二十年至二十二年之數字，見表六十七，二十四年度之數字，見表六十八，職業人口之死亡率見表六十九，均係南京市之報告。各種病因之死亡統計，其計算方法有二。第一、按死亡原因之人數分配計算各種死因之百分數，以明病因之輕重，如北平市第一衞生區二十一二十二兩年度及南京市二十三三年度是。第二、每十萬人口各種死亡原因之死亡人數，如北平市第一衞生區十五至二十一年及南京市二十四年是。茲詳列如表七十。至都市嬰孩普通死亡率及其男女之差，見表七十一所載北平市第一衞生區九年來之數字。嬰孩死亡率按性別、胎次、母之年齡、父之職業、母之結婚年數、及家庭經濟之分別，俱見表七十二所載南京市二十三年度之報告。

表 67　南京市人口性別年齡分組之死亡率

年齡分組	性別	民國二十年	民國二十一年	民國二十二年
0—4	男	76.4	61.5	60.8
	女	104.0	69.3	72.5
5—14	男	8.1	5.6	4.5
	女	11.5	7.3	4.3
15—19	男	4.4	2.5	2.3
	女	6.1	5.3	5.0
20—39	男	8.2	4.1	3.5
	女	9.9	7.8	7.4
40—59	男	17.1	16.0	13.1
	女	16.3	13.6	11.8
60 以上	男	49.1	45.9	35.5
	女	66.3	55.5	47.3

材料來源：根據實業部民國二十四年中國經濟年鑑續編第二章(B) 34 頁之材料。

表 68　南京市人口性別年齡分組之死亡率

年齡分組	總計	男	女
總計	18.37	15.60	21.37
0——4	98.60	94.80	102.53
5——9	8.51	7.65	9.65
10——14	3.83	3.15	4.71
15——19	4.65	3.98	6.41
20——24	6.12	5.15	7.65
25——29	5.85	4.80	7.58
30——34	6.21	5.11	8.11
35——39	6.61	6.16	6.13
40——44	8.57	8.74	8.29
45——49	11.65	10.75	9.71
50——54	17.13	19.58	13.35
55——59	22.70	20.45	17.91
60 以上	54.26	50.10	58.89

材料來源：根據民國二十七年九月內政部衛生統計 113——114頁之材料。

表 69　南京市人口職業別之死亡率

職業別	民國二十年	民國二十一年	民國二十二年
農	13.3	5.7	3.6
工	12.8	7.0	4.6
商	14.0	7.8	5.7
交通運輸	8.7	3.7	4.1
公務	9.1	2.2	1.7
自由職業	9.0	6.2	4.0
人事服務	14.5	3.3	2.9
無業	29.3	30.0	20.2

材料來源：[illegible]二十四年[illegible]第二次(B) 34頁之材料。

表 70　南京北平兩市人口之死亡原因

死亡原因	北平市第一衛生區 (1) 民國十五年至二十一年	(1) 二十一年度及二十二年度	南京市 (1) 二十三年度	(1)二十四年度(城區) 總計	男	女
肺癆	303	14.4	8.3	160.0	170.8	141.0
呼吸系病(肺癆除外)	260	17.3	28.5	377.1	343.2	418.8
消化系病(二歲以下腸炎除外)	244					
心腎病	166	6.7	1.9	28.7	18.2	39.6
抽瘋病	125	5.5	4.7	147.2	88.7	185.4
老衰及中風	120	6.9	5.6	89.3	85.7	102.6
二歲以下腸炎	110					
初生衰弱及早產	91	4.6	3.2	46.0	34.8	59.3
其他癆病	81	2.7	0.9	14.8	8.5	24.4
猩紅熱	80	3.1	0.1	0.7	0.6	0.9
流行性腦脊髓膜炎	70	1.1	0.4	8.9	8.1	10.1
赤痢	46	6.3	2.0	6.8	0.6	7.2
其他原因	35	3.7	0.6	21.6	21.1	22.4
其他發疹及傳染病	30	2.4	11.5	296.2	254.7	349.2
麻疹	26	2.6	6.0	147.9	114.7	188.3
痢疾	24	1.5	4.3	64.0	54.4	78.8
傷寒及副傷寒	20	0.4	1.6	19.1	23.2	12.9
產褥病	19	1.0	2.2	30.9	—	78.2
白喉	11	0.8	0.2	5.5	5.8	4.9
病因不明	9	1.3	0.2	33.9	30.5	39.1
霍亂	6	1.0				
斑疹傷寒	5	0.2		0.5	0.6	0.3
外傷	3	0.5	2.1	41.0	47.4	31.0
中毒及自殺	3	0.5	0.7			
天花	2	1.7	0.2	17.1	12.8	23.6
狂犬病	2	0.1	0.1	1.1	1.3	0.9
鼠疫	0					
肺炎及腸炎		6.6	12.2	114.3	68.9	183.7
其他腦脊病		7.2	7.6	164.0	141.6	198.3
總計或平均		100.0	100.0	18.3	16.0	21.7

材料來源：北平市第一衛生區十五至二十一年數字根據實業部民國二十四年中國經濟年鑑續編第二章(B)24-35頁之材料，其餘根據民國二十七年九月內政部衛生統計115-117頁之材料。

說　明：北平市十五年至二十一年及南京市二十四年度係每十萬人口中每年內各種病因之死亡數北平市二十一年度及二十二年度及南京市二十三年度係各種病因死亡人數之百分數。

表 71　　北平市第一衛生區九年來嬰兒死亡率

年度	總計	男	女
15	183.2	172.5	194.6
16	175.4	174.0	179.1
17	197.2	197.6	193.7
18	172.7	165.6	180.5
19	142.2	163.6	119.7
20	190.3	179.1	203.0
21	179.3	185.4	172.3
22	134.0	137.5	129.9
23	126.2	138.6	113.1

材料來源：　根據民國二十七年九月內政部編衛生統計 117—118 頁之材料

鄉村人口死亡統計資料，亦極殘缺。或區域較小，不足視作一般研究之用，或方法簡率，難資參攷。茲就金陵大學農學院農業經濟系所作實地調查及人事登記之結果，以窺鄉村人口死亡率之一斑。此項實地調查係自一九二八年至一九三三年該系調查河北等十六省農家之材料。當時爲比較便利計，初分爲五區，嗣改以淮水爲界，分爲北部、南部兩大部，又按氣候分布情形，畫爲九區，其資料區域不同，原因在此，其分區結果，容有差異，而材料之來源則一。人事登記係一九三一年至一九三四年該系在江蘇省江陰縣峭岐鎮所舉辦，包括二二一個村莊及四個市鎮共四五七九個農家，茲列其結果如後列八表。表七十三及七十四載十六省區內人口之普通死亡率及嬰兒死亡率，表七十五載江陰農家嬰兒按性別之死亡率，表七十六及七十七載二種資料按年齡組及性別之死亡率，表七十八載江陰農家按月別之死亡

表 72　南京市民國二十三年度特種嬰兒死亡率

		每千嬰兒之死亡率
	總　　計	122.6
性　　別	男	130.4
	女	114.9
嬰兒胎數別	第一胎	128.1
	第二胎	128.8
	第三胎	115.0
	第四胎	85.6
	第五胎	134.2
	第六胎	135.9
	第七胎	146.9
	未詳	......
母親年齡別	15—10	125.9
	20—24	122.1
	25—29	121.7
	30—34	112.9
	35—39	107.6
	40 以上	136.5
	未詳	......
母親結婚與嬰兒生產時相距年數	未滿五年	135.9
	5—10	103.4
	10—20	121.3
	20 以上	146.6
	未詳	......
家庭每月收入額別(元)	無收入	170.0
	50 以下	122.7
	51—100	110.9
	101—200	112.4
	200 以上	90.9
	未詳	135.2
父之職業別	人事服務及工役	152.7
	無職業	144.7
	工業	122.6
	商販及小販	122.0
	商東及職員	130.0
	軍警	117.3
	自由職業	114.3
	農業	113.6
	黨政	111.7
	交通運輸業	106.3
	未詳	......

材料來源：根據民國二十七年九月內政部衛生統計118—120頁之材料。

率，以七月至十一月及二月等六個月爲最高，表七十九載江陰農家按貧富之差異影響死亡率之高低，表八十載江陰農家按產檔之多寡分別死亡率之大小。

表 73　各省區人口死亡率（甲）

省　區	普通死亡率	嬰兒死亡率
西北區	22.0	159.3
綏遠	46.0	429.9
陝西	19.8	150.9
山西	22.8	159.1
北方平原	26.6	168.7
河北	27.0	175.2
山東	29.0	156.2
河南	24.4	157.7
長江下游	28.3	143.8
江蘇	28.5	157.3
安徽	27.2	108.4
湖北	32.2	185.0
江西	21.9	155.0
西南區	35.6	184.8
四川	44.5	207.8
雲南	19.8	112.4
貴州	29.4	203.6
東南區	31.2	172.9
浙江	28.2	161.4
福建	31.9	87.3
廣東	35.6	223.2
各區總計	28.2	163.8

材料來源：根據國曆二十七年九月內政部衛生統計114—118頁之材料。

表74 各省區人口死亡率(乙)

省　　區	普通死亡率	嬰兒死亡率
全國	27.6	156.2
華北	24.5	155.2
河北,山西,陝西,山東,河南,安徽	25.1	157.1
綏遠,山西,陝西	19.3	136.1
華南	30.4	157.0
福建,廣東	34.3	181.4
浙江,江西	25.9	154.1
雲南,貴州	26.9	171.4
四川	40.0	191.2
江蘇,安徽,浙江,湖北	27.8	155.4
四川,雲南	25.1	200.5

材料來源：根據實業部民國二十五年中國經濟年鑑第三編第二章(B)37-38頁之材料。

表75 江蘇江陰農家嬰兒死亡率

年　度	合計	男	女
1931—1932	203.4	184.8	223.6
1932—1933	241.8	201.2	281.6
1933—1934	390.3	378.5	402.4

材料來源：根據實業部民國二十五年中國經濟年鑑第三編第二章(B)38頁之材料。

表 76　　中國農家人口按年齡分組之死亡率

年齡組	總計	男	女
總計	27.1	26.7	27.6
1歲以下	179.4	183.8	174.5
1	101.4	102.3	100.4
2	81.8	75.4	80.1
3	52.0	58.3	45.3
4	37.1	39.8	34.2
0—4	95.2	97.5	92.6
5—9	18.4	17.7	19.2
10—14	9.0	9.4	8.4
15—19	10.5	9.1	12.0
20—24	10.7	9.7	11.8
25—29	10.7	9.8	11.6
30—34	9.4	7.3	11.7
35—39	12.1	10.9	13.5
40—44	13.8	13.7	14.0
45—49	14.2	15.4	13.0
50—54	18.8	19.6	18.0
55—59	20.8	23.8	18.1
60—64	39.3	42.0	36.9
65—69	57.3	58.8	60.1
70—74	76.6	91.7	66.0
75—79	92.7	97.6	89.8
80—84	144.7	150.0	141.7
85歲以上	253.6	296.3	218.2
不詳	21.6	28.2	—

材料來源：根據實業部民國二十五年中國經濟年鑑第三編第二章(B)39-40頁之材料。

表 77　　江蘇江陰農家人口年齡分組之死亡率

年齡分組	總計	男	女
1—5	27.6	24.8	30.5
5—20	18.6	17.8	19.4
20—24	14.3	14.3	14.3
40—60	11.8	17.6	12.0
60—65	13.8	18.1	9.3
65歲及以上	5.3	6.8	3.8
未詳	8.6	6.6	10.9
總計	100.0	100.0	100.0

材料來源：根據實業部民國二十五年中國經濟年鑑第三編第二章(B)41頁之材料

表 78　　江蘇江陰農家人口月別死亡率

月別	1931—1932	1932—1933	1933—1934
1月	30.7	31.8	43.0
2月	31.3	47.5	53.3
3月	25.2	30.7	60.6
4月	32.9	21.2	32.8
5月	25.8	20.1	34.5
6月	23.6	15.6	18.7
7月	76.3	31.6	34.6
8月	118.6	57.5	45.9
9月	37.9	44.7	54.4
10月	45.6	59.2	105.3
11月	35.1	48.6	75.3
12月	30.2	24.6	62.3
總計	42.8	36.1	53.0

材料來源：根據實業部民國二十五年中國經濟年鑑第三編第二章(B)41-42頁之材料。

表 79　　江蘇江陰農家人口貧富別死亡率

		富裕者	安舒者	貧窮者	總計
普通死亡率	1931—1932	26.5	39.6	46.6	42.8
	1932—1933	32.3	31.0	39.6	36.1
	1933—1934	33.9	49.8	56.0	52.0
嬰兒死亡率	1931—1932	16.13	219.8	196.2	20.34
	1932—1933	275.9	240.2	230.3	241.8
	1933—1934	379.3	373.5	403.4	399.3

材料來源：根據實業部民國二十五年中國經濟年鑑第三編第二章(B) 42-43頁之材料。

表 80　　江蘇江陰農家人口產權別死亡率

		自耕農	半自耕農	佃農
普通死亡率	1931—1932	43.6	36.1	46.9
	1932—1933	49.1	32.1	30.5
	1933—1934	48.5	51.6	51.4
嬰兒死亡率	1931—1932	145.2	217.6	216.1
	1932—1933	220.0	220.9	278.9
	1933—1934	215.7	439.1	364.0

材料來源：根據實業部民國二十五年中國經濟年鑑第三編第二章(B) 43頁之材料。

三、婚姻　表示逐年結婚者之多寡，常用結婚率與婚姻率。結婚率(Marriage rate)通常指一年內每千人口中結婚人數。婚姻率(Wedding rate)通常指一年內每千人口中之婚姻數。因需二人方能成一婚姻，故婚姻率應比結婚率爲低，通常約當結婚率之半，因結婚者地域分散略有微差。按結婚率係指當事之個人，婚姻率係指結婚之事件，不宜混亂應用。世界各國結婚率大概在千分之七至千分之十之間，其最近統計結果如下表（見表八十一）：

表 81　世界各國人口之結婚率

國　　別	1921—1925	1926—1930	1931—1935	1934	1935	1936	1937
南非聯邦	8.0	9.3	9.4	10.4	10.6	11.1	
加拿大	7.3	7.3	6.4	6.8	7.0	7.3	
北美合衆國	10.6	9.9	9.2	10.3	10.4	10.4	
墨西哥	4.1	5.3	6.0	6.4	6.4	6.4	6.4
阿根廷	7.2	7.5	6.5	6.6	6.9	7.0	7.3
智利	6.9	9.3	6.9	7.0	7.3	7.5	8.3
哥倫比亞	4.3	5.0	4.0		4.7	4.5	4.4
哥斯德黎加	6.4	6.9	6.0	6.3	6.0	6.0	6.8
牙買加	8.7	4.3	3.7	3.9	4.2	3.9	
波多黎科	6.5	6.5	5.8				
烏拉圭	5.3	6.1	5.3	5.3	5.6	5.9	
塞普洛斯島	6.2	6.9	7.4	8.2	9.3	6.5	
高麗	9.9	9.1	6.3	5.4	5.4	5.4	
台灣	10.0	10.0	8.8	8.5	8.8	6.6	
日本	8.8	8.0	7.6	7.5	8.0	7.8	
德意志	9.4	8.7	9.3	11.1	9.7	9.1	9.1
奧地利	9.6	7.5	6.8	6.5	6.8	6.9	6.5
比利時	10.6	9.1	7.8	7.6	7.6	7.8	7.6
保加利亞	11.0	9.7	9.1	9.3	7.9	7.9	8.1
丹麥	7.9	7.8	8.7	9.5	9.3	9.3	9.1
西班牙	7.3	7.3	6.5	6.0		6.0	
愛沙尼亞	8.1	7.8	7.9	7.9	8.2	8.7	8.5
芬蘭	7.1	7.2	7.2	2.8	8.1	8.3	
法蘭西	9.5	8.3	7.4	7.1	6.8	6.7	6.6
希臘	7.5	7.1	6.8	7.1	6.7	5.6	
匈牙利	10.0	9.2	8.5	8.9	8.5	8.5	8.9
愛爾蘭	4.9	4.6	4.6	4.8	4.8	5.0	5.1
意大利	9.0	7.3	6.8	7.4	6.7	7.4	8.6
拉脫維亞	8.4	8.4	8.3	8.4	8.4	8.4	8.1
立陶宛	7.7	8.1	7.7	7.4	7.3	7.5	7.4
盧森堡	8.8	9.3	7.8	7.9	7.4	8.0	8.8
馬爾他島	6.2	6.4	6.4	6.7	6.3	7.2	
挪威	6.3	6.1	6.5	6.7	7.1	7.7	8.2
荷蘭	8.2	7.7	7.2	7.3	7.2	7.5	7.6
波蘭	9.1	9.2	8.4	8.3	8.3	8.4	8.0
葡萄牙	7.9	6.9	6.6	6.7	6.8	6.4	6.4
羅馬尼亞	9.8	9.4	9.0	9.2	8.7	9.2	9.5
英蘭	7.7	7.5	7.9	8.3	8.5	8.6	8.6
瑞典	6.3	6.7	7.3	7.7	8.2	8.5	8.8
瑞士	7.7	7.5	7.7	7.6	7.3	7.1	7.3
捷克斯拉夫	10.6	9.3	8.2	7.8	7.6	8.0	8.3
巨哥斯拉夫	10.6	9.5	7.8	6.8	7.4	7.2	
澳大利亞	8.0	7.5	7.3	7.7	8.4	8.7	8.7
紐西蘭	8.0	7.7	7.3	7.6	8.2	9.3	9.5
菲律賓	9.2	7.5	7.0	7.9		8.0	8.6

材料來源，根據1937—1938年國際聯盟統計年鑑43頁之材料。

據前表歐戰以後各國之結婚率均有降低之趨勢，惟婚姻之變動極緩，遠不如死亡率與生育率變動之速，結婚率自十九世紀即略有低降之傾向，惟其程度極微。關於我國結婚率，從前已有之調查，大率略而不詳，茲就喬啓明調查各處農家人口之結果，列其結婚率之數字如下表（見表八十二）：

表 82　　中國農家人口之結婚率

調查地點	調查年度	結婚率
河北等十一省	1929—1931	9.07
中國北部	1929-1931	8.65
中國南部	1929—1931	11.01
安徽等四省	1924—1925	13.70
山西清源縣(1)	1926	4.60
山西清源縣(2)	1927	9.60
山西清源縣(3)	1928	7.90
各地平均		9.25

材料來源：　根據實業部民國二十三年中國經濟年鑑續編第二章(B)22頁之材料。

結婚年齡之遲早，常影響結婚率之高低，我國鄉村人口經調查後，其結婚年齡之分配，約有下列諸種現象：（一）男女結婚年齡均以十五歲至十九歲者爲多；（二）我國鄉村人口結婚年齡比歐美國家爲低，此或因生活習慣及地域環境之影響；（三）女子結婚年齡之分配，常集中在十五至二十五歲之間，男子結婚年齡之分配，則較爲分散。茲附錄各處抽樣調查中中國鄉村人口平均結婚年齡及結婚年齡之分配結果，以備參攷（見表八十三八十四）。

表 83　中國鄉村人口結婚年齡分配

結婚年齡組	男	女
10歲以下	0.94	—
10—14	25.95	5.42
15—19	37.32	65.96
20—24	19.78	26.01
25—29	8.59	2.02
30—34	3.77	0.25
35—39	2.30	0.29
40—44	0.94	—
45—49	0.35	—
50—54	0.06	—
總　計	100.00	100.00

材料來源：　根據實業部民國二十四年中國經濟年鑑續編第二章(B) 20—21頁之材料。

表 84　中國鄉村人口平均結婚年齡

調查地點	平均結婚年齡	
	男	女
河北等十一省	20.78	20.00
山西清源縣	26.20	18.00
安徽等七省	19.70	17.90
北平掛甲屯村	23.50	19.20
北平黑山扈等村	20.70	19.20
總　計	22.20	18.46

材料來源：　根據實業部民國二十四年中國經濟年鑑續編第二章(B) 22頁之材料。

離婚之多寡，亦足影響於人口之增減。其表示之方法，以每千人口中之離婚人數，稱為離婚率。各國人口間離婚率，因社會情形及婚姻法律之不同，常不能相比較。美國麻薩諸色州(Massachusetts)離婚人已婚年數之分配，以已婚一年至二〇年間爲多，一年以下及二〇年以上均較少。日本人口之離婚率頗有降低之趨勢，自大正五年至一四年離婚人數，每千人中自一、

○九降至○．八七，每千婚姻中之離婚者，自一三八、九降至九九、一。至各國最近離婚率之大小茲列之如下表(見表八十五)：

表 85　世界各國人口之離婚率(1936年)

國別	每千人口中之離婚人數
比利時	9.37
保加利亞	0.27
英格蘭及威爾士	0.10
蘇格蘭	0.13
德意志	0.75
丹麥	0.85
愛沙尼亞	0.83
冰島	0.32
拉脫維亞	0.61
立陶宛	0.30
挪威	0.35
葡萄牙	0.13
羅馬尼亞	0.45 (1)
蘇聯(歐洲之部)	2.81 (2)
匈牙利	0.64
芬蘭	0.41
法蘭西	0.52
荷蘭	0.35 (3)
捷克斯拉夫	0.46 (4)
瑞士	0.77
瑞典	0.46
加拿大	0.13 (5)
烏拉圭	1.15 (6)
日本	0.71 (7)
南非聯邦	0.83
澳大利亞	0.35 (8)
新西蘭	0.54

材料來源：根據保加利亞1938年統計年鑑788—791頁之材料。

說　明：(1) 1934年數字　(2) 1928年數字　(3) 1935年數字　(4) 1934年數字

(5) 1935年數字　(6) 1934年數字　(7) 1935年數字　(8) 1935年數字

四、遷徙　遷徙是人口在橫的方面或空間方面之變動。就全球人口言，其影響幾等於無。惟就各國之區域言之，其關係人口增減，實非淺鮮。人口之遷徙，大概可分爲二種：(一)國際人口遷徙，(二)國內人口遷徙。國際人口遷徙，有移出移入之别；國內人口遷徙，有都市集中與移民墾殖之分。近二百年來，因廣大之新地域與資源之發現，及交通工具之發達與進步，移民之多，實超遠古之上。茲舉其犖犖大者，以見一斑。(一)美洲之開放，與歐人之移入：——據一般估計，從十九世紀初年起，歐洲移往美洲之人民，不下五千七百萬，其中三千八百萬赴今之北美合衆國，此三千八百萬中，永久居留美國者約三千萬人。(二)美國之移入人口：——一七六〇年美國僅有人口四百萬，一九三〇年戶口報告，白種人口一萬零九百萬。一八八〇年以前，大多數移民，從北歐西歐各國遷來，一八八〇年以後，多由東歐南歐而至。(三)英國之人口遷移：——英國人口之移出，自一八二〇年至一九一四年，從聯合王國移出海外各地之總額，約一千六百萬人，多數移往美國。歐戰以後，情形大異，自一九二〇年至一九二七年，每年平均移出約二萬人，多數遷往英屬殖民地，赴美國者不過七分之一。(四)歐洲大陸之人口遷移：——法國每年需要大批外國工人，從事耕種，多數由義大利移入。歐戰以後，需要更切，一九二四年從義移法工人達二十五萬之多。他如德國自工業革命後，亦賴外國工人從事農作；比利時、盧森堡諸國，亦因戰後工業改進，需要工人甚急。惟此等遷移，多屬臨時或季節之移動。(五)美洲大陸人口之遷移：——第一、自美國限制移民以後，加拿大、墨西哥不受限制，故由加拿大、墨西哥移美之工人特多。第二、美國南部工業進展頗速，北方失業之白種工人，多遷徙南部，而南部之黑種工人，反向北方移動。(六)印度日本人口之遷徙：——海外之印度僑民，估計約二百二十萬，其中僅有十萬人居留在英國領土之外。印度僑民最多之處，爲錫蘭、馬來亞之海峽殖民地、南非洲等處。日本海外僑民，約七十萬至一百萬人。日僑最多者，爲我國東三省、美國夏威夷及巴西等處。

我國人口之遷徙約有兩大部：第一、從東南沿海各省如福建、廣東等地向太平洋、印度洋、澳洲、美洲移殖；第二、從北部各省如山東、河北、河南等地向東三省、內蒙古一帶移殖。至僑民人數，尚無可靠之統計。依北京農商部報告，約八百七十萬人。吳景超氏估計約八百五十萬至一千一百萬人。內政部之報告為七百八十三萬餘人。一九三八至一九三九年英文中國年鑑所載各地華僑共約七百七十餘萬人。至華僑地域之分配，以亞洲為多，澳洲次之，美洲又次之，歐洲再次之，非洲最少。內地人口向東三省移殖運動，乃最近重要人口遷移之一。依何廉估計，自一九二三年至一九三〇年我國內地移往關外之人民，不下五百萬人，其逐年移動之趨勢如下表(見表八十六)：

表 86　　中國本部移往東三省之人口數

年度	人數	比數(1923年數為100)
1923	42,038	100
1924	376,613	110
1925	491,925	144
1926	71,636	167
1927	1,016,723	197
1928	938,472	274
1929	1,046,291	305
1930	653,000	191

資料來源：根據經濟統計學刊第一卷第二期何廉著「東三省之內地移民研究」之材料及社會部人口[illegible]第108頁。

關於近年鄉村農民及都市集中之趨勢，可據金陵大學農學院農業經濟系舉辦之河北等十六省農家調查及江蘇江陰人事登記兩種結果見之。就遷徙之數量言，福建、廣東兩省國際遷徙雖多，而省縣間之遷移極少。雲南、貴州地處邊陲，交通閉塞，生活比較固定，故兩區域內之遷徙較少。晉、陝等省出外經商之人民極多。蘇、浙、皖、鄂等省因交通便利，移動極易，故兩區內遷出遷入者甚多。其詳細比率，數字分配如下表（見表八十七）：

表 87　各省區農家人口遷徙率

區域	調查總人口數	遷入百分數	遷出百分數	遷入兼遷出百分數
全國	206,274	1.5	1.3	1.7
河北，山西，陝西，山東，河南，安徽	68,193	1.2	1.5	1.2
綏遠，山西，陝西	11,225	1.4	1.5	4.1
福建，廣東	11,208	0.9	0.8	0.4
浙江，江西	7,984	3.9	2.1	3.1
雲南，貴州	9,471	1.3	0.7	0.1
四川	14,302	1.2	1.1	1.5
江蘇，安徽，浙江，湖北	50,126	1.8	0.9	2.3
四川，雲南	4,665	1.8	0.9	1.5

材料來源：根據實業部民國二十五年中國經濟年鑑第三編第二章(B) 45 頁之材料。

就遷移之原因言，遷出方面，以缺少工作及婚姻兩項所佔成分為最多。按婚姻而遷出，屬正常而自然之移動，惟因缺少工作而遷居，乃係社會病態之一，應加補救。餘如綏、陝、晉諸省，天災人禍，繼續推演，近年西北災荒，最為慘酷，赤地千里，餓莩載道，尤應設法防治與救濟。茲錄各區域遷出原因分配之百分率如下表（見表八十八）：

表 88　各省區農家人口遷出之原因

區域	遷出總計	水災絕糧	旱災絕糧	年成荒歉	土匪	缺少工作	田場缺少食物	婚姻	其他	不詳
全國	100.0		0.1	0.5	0.1	48.8	7.3	28.2	17.3	2.7
河北,山西,陝西,山東,河南,安徽	100.0	0.1	0.1	0.1	0.1	47.3	8.3	25.4	13.8	3.8
綏遠,山西,陝西	100.0					52.6	16.0	10.2	20.6	0.6
福建,廣東	100.0					9.9	14.9	44.5	24.8	5.9
浙江,江西	100.0					65.8	6.3	9.5	15.5	2.9
雲南,貴州	100.0					17.9	7.5	59.7	11.9	3.0
四川	100.0					28.8	6.7	30.9	21,4	2.2
江蘇,安徽,浙江,湖北	100.0			1.9	0.4	54.0	2.3	18.8	21.8	0.8
四川,雲南	100.0					26.2		52.4	16.7	4.7

材料來源：根據實業部出版二十五年中國經濟年鑑第三編第二章(B) 47頁之材料。

遷入方面亦以婚姻及缺少工作爲多，其各種原因所佔之成分如下表（見表八十九）：

表 89　各省區農家人口遷入之原因

區域	遷入總計	旱災絕糧	年成荒歉	戰爭	土匪	缺少工作	田場缺少食物	婚姻	其他	不詳
全國	100.0		1.3	0.2	0.2	15.0	2.3	34.9	45.3	0.9
河北,山西,陝西,山東,河南,安徽	100.0	0.1		0.4	0.2	14.4	1.8	45.3	36.9	0.9
綏遠,山西,陝西	100.0			0.6	0.6	16.3	4.4	23.0	53.8	1.3
福建,廣東	100.0					3.6	1.5	62.3	23.9	8.7
浙江,江西	100.0					18.4	3.6	7.8	70.0	0.2
雲南,貴州	100.0					4.6		80.8	14.6	
四川	100.0					7.0	0.8	37.1	54.3	0.8
江蘇,安徽,浙江,湖北	100.0		2.8		0.1	18.3	2.4	27.8	47.3	0.5
四川,雲南	100.0					4.9	1.4	45.1	47.2	1.4

材料來源：根據實業部出版二十五年中國經濟年鑑第三編第二章(B) 47-48頁之材料。

就遷徙者之年齡及性別言，可分爲三種：第一、按男女遷移之人數中，各年齡組所佔之百分數；第二、遷徙人數中各年齡組之性比例；第三、男女各年齡遷入遷出者所佔百分數之比較。各年齡組之比率，遷入之男子以五歲以下及一〇歲至三〇歲間者爲多，五歲以下者，常寄養於無孩之家，一〇歲至三〇歲者，常遷入爲農工。遷入之女子，以一五歲至二五歲間者爲多，蓋因緣娶也。遷出之男子，其集中與遷入相似，原因或同。遷出之女子，五歲以下及一五歲至二五歲均較集中，一五歲至二五歲間，大都因出嫁遷出，五歲以下者，因送往育嬰堂及送往夫家作童養媳之故，其比率特高。茲就江陰登記百分數分配如下表(見表九十)：

表 90　江蘇省江陰縣農家遷移人口之年齡分配百分數

年齡分組	遷入 總計	遷入 男	遷入 女	遷出 總計	遷出 男	遷出 女
5 歲以下	7.0	10.5	4.7	15.5	14.7	16.6
5—9	5.3	5.6	5.1	7.0	6.8	7.3
10—14	10.7	12.5	9.5	14.7	18.5	11.5
15—19	20.9	17.1	23.5	10.5	10.7	20.9
20—24	18.4	12.5	22.3	14.4	11.7	16.6
25—29	8.7	12.5	6.0	8.2	10.0	6.6
30—34	6.0	8.0	4.7	7.0	8.9	5.5
35—39	4.7	7.0	3.8	4.4	4.7	4.4
40—44	3.2	3.5	3.0	4.3	4.6	2.8
45—49	2.7	3.5	2.1	1.9	3.2	1.6
50 歲以上	6.4	7.8	5.6	3.1	2.6	3.3
總計	100.0	100.0	100.0	100.0	100.0	100.0

材料來源：根據實業部[illegible]二十五年中國[illegible]第二章(D) 80-81 頁之材料。

各年齡組之性比例，其百分數如下表(見表九十一)。遷入遷出中，一五歲至二五歲者女子均較多，因係嫁娶之年齡，五歲以下之男子遷入多，而女子遷出多，是或由於重男輕女之習慣所致。

表 91　江蘇省江陰縣農家移遷人口各年齡組之性比例

年齡分組	遷入 總計	遷入 男	遷入 女	遷出 總計	遷出 男	遷出 女
5 歲以下	100.0	60.0	40.0	100.0	34.6	65.4
5—9	100.0	42.1	57.9	100.0	45.2	54.8
10—14	100.0	46.8	53.2	100.0	57.7	42.3
15—19	100.0	25.4	74.6	100.0	42.3	57.7
20—24	100.0	27.3	72.7	100.0	37.2	62.8
25—29	100.0	58.1	41.9	100.0	56.6	43.4
30—34	100.0	53.5	46.5	100.0	58.1	41.9
35—39	100.0	58.8	41.2	100.0	49.2	50.8
40—44	100.0	43.5	56.5	100.0	51.6	48.4
45—49	100.0	52.6	47.4	100.0	53.6	46.4
50 歲以上	100.0	45.7	54.3	100.0	41.3	58.7
總計	100.0	40.0	60.0	100.0	46.0	54.0

材料來源：根據實業部民國二十五年中國經濟年鑑第三編第二章(B)51頁之材料。

遷出遷入兩者之比較如下表(見表九十二)，各年齡組多係遷出超過遷入者，少數趨於平衡，形成此項現象之原因固多，但內地經濟壓力之嚴重，實爲其主因，國家對於農民離村運動之前途，似不容漠視也。

就遷徙方面言，可分集中情形及政治區域兩方面。如表九十三，各鄉農村移

表 92　江蘇省江陰縣農家遷移人口年齡組之比較

年齡分組	總計 共計	總計 遷入	總計 遷出	男 共計	男 遷入	男 遷出	女 共計	女 遷入	女 遷出
5歲以下	100.0	17.8	82.2	100.0	27.3	72.7	100.0	11.7	88.3
5—9	100.0	26.8	73.2	100.0	25.4	74.6	100.0	27.8	72.2
10—14	100.0	25.9	74.1	100.0	22.1	77.9	100.0	30.6	69.4
15—19	100.0	39.9	60.1	100.0	28.5	71.5	100.0	46.2	53.8
20—24	100.0	38.0	62.0	100.0	31.0	69.0	100.0	41.6	58.4
25—29	100.0	33.7	66.3	100.0	34.3	65.7	100.0	32.9	67.1
30—34	100.0	29.1	70.9	100.0	27.4	72.6	100.0	31.3	68.7
35—39	100.0	34.3	65.7	100.0	38.5	61.5	100.0	29.8	70.2
40—44	100.0	26.4	73.6	100.0	23.3	76.7	100.0	29.5	70.5
45—49	100.0	40.4	59.6	100.0	40.0	60.0	100.0	40.9	59.1
50以上	100.0	50.0	50.0	100.0	52.5	47.5	100.0	48.1	51.9
總計	100.0	37.5	67.5	100.0	29.5	70.5	100.0	34.8	65.2

材料來源：根據實業部民國二十五年中國經濟年鑑第三編第二章(B) 52 頁之材料。

動，仍以移居他田莊者之比率較大。城市與鄉村相互之遷徙相近，集中趨勢，尚非甚重。惟農民苦於經濟之壓迫，徬徨失所之情形，當可概見。

表 93　各省區農家人口遷徙方向分配

區域	調查總人口數	遷徙百分數 由田莊至田莊	由田莊至城市	由城市至田莊	不詳
全國	206,274	1.9	0.9	1.1	0.5
河北，山西，陝西，山東，河南，安徽	88,193	1.7	0.6	0.8	0.6
綏遠，山西，陝西	11,325	3.3	1.3	1.7	0.8
福建，廣東	11,278	1.3	0.3	0.3	0.2
浙江·江西	7,964	2.0	2.7	3.9	0.5
雲南·貴州	9,471	1.4	0.2	0.3	0.2
四川	14,302	1.2	0.7	1.0	0.8
江蘇，安徽，浙江，湖北	59,126	2.3	0.9	1.4	0.4
四川·雲南	4,985	2.4	0.4	0.9	0.3

材料來源：根據實業部民國二十五年中國經濟年鑑第三編第二章(B) 52-53 頁之材料。

各政治區域間之遷移,一般情形,均以圍於本縣者爲最多。交通困難之區,本縣內之遷徙百分率愈大,如雲南貴州四川等省是。江西因近年匪患,本縣不能安居,蘇、浙等省交通便利,故本省內之遷徙百分率較高。國際遷徙,以福建、廣東等省爲高,因地位習慣之關係也。茲列各區各種遷移百分數如下表(見表九十四)

表 94　　各省區農家人口遷徙區域分配

區域	遷徙總數	在本縣中遷徙	在本省中遷徙	省與省間遷徙	國際遷徙	未詳
全國	100.0	40.8	29.6	11.1	0.5	9.0
河北,山西,陝西,山東,河南,安徽	100.0	55.1	20.8	12.1	0.1	11.9
綏遠,山西,陝西	100.0	62.7	22.4	9.8	—	5.1
福建,廣東	100.0	71.1	7.5	0.8	17.2	3.4
浙江·江西	100.0	28.7	59.6	7.7	—	4.0
雲南·貴州	100.0	88.3	6.1	1.0	—	4.6
四川	100.0	58.1	21.4	2.8	—	17.7
江蘇,安徽·浙江·湖北	100.0	37.1	40.5	14.9	—	7.5
四川,雲南	100.0	82.3	13.4	—	—	4.3

材料來源: 根據實業部民國二十五年中國經濟年鑑第三編第二章(B)53-54頁之材料。

就遷徙者之職業言,多趨向於非農業之各種職業,蓋遷徙之原因,既以經濟爲主,則業別之改就,當屬改進經濟環境之一法。茲附十六省之調查結果如下表(見表九十五):

江陰人事登記區域中遷入之男子多業農,女子從事家庭工業;遷出後之男子多從事機械工業,女子從事家庭工業,可見人口都市化與工業發達之關

徙者之職業分配

	南	部	各	省	
總計	福建廣東	浙江江西	四川	江蘇安徽	四川雲南
100.0	100.0	100.0	100.0	100.0	100.0
4.8	0.6	1.2	1.1	6.7	0.9
50.1	49.1	76.9	60.6	44.4	29.5
1.3	—	0.3	1.9	1.4	—
5.6	8.1	3.8	11.3	4.9	4.3
1.8	1.2	3.8	6.3	0.9	—
21.6	28.0	21.5	26.8	19.7	23.4
12.3	5.0	34.2	6.3	10.4	—
0.5	2.5	0.3	0.7	0.3	0.9
7.0	4.3	13.0	5.6	6.6	0.9
—	—	—	—	0.1	—
0.1	—	—	—	0.1	—
42.8	43.5	19.5	33.7	46.9	68.7
6.7	1.9	0.3	8.6	8.6	—
8.5	12.4	2.1	3.4	8.5	25.7
0.3	—	0.6	0.7	0.3	—
20.3	19.3	3.5	17.5	23.9	25.2
5.1	5.0	10.3	4.6	4.3	3.5
0.6	1.2	—	—	0.8	—
0.6	—	1.8	0.7	0.1	4.3
0.3	—	—	—	0.5	—
0.4	3.7	0.9	—	—	—
1.0	3.7	1.5	2.2	0.5	0.9
1.3	3.1	0.9	0.4	1.5	—

之材料。

表 95. 各省區農家人口遷

遷徙後職業	全國	北部各省 總計	河北山西陝西山東河南安徽	綏遠山西陝西
7歲以上遷徙人口總數	100.0	100.0	100.0	100.0
1.農業的	6.7	8.3	9.6	4.6
2.非農業的	62.7	73.3	73.2	73.6
a 運輸	1.3	1.4	1.0	2.7
b 商業	11.3	16.1	14.5	20.7
c 公務	3.5	4.8	5.8	1.9
d 家事使用	28.3	34.0	32.9	37.1
e 手工業	10.0	8.1	9.5	4.1
f 家庭工業	0.7	0.6	1.2	—
g 專門職業	7.5	7.0	8.2	7.0
h 礦工	—	—	—	—
i 不詳	0.1	0.1	0.1	0.1
3.農業與非農業	28.0	16.7	15.6	20.0
a 運輸	3.5	0.8	0.4	1.0
b 商業	5.9	3.7	3.3	5.0
c 公務	0.9	1.4	1.8	0.1
d 家事使用	13.6	7.9	6.8	11.1
e 手工業	2.9	1.0	1.0	1.1
f 家庭工業	0.4	0.3	0.4	—
g 專門職業	0.7	0.9	1.0	0.5
h 漁業	0.2	0.1	0.1	—
i 不詳	0.5	0.6	0.8	0.3
4.遷入者不詳	1.2	1.3	1.2	1.5
5.無業(一二個月)	0.8	0.4	0.4	0.3

材料來源：根據實業部民國二十五年中國經濟年鑑第三編第二章(B)56—57頁

係，茲附表如下（見表九十六）：

表 96　　江蘇省江陰縣農家人口遷徙者之職業分配

職業種類	遷入 總計	男	女	遷出 總計	男	女
依賴者	9.6	12.6	7.7	19.1	14.0	21.5
農業	17.4	30.7	2.5	6.2	13.3	0.1
家庭工業	34.9	0.4	57.9	16.8	0.3	30.9
機械工業	2.6	6.6	——	15.7	22.2	10.2
商業	5.9	34.6	——	6.7	14.4	——
專門職業	1.1	2.1	0.5	1.2	1.7	0.8
家事	5.2	4.5	5.6	6.4	4.4	8.2
運輸	——	——	——	1.7	3.8	——
公務	——	——	——	0.3	0.7	——
不詳	23.3	19.5	25.8	25.9	25.2	28.3
總計	100.0	100.0	100.0	100.0	100.0	100.0

材料來源：根據實業部民國二十五年中國經濟年鑑第三編第二章(B)57～58頁之材料。

上述出生死亡婚姻遷徙諸端，已窺見人口增減之主要因子。真正人口增加，係指一定時間內出生數超過死亡數而言，稱曰自然增加。因遷徙移入而增加者，稱曰移入增加。移入增加，不能影響全世界人口總數，只能增加移入地區人口總數。研究增加之多寡，以每千人中每年增加人數表示之，稱曰增加率。自然增加率，指每年每千人中出生超過死亡中之人數，移入率指每年每千人中移入之人數，移出率指每年每千人中移出之人數，總增加率通常由自然增加率加移入率減移出率而得。依伊士德（East E. M.）教授推算，十九世紀全世界人口增加率為千分之七。澳大利亞人口統計家尼布斯計算，一八〇四年至一九一四年間平均世界人口增加率約為千分之八．六四。尼氏又計算二十六個人口統計比較完善國家，一九〇六年至一九一一年平均人口增加率為千分之一一．六。一九三六年各國人口自然增加率，亦集中於千分十二左近，其分配如下表（見表九十七）：

表97　世界各國人口之自然增加率(1936)

國別	每千人口中之增加人數
奧地利	(減)0.1
比利時	2.4
保加利亞	11.5
英格蘭及威爾士	2.7
蘇格蘭	4.5
北愛爾蘭	5.8
愛爾蘭自由邦	5.2
德意志	7.2
希臘	12.8
丹麥	6.8
愛沙尼亞	0.5
冰島	11.2
西班牙	(1) 9.9
意大利	8.7
拉脫維亞	4.0
立陶宛	10.8
盧森堡	3.6
挪威	4.2
波蘭	12.0
葡萄牙	11.9
羅馬尼亞	11.7
蘇聯(歐洲之部)	(2)21.9
匈牙利	6.3
芬蘭	5.4
法蘭西	(減)0.3
荷蘭	11.5
捷克斯拉夫	4.9
瑞士	4.2
瑞典	2.2
阿根廷	(3)12.6
加拿大	10.3
美利堅	6.0
烏拉圭	(4)9.8
智利	9.3
印度	12.8
日本	12.4
埃及	15.6
南非聯邦	14.6
澳大利亞	7.7
新西蘭	7.9

材料來源：根據保加利亞1938年統計年鑑788—791頁之材料。

我國人口增加率，據陳長蘅、陳華寅等推算，均表現近年來頗有減低之趨勢。自抗戰以來人口死亡率當然又比平時加高。惟據戰前金陵大學舉辦十六省區鄉村農戶抽樣調查。所得之自然增加率固有千分之一一、三，此種自然增加率實高於一般資本主義國家，茲列其分區數字如後（見表九十八）：

表 98　各省區農家人口之自然增加率

區　　　域	人口總數	增加率
全國	202,617	11.3
河北，山西，陝西，山東，河南，安徽	83,511	13.6
綏遠，山西，陝西	11,000	11.9
福建，廣東	11,107	3.5
浙江，江西	7,680	12.6
雲南，貴州	9,404	26.5
四川	14,124	4.1
江蘇，安徽，浙江，湖北	68,108	9.4
四川，雲南	4,823	13.2

材料來源：　根據實業部民國二十五年中國經濟年鑑第三編第二章(B)頁之材料，44頁之材料

人生衣食住行生活資料之所需，仰賴土地生產之供給，故土地與人口增殖之關係極密。十九世紀初葉，英人馬爾薩斯謂食慾與色慾之滿足，爲人類生存所必需，人口之增加，常循幾何級數之比率，食物之增加，因土地之限制，則循算術級數之比率，故一定土地之內人口增加，食物常患不足，可見人口增加中土地供給之重要。世界各國關土地與人口之分配概況，已見前述。我國人口總數，約四萬萬五千萬人，全國面積一千一百五十六萬餘方公里，每方公里平均約三九人，內中除山嶺河川荒地住宅之外，國內生產之食糧，尙有不足之虞。應就推廣良種，調整作物，增施實用肥料，引用新式機械等方法，以謀生產之增加，限制浪費，改良運輸，設立儲蓄倉庫，改良糧食

製造，以謀消費之調節。至如何治本之法，應先分區舉行戶口及產業總調查，俾得就現在實況，謀人口食糧之調洽，以供人口增加所需之資料。

自九一八事變以來，我國向東三省之人口移動，不僅完全停頓，且常有不堪暴日之壓迫而自東北移返北部諸省者。倘無暴日之侵略東北，則最近十年間北部人口之繼續移往東三省者，當又有五六百萬之多。且自二十六年七月七日盧溝橋事變發生以來，北部中部及南部人口之移往西北及西南各省或接近內地之各省區者，雖無確實統計，恐不下三四千萬人之多。此種大規模之人口遷移在長期抗戰進行中，固爲應有之現象，且爲政府所應負責安插救濟。對於孕婦產婦與兒童尤應特加保護。同時吾人尤一致熱烈希望抗戰能得到完全勝利，大家能早日還我河山，古人說「樹德莫如滋，去疾莫如盡」。吾人務須忍痛犧牲，以期徹底粉碎暴日併吞中國之野心，遏止暴日擾亂東亞大陸之迷夢。方可轉禍爲福，轉危爲安，而爲我中華國族奠定莊嚴偉大光榮靜盪之堅實基礎。緣我國人口問題歸根結底，必須有廣大之領土與富厚之資源，以保障我們民族之生命線，庶使全國同胞今後之共同生活與個人生活均可更爲安穩富強，更爲高尚文明，與更爲完全美滿也。

版權所有
翻印必究

中華民國三十三年一月初版

內國問題統計叢書

中國人口問題之統計分析

全一冊 [illegible]定價國幣一元九角

([illegible])

編者 國民政府主計處統計局

發行人 [illegible]明[illegible]強

印刷所 正中書局

發行所 正中書局

(1528)

(0.93)[illegible]·本 2/1—0.10